高职高专公共基础课系列教材

心理健康教育
（微课+活页版）

秦爱君　卢家楣　主　编
林乃磊　王　剑　副主编
刘晓音　王立前

清华大学出版社
北京

内容简介

全书分为上、中、下 3 篇，共包含 15 个模块，其中上篇为基础篇，包括的模块有心理现象、心理健康、自我意识、气质性格；中篇为成长篇，包括的模块有适应环境、开发潜能、处世智慧、管控情绪、应对挫折、完善人格；下篇为拓展篇，包括的模块有网络心理、爱情心理、咨询心理、积极心理、生命教育。在内容安排上，避免单一心理专业知识的陈述和分析，强调心理方法、技巧、策略的运用。本书编写体例活泼新颖，包括"案例导入""案例启示""知识拓展""活动与体验""思考与讨论""微课资源"等栏目。

本书不但可作为高校心理健康教育的教材和学生自学辅助读物，而且适合心理健康教育工作者、教育学和心理学研究人员、德育工作者阅读，也可作为工矿企业职工培训用书，特别是可作为广大社会人士在智慧职教 MOOC 学院线上进行自学的配套教材。

本书封面贴有清华大学出版社防伪标签，无标签者不得销售。
版权所有，侵权必究。举报：010-62782989，beiqinquan@tup.tsinghua.edu.cn。

图书在版编目(CIP)数据

心理健康教育：微课＋活页版/秦爱君，卢家楣主编. —北京：清华大学出版社，2020.8(2024.8重印)
高职高专公共基础课系列教材
ISBN 978-7-302-55797-5

Ⅰ.①心… Ⅱ.①秦… ②卢… Ⅲ.①心理健康－健康教育－高等职业教育－教材 Ⅳ.①G444

中国版本图书馆 CIP 数据核字(2020)第 108755 号

责任编辑：张龙卿
封面设计：范春燕
责任校对：袁 芳
责任印制：宋 林

出版发行：清华大学出版社
网　　址：https://www.tup.com.cn，https://www.wqxuetang.com
地　　址：北京清华大学学研大厦 A 座　　　　邮　编：100084
社 总 机：010-83470000　　　　　　　　　　邮　购：010-62786544
投稿与读者服务：010-62776969，c-service@tup.tsinghua.edu.cn
质量反馈：010-62772015，zhiliang@tup.tsinghua.edu.cn
课件下载：https://www.tup.com.cn，010-83470410

印 装 者：三河市科茂嘉荣印务有限公司
经　　销：全国新华书店
开　　本：185mm×260mm　　　印　张：15.25　　　字　数：343 千字
版　　次：2020 年 8 月第 1 版　　　　　　　　印　次：2024 年 8 月第 17 次印刷
定　　价：45.00 元

产品编号：088958-02

编 委 会

顾　问：鲁忠义　河北师范大学
　　　　牧新义　河北师范大学
主　任：张建军　唐山工业职业技术学院
副主任：卢家楣　上海师范大学
　　　　王国维　河北旅游职业学院
　　　　马良军　河北交通职业技术学院
　　　　柳连中　河北交通职业技术学院
　　　　赵矿英　河北轨道运输职业技术学院
　　　　夏君旨　唐山工业职业技术学院
秘书长：秦爱君　唐山工业职业技术学院
成　员：林乃磊　王　剑　刘晓音　王立前　宋晓宁　张　月
　　　　马　骏　赵宁宁　常晶晶　曹长智　张　玲　祝伟娜

序

2019年3月,在河北省心理学会职业院校心理健康教育专业委员会成立大会上,主编秦爱君送我一本他们自己编写的《心理健康教育(微课+活页版)》教材,经过两年的使用,他们进行了修订,希望我能为此书写一个序,我欣然答应了。

原来的教材我看过,现在又认真读了新的书稿,感到编者是下了很大功夫的,编写了一本适合高职院校大学生使用的有特色的教材。

(1) 编写的针对性很强。高职院校是为生产、建设、管理和服务一线培养高素质技术技能型人才的。高职院校学生是一个特殊的大学生群体,有着自己鲜明的特点。根据高职院校培养目标和大学生成长的需要,编者用心选择心理健康教育的内容,精心编排教材的体例,突出了教材为高职院校大学生服务的特色。

(2) 融理论、应用与实例于一体,突出实用性。教材避免了专业化的心理知识的陈述和分析,强调在心理活动过程中的方法、技巧和策略的运用。教材中还有大量的案例分析、情境展示、问题讨论、心理测试、心理互动活动等内容,这些都有很强的实用性和可操作性。

(3) 秉承积极心理健康教育理念,突出心理素质养成训练。无论是目标的设置还是途径、方法的提出和实施,都始终强调大学生心理健康教育的发展性功能,重视学生心理素质的养成训练。

(4) 强化学生主体,突出自助和助人。大学生是心理健康教育的主体,教育效果主要取决于这一主体性发挥的程度。因此,本书特别强调创设生动的心理教学情境,有效调动学生的积极性和能动性,引导大学生在心理互动活动中学会自我认知、自我评价、自我调控、自我发展,达到自助和助人的目的。

(5) 为满足广大师生线上教学需要,编写组依托智慧职教MOOC平台,建立了内容丰富、功能齐全的在线开放课程,为线上线下教育教学提供支持。课程配套资源有微课资源、学习指南、动画资源图片、音频、多媒体课件等"颗粒化"教学资源;配套建设的拓展资源库集心理案例、专题讲座、素材资源、试题、在线测试、在线互动等资源于一体。以学生为中心设计教学活动,开通了网上心理咨询、测评和建档;以微课程建设为着力点,打造嵌入式立体化教材,学生通过扫描"微课资源"二维码,让知识可视化、动态化。

相信《心理健康教育(微课+活页版)》这朵开在高职院校的鲜花,在大学生心理健康教育教材的百花园中一定会绽放出自己特有的艳丽色彩!

鲁忠义
2020年5月

前　言

习近平总书记在党的二十大报告中指出：教育、科技、人才是全面建设社会主义现代化国家的基础性、战略性支撑。必须坚持科技是第一生产力、人才是第一资源、创新是第一动力，深入实施科教兴国战略、人才强国战略、创新驱动发展战略，这三大战略共同服务于创新型国家的建设。

根据教育部《高校思政工作质量提升工程实施纲要》《高等学校学生心理健康教育指导纲要》等文件要求，高校应本着"预防为主、教育为本"的理念，坚持育心与育德相结合，遵循学生心理发展规律，加强人文关怀和心理疏导，形成教育教学、实践活动、咨询服务、预防干预"四位一体"的心理健康教育工作格局，以积极心理学的视角开展教育教学工作，使学生在学习心理健康知识的同时，学会疏解心理困惑，着力培育学生理性平和、积极向上的健康心态，促进学生综合素质全面提升。高等职业院校是我国高校中极具特色的组成部分，其主要任务是为生产、建设、管理和服务一线培养高素质技术技能型人才。高等职业院校学生不但要有精湛的技术技能，更重要的是要具备良好的思想道德素质和心理素质。为适应高等职业院校广大师生需要，河北省心理学会职业院校心理健康教育专业委员会组织河北省高职院校优质力量编写了本书。

本书基于国家骨干校——唐山工业职业技术学院心理健康教育教学十余年成果积累，广泛汲取兄弟院校心理健康教育之精华，并结合国内外最新研究成果撷取而成，力求全面提升教材质量，聚力打造升级版精品教材。针对职业教育生源多样化特点，服务高职百万扩招，本书编排方式灵活，配套资源丰富，注重满足分类施教、因材施教需要。全书主要内容分为3篇15个模块。

本书在编写体例上也进行了创新，每一模块以"教学目标"开篇，通过"引言"使读者了解本模块内容的重要性和概要；在"案例导入"部分，联系实际，引发思考；在主要部分，把学习内容按任务进行分解，并进行任务导向学习；在文中穿插"延伸阅读"来开拓知识面，增添趣味性；同时，紧跟网络时代的潮流，设立了"微课资源"栏目，通过扫描二维码打开微课视频进行学习；最后在"活动与体验"中使学生对模块知识融会贯通，心理素质得到提升。

本书特邀国家级教学名师、国家"万人计划"教学名师、国务院政府特殊津贴获得者、全国教育硕士心理健康教育专业教学技能大赛执委会主任、教育部中小学心理健康教育专家指导委员会委员、中国心理学会副理事长、中国心理学会终身成就奖获得者、上海师范大学博士生导师卢家楣教授对本书的编写进行了指导，并与秦爱君一起担任本书的主编;林乃磊、王剑、刘晓音、王立前担任本书副主编。同时,特邀河北省心理学会理事长鲁忠义教授和秘书长牧新义副教授担任顾问,鲁忠义教授还欣然为本书作序。本书主审唐山工业职业技术学院张建军院长,副主审河北旅游职业学院王国维书记、河北交通职业技术学院马良军院长和柳连中副书记、河北轨道运输职业技术学院赵矿英副院长、唐山工业职业技术学院夏君旨副院长等各院校领导在本书策划、指导、审定等方面付出很多心血。此外,参与本书编写工作的还有宋晓宁、张月、马骏、赵宁宁、常晶晶、曹长智、张玲、祝伟娜。

在本书的编写过程中,参考和借鉴了许多专家的著作、论文,限于篇幅,仅列出了主要参考书目,有些资料参考了互联网上发布或转发的信息,在此向各位专家学者深表谢意。

编　者
2023 年 1 月

目 录

上篇 基 础 篇

模块一 揭开心理奥秘——心理现象 ················· 3
  一、心理学的概念及其流派 ····················· 4
  二、心理现象的内涵 ························· 6
  三、心理现象产生过程 ······················· 12

模块二 阳光普照心房——心理健康 ················· 17
  一、心理健康的概念 ························ 18
  二、心理健康的标准 ························ 19
  三、心理健康状态的等级 ····················· 21
  四、亚健康的成因和预防 ····················· 25

模块三 探索心灵之我——自我意识 ················· 31
  一、自我意识概念及发展阶段 ··················· 32
  二、自我意识不良的表现 ····················· 38
  三、如何完善自我意识 ······················· 40

模块四 读懂独特的你我——气质性格 ··············· 45
  一、气质、性格的概念及类型 ··················· 46
  二、性格与气质的关系 ······················· 49
  三、职业选择与气质性格的关系 ················· 50

中篇 成 长 篇

模块五 成为会生活的人——适应环境 ··············· 61
  一、适应的概念及方式 ······················· 62
  二、适应不良的表现及特征 ··················· 63
  三、适应不良的调适策略 ····················· 67

模块六 成为会学习的人——开发潜能 …………………………………… 75
　　一、学习的定义和作用 ……………………………………………………… 76
　　二、大学生的学习特点 ……………………………………………………… 77
　　三、灵活运用学习技巧 ……………………………………………………… 78
　　四、充分发挥个人优势 ……………………………………………………… 82

模块七 成为会交往的人——处世智慧 …………………………………… 89
　　一、人际交往的内涵及作用 ………………………………………………… 90
　　二、人际交往中常见的困扰 ………………………………………………… 91
　　三、人际交往的影响因素 …………………………………………………… 93
　　四、人际交往的原则和技巧 ………………………………………………… 95

模块八 成为情绪的主人——管控情绪 ………………………………… 107
　　一、情绪的内涵及作用 …………………………………………………… 108
　　二、大学生情绪特点及健康标准 ………………………………………… 111
　　三、大学生常见的情绪困扰 ……………………………………………… 112
　　四、情商及情绪的自我管理 ……………………………………………… 113

模块九 成为不气馁的人——应对挫折 ………………………………… 121
　　一、挫折的含义及构成 …………………………………………………… 122
　　二、挫折的类型及影响因素 ……………………………………………… 123
　　三、挫折的双重影响 ……………………………………………………… 124
　　四、应对挫折的方法 ……………………………………………………… 125

模块十 成为有魅力的人——完善人格 ………………………………… 135
　　一、人格的含义及特征 …………………………………………………… 136
　　二、健全人格的含义及塑造 ……………………………………………… 137
　　三、大学生常见的人格障碍 ……………………………………………… 140

下篇　拓　展　篇

模块十一 洞察网络世界——网络心理 ………………………………… 151
　　一、互联网的产生及利弊得失 …………………………………………… 152
　　二、"网瘾"的界定及应对措施 …………………………………………… 156
　　三、网络暴力的危害及应对策略 ………………………………………… 161

模块十二　解密爱情真谛——爱情心理 … 167
　　一、爱情的内涵及特征 … 168
　　二、恋爱问题应对策略 … 171
　　三、维护性心理健康 … 178

模块十三　拨开心灵迷雾——咨询心理 … 187
　　一、心理咨询的概念及特点 … 188
　　二、心理咨询的内容和方式 … 190
　　三、心理咨询的过程及原则 … 192

模块十四　培养积极品质——积极心理 … 201
　　一、积极品质的内涵 … 202
　　二、积极品质的作用 … 203
　　三、积极品质的培养 … 204

模块十五　绽放生命之美——生命教育 … 215
　　一、人的生命属性与特征 … 216
　　二、生命意义的内涵与作用 … 217
　　三、让生命更有意义和价值 … 218

参考文献 … 227

上篇

基础篇

模块一 揭开心理奥秘——心理现象

我们这一代最伟大的发现是人类可以借由改变心中的态度来改变人生。

——[美]威廉·詹姆斯

良好的心地是花园,良好的思想是根茎,良好的说话是花朵,良好的事业就是果子。

——英国谚语

【教学目标】

(1) 素质目标

树立现代心理学理念,养成自觉遵循心理规律的习惯。

(2) 知识目标

① 了解心理学的概念及其流派。

② 知晓心理现象及其产生过程。

(3) 能力目标

学会观察和描述心理现象。

【引言】

心理素质是一个人综合素质的重要组成部分。据相关研究结果显示,有相当数量的大学生存在着不同程度的心理问题,诸如学习适应性问题、人际交往障碍、情绪情感调节困难、对未来职业和发展感到迷茫等。心理健康教育是大学教育中不可或缺的重要内容,是关系到大学生心理健康和全面发展的大事。了解心理健康,首先要弄清楚什么是心理现象,只有了解了心理学基本知识之后,才能更好地接纳和运用心理健康知识及技巧,从而更好地学习、生活。

【案例导入】

心理对人行为的影响

一天,几个学生向老师请教:心态对一个人会产生什么样的影响? 老师微微一笑,什么也不说,而是把他们带到一间黑暗的房子里。在他的引导下,学生们很快就穿过了这间伸手不见五指的神秘房间。接着,老师打开房间的一盏灯,在这昏黄如烛的灯光下,学生们才看清楚房间的布置,不禁吓出了一身冷汗。原来,这间房子的地面有一个很深很大的水池,池子里蠕动着各种蛇,包括一条大蟒蛇和三条眼镜蛇,毒蛇正高高地昂着头,朝他们"嘶嘶"地吐着信子。就在这水池的上方,搭着一座很窄的木桥,他们刚才就是从这座木桥上走过来的。

老师看着他们，问："现在，你们还愿意再次走过这座桥吗？"大家你看看我我看看你，都不作声。过了片刻，终于有3个学生犹犹豫豫地站出来。其中一个学生一上去，就异常小心地挪动着双脚，速度比第一次慢了很多；另一个学生战战兢兢地踩在小木桥上，身子不由自主地颤抖着，才走到一半，就挺不住了；第三个学生干脆弯下身来，慢慢地从小桥上爬了过去。

"啪！"老师又打开了房内另外几盏灯，强烈的灯光一下子把整个房间照耀得如同白昼。学生们揉揉眼睛再仔细看，才发现在小木桥的下方装着一道安全网，只是因为网线的颜色极其暗淡，他们刚才都没有看出来。老师大声地问："你们当中还有谁愿意现在就通过这座小桥？"学生们没有作声。"你们为什么不愿意呢？"老师问道。"这张安全网的质量可靠吗？"学生心有余悸地反问。

老师笑了："我可以解答你们的疑问了，这座桥本来不难走，可是桥下的毒蛇对你们造成心理威慑，于是，你们就失去了平静的心态，乱了方寸，慌了手脚，表现出各种程度的胆怯。可见，心态对行为当然是有影响的啊。"

（资料来源：季丹丹，曹迪.青春导航 大学生心理健康[M].沈阳：辽宁大学出版社，2006.）

想一想：案例当中的几个学生经历了怎样的行为改变？这些变化的根本原因是桥下毒蛇的存在，还是心理的作用？

一、心理学的概念及其流派

心理学是一门从哲学中独立出来的既古老又年轻的科学，有很长的过去，却没有悠久的历史。几千年来心理学一直是哲学的一部分，一直包括在哲学的母体之中，它的渊源可以追溯到两千年前的古希腊时期。1879年，德国哲学家、生理学教授冯特在莱比锡大学建立了世界上第一个心理实验室，把自然科学中所使用的方法应用于心理学的研究，从此，心理学摆脱了哲学的附庸地位，成为一门独立的科学。迄今为止，心理学只有100多年的短暂历史，与其他科学相比（如与物理学、生物学等相比），它是一门很年轻的科学。心理学的英文拼写是psychology，由希腊文 ψυχο 和 λογια 两个字源组成，前者是灵魂的意思，后者是学问的意思，合起来即"灵魂之学"。

（一）心理学的概念

心理学是研究心理现象及其发展规律的科学，它既研究人的心理，也研究动物的心理（研究动物的心理主要是为了深层次地了解、预测人的心理的发生、发展的规律），以人的心理现象为主要研究对象。在人的日常行为活动中，时刻都会有各种心理现象的产生。正是在这些心理现象的支配与调节下，我们才能进行各种活动并实现目的。因此，在一定意义上，心理现象是我们第一个直接接触、认知和体验的现实。

心理学包括众多分支，总体上来说可以分为两大类。

心理学的概念

一类是基础心理学,主要包括以研究为指向的普通心理学、发展心理学、学习心理学、认知心理学、人格心理学、社会心理学、变态心理学、生理心理学、实验心理学、动物心理学。

另一类是应用心理学,主要包括以实用为指向的教育心理学、咨询心理学、临床心理学、工业心理学、消费心理学、法律心理学、广告心理学、心理测量学、管理心理学、健康心理学。

(二)心理学的流派

在冯特的内容心理学以后,又接二连三相继出现了或反对或继承冯特的理论,或另辟蹊径、独树一帜。各种各样、大大小小的心理学派上百个,遍布世界各地,诸如内容心理学派、意动心理学派、构造主义心理学派、机能主义心理学派、行为主义心理学派、格式塔心理学派、精神分析心理学派、日内瓦学派、人本主义心理学派、认知心理学派。当代心理学基本理论的主体,主要是博采十大学派学说之长处,汲取它们的合理的、有价值的部分而形成的。下面介绍几种至今有重大影响的学派和领域。

1. 构造主义心理学派

构造主义心理学派认为,人的心理意识现象是简单的"心理元素"构成的"心理复合体",它致力于心理意识现象"构造"的研究;分析心理意识现象的"元素",设想心理元素结合的方式,该学派又称为"元素主义心理学"。该学派的主要代表人物是冯特(1832—1920年)和其学生铁钦纳(1867—1927年)。

2. 行为主义心理学派

行为主义心理学派认为,人的心理意识、精神活动是不可捉摸、不可接近的,心理学应该研究人的行为。行为是有机体适应环境变化的身体反应的组合,这些反应一般是指肌肉的收缩和腺体的分泌。心理学研究行为在于查明刺激与反应的关系,以便根据刺激推知反应,根据反应推知刺激,达到预测和控制人的行为的目的。该学派的主要代表人物是华生(1878—1958年)和斯金纳(1904—1990年)。

3. 精神分析心理学派

精神分析学说又称弗洛伊德主义,产生于19世纪末20世纪初,创始人是奥地利的精神病学家弗洛伊德。在心理学界,这个理论是指精神分析和无意识心理学体系,它分为古典弗洛伊德主义和新的弗洛伊德主义。

什么是精神分析?按照弗洛伊德自己的说法,精神分析是他研究和治疗癔症(神经症)的方法。弗洛伊德心理学包含两个不可分割的内容:第一部分是精神病的治疗方法及其理论;第二部分是关于人的心理过程的理解。弗洛伊德认为,人的心理领域是一个深不可测的巨大的世界,它最深层有着神奇的不能被人意识到的东西,这是一个充满魅力的领域。该学派的主要代表人物是弗洛伊德(1856—1939年)、阿德勒(1870—1937年)和荣格(1875—1961年)。

4. 人本主义心理学派

人本主义于20世纪五六十年代在美国兴起，20世纪七八十年代迅速发展，它既反对行为主义把人等同于动物，只研究人的行为，不理解人的内在本性；又批评弗洛伊德只研究神经症和精神病患者，不考察正常人的心理，因而被称为心理学的第三种运动。

人本主义心理学派强调人的尊严、价值、创造力和自我实现，把人的本性的自我实现归结为潜能的发挥，而潜能是一种类似本能的性质。人本主义最大的贡献是看到了人的心理与人的本质的一致性，主张心理学必须从人的本性出发研究人的心理。该学派的主要代表人物是马斯洛（1908—1970年）和罗杰斯（1902—1987年）。

5. 认知心理学派

认知心理学是20世纪50年代中期在西方兴起的一种心理学思潮，到20世纪70年代成为西方心理学的主要流派。认知心理学是作为人类行为基础的心理机制，其核心是输入和输出之间发生的内部心理过程。它与西方传统哲学也有一定联系，其主要特点是强调知识的作用，认为知识是决定人类行为的主要因素。认知心理学派最有名的代表人物是奈塞尔（1928—2012），他被誉为"认知心理学之父"。

6. 积极心理学派

积极心理学是心理学领域的一场革命，也是人类社会发展史中的一个新里程碑，它从积极角度研究传统心理学的内容。积极心理学正式成为一个研究领域，以塞利格曼和西卡森特米哈伊于2000年1月发表的论文《积极心理学导论》为标志。它采用科学的原则和方法来研究幸福，倡导心理学的积极取向，以研究人类的积极心理品质、关注人类的健康幸福与和谐发展。

积极心理学的创始人之一塞利格曼（1942—   ）提出：积极心理学家认为在过去的100年间，我们心理学有一种负面优势倾向，关注了更多的人类负面的心理活动。21世纪应该是积极心理学的世纪，主要关注和研究人类的主观的幸福感，要讨论什么样的事情，什么样的活动，可以让我们人类幸福、快乐；同时也要研究人类的优势，即什么样的心理特性让我们变得如此的卓越、如此的成功、如此的伟大，有什么样的心理学的原则、什么样的积极心理学的措施可以让我们的团体、组织、社会和国家更加积极、有道德、宽容并追求卓越。

二、心理现象的内涵

心理现象是心理学的研究对象，是心理活动的表现形式，不具有形体性，是人的内部世界的精神生活，他人无法直接进行观察。心理现象是多种多样的，也是非常复杂的，可以说是当前世界上最复杂、最丰富多彩和最深奥的现象，恩格斯曾把它誉为"物质的最高的精华"。心理现象虽然复杂，大体上还是可以将其分为两类，即心理过程与个性心理，如图1-1所示。

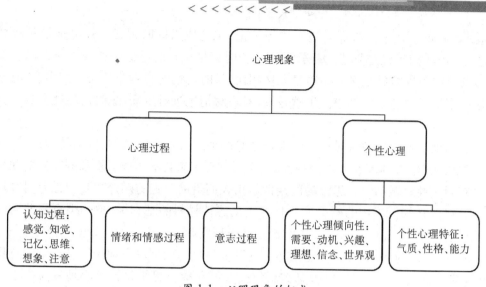

图1-1 心理现象的组成

（一）心理过程

心理过程是指人心理活动的过程,包括认知过程、情绪和情感过程、意志过程,也就是知、情、意的过程。

1．认知过程

认知过程是一个人在认知客观事物时的心理活动过程,包括感觉、知觉、记忆、思维、想象、注意等过程。

（1）感觉是人脑对客观事物个别属性的反应,如颜色、明暗、声调、气味、粗细等,这些是人的感觉器官感受到的客观事物的单一信息。感觉来源于客观现实,通过人身体上的感觉器官而获得。耳朵听到的就是听感觉,眼睛看到的就是视感觉,鼻子闻到的就是嗅感觉。此外,还有皮肤接触的触感觉和身体内脏性感觉。判断感觉正确与否的标准就是它是否与被感觉的客观事物的属性相一致。

（2）知觉是人脑对客观事物综合属性的反应。它体现的是事物的整体及其联系和关系,是一种全面的反应。知觉与感觉一样来源于客观现实,通过感觉器官获得,包括听知觉、视知觉、嗅知觉、触知觉和内脏性知觉。但是知觉是比感觉更高一级的反应形式,它以感觉为基础,是对感觉的有机整合。知觉是客观事物在人脑中的主观印象,因而知觉受人的各种主观意识特点的影响和制约。

（3）记忆是人脑对过去经验的反应。过去感知过的事物、思考过的问题、体验过的情绪与情感、做过的动作等,都可能保持于头脑中。记忆包括识记、保持、再认与重现4个过程。从记忆保持的时间角度上可以分为瞬时记忆、短时记忆、长时记忆。瞬时记忆又称感觉登记或感觉记忆。相对于短时记忆而言,感觉登记保持的信息量较大,但它们都处于未经加工、相对原始的状态。如果人不予注意,感觉登记的信息便很快丧失,所以保持的时间相当短。其重要作用在于把环境刺激保持一定时间,以便进行更精细的加工。短时记忆是指信息一次呈现后,保持在一分钟以内的记忆。短时记忆中信息保持的时间一般在0.5～18秒,不超过一分钟。例如,你从朋友那里听来一个电话号码,马上根据记忆来拨号，过后就记不住了。听课时边听边记笔记，也是依靠短时记忆。短时记忆具有意识性，记忆的内容如果经过复述、编码，就进入长时记忆。长时记忆是指从一分钟以上直到许多年甚至终身保持的记忆。与短时记忆相比，长时记忆的容量非常大。其实，长时记忆是对短时记忆反复加工的结果。也就是说，对短时记忆进行重复，短时记忆就会成为长时记忆。

（4）思维是指人能通过对已有的知识经验的加工去获取间接的、概括的知识，认知事物的本质和规律。思维是认知的高级形式，它反映客观事物的本质属性和规律性的联系。思维具有间接性和概括性。思维的间接性是指人们借助一定的媒介和知识经验对客观事物进行间接的认知。思维的概括性是指在大量感性材料的基础上，把一类事物共同的特征和规律抽取出来，加以概括。思维的概括性表现在两个方面：第一，思维反映的是一类事物共同的、本质的属性；第二，思维还可以反映事物的内部联系和规律。思维的过程包括分析、综合、比较、分类、抽象、概括、具体化、系统化等。思维是人类心理发展高于动物的本质标志，恩格斯称它为"地球上最美丽的花朵"。

（5）想象是指人在头脑里对记忆表象进行分析综合、加工改造，从而形成新的表象的心理过程。它是思维的一种特殊形式，即通常所谓的形象思维。想象可分为不随意想象和随意想象。不随意想象是没有预定目的和计划而产生的想象，梦是不随意想象的极端情况。随意想象是有预定目的、自觉进行的想象。根据想象的创造性程度的不同，又可分为再造想象和创造想象，根据别人的描述或图样进行的想象叫作再造想象；不依现成的描述或图样独立进行的想象叫作创造想象。文学创作中的艺术想象属于创造想象，作家根据一定的指导思想，调动自己积累的生活经验，进行创造性的加工，进而形成新的完整的艺术形象。幻想是创造想象的特殊形式。

（6）注意是指有选择地加工某些刺激而忽视其他刺激，它是心理活动对一定对象的指向和集中。注意并不是一种独立的心理过程，而是心理过程的一种共同特征。人在注意着什么的时候，总是在感知着、记忆着、思考着、想象着或体验着什么，它起到选择信息和保持信息的功能。注意有两个基本特征，一是指向性，是指心理活动有选择地反映一些现象而离开其余对象，"废寝忘食"即为此类；二是集中性，是指人们把心理活动全神贯注并维持在某一对象上，使心理活动不断地深入下去，"专心致志"即为此类。人的心理活动不但可以有选择地指向特定对象，而且可以使注意在这个对象上保持相当长的时间。没有注意，人们就无法持续地进行学习、工作活动。注意分为无意注意、有意注意和有意后注意3种。无意注意是指事先没有预定目的，也不需要做意志努力的注意；有意注意是指有预定目的，需要做一定努力的注意；有意后注意是指事先有预定的目的，不需要意志努力的注意，例如熟练地驾驶汽车、熟练地骑自行车等。

2. 情绪和情感过程

情绪和情感过程是一个人在对客观事物的认知过程中表现出来的态度体验。情绪主要体现的是生物学属性，情感更倾向于社会学属性。当人认识周围世界的时候，他总是以某种态度来对待它们，内心会产生一种特殊的体验，或满意或不满意，或愉快或不愉快，还包括通常所说的喜、怒、哀、惧等。这些心理现象就是情绪和情感，它总是和一定的行为表现联系着。

情绪情感与健康有着密切的关系。适度的情绪情感表达是身心健康的需要,过度的情绪情感(失控)是身心健康的大敌。我国古代中医认为:"怒伤肝,悲胜怒;喜伤心,恐胜喜;思伤脾,怒胜思;忧伤肺,喜胜忧;恐伤肾,思胜恐。" 即五情伤五脏,且五情彼此相克。

在心理治疗领域,我国古代就有人曾利用五情彼此相克的道理,设法引起与症状相克的情绪反应,来达到治疗目的。以下即为典型的"恐胜喜"案例。

《范进中举》节选

范进不看便罢,看了一遍,又念一遍,自己把两手拍了一下,笑了一声,道:"噫!好了!我中了!"说着,往后一跤跌倒,牙关咬紧,不省人事。老太太慌了,慌将几口开水灌了过来。他爬将起来,又拍着手大笑道:"噫!好!我中了!"笑着,不由分说,就往门外飞跑,把报录人和邻居都吓了一跳。走出大门不多路,一脚踹在塘里,挣起来,头发都跌散了,两手黄泥,淋淋漓漓一身的水。众人拉他不住,拍着笑着,一直走到集上去了。众人大眼望小眼,一齐道:"原来新贵人欢喜疯了。"老太太哭道:"怎生这样苦命的事!中了一个甚么举人,就得了这个拙病!这一疯了,几时才得好?"

前来报信的人道:"范老爷平日可有最怕的人?他只因欢喜狠了,痰涌上来,迷了心窍。如今只消他怕的这个人来打他一个嘴巴,说:'这报录的话都是哄你,你并不曾中。'他吃这一吓,把痰吐了出来,就明白了。"众邻都拍手道:"这个主意好得紧,妙得紧!范老爷怕的,莫过于肉案子上胡老爹。好了!快寻胡老爹来。"

来到集上,见范进正在一个庙门口站着,散着头发,满脸污泥,鞋都跑掉了一只,兀自拍着掌,口里叫道:"中了!中了!"胡屠户凶神似的走到跟前,说道:"该死的畜生!你中了甚么?"一个嘴巴打将去。众人和邻居见这模样,忍不住地笑。范进因这一个嘴巴,却也打晕了,昏倒于地。众邻居一齐上前,替他抹胸口,捶背心,舞了半日,渐渐喘息过来,眼睛明亮,不疯了。众人扶起,借庙门口一个外科郎中的板凳上坐着。

范进看了众人,说道:"我怎么坐在这里?"又道:"我这半日,昏昏沉沉,如在梦里一般。"众邻居道:"老爷,恭喜高中了。适才欢喜的有些引动了痰,方才吐出几口痰来,好了。快请回家去打发报录人。"范进说道:"是了。我也记得是中的第七名。"范进一面自绾了头发,一面问郎中借了一盆水洗洗脸。一个邻居早把那一只鞋寻了来,替他穿上。见丈人在跟前,恐怕又要来骂。胡屠户上前道:"贤婿老爷,方才不是我敢大胆,是你老太太的主意,央我来劝你的。"邻居内一个人道:"胡老爹方才这个嘴巴打的亲切,少顷范老爷洗脸,还要洗下半盆猪油来!"

3. 意志过程

人在认知客观事物时,不仅仅是认知它、感受它,同时还要改造它,这是人与动物的本质区别。为了改造客观事物,一个人有意识地提出目标,制订计划,选择方式方法克服困难,以达到预期目的的内在心理活动过程即为意志过程。意志集中地体现出了人的心理活动的自觉能动性。意志可以对行动进行调节,例如,当你下定了学好外语的决心之后,这种决心一方面会促使你去进行外语学习活动；另一方面又会抑制其他与外语学习无关的活动。战国时期的苏秦和汉代的孙敬，给后人留下了"头悬梁，锥刺股"的佳话。他们正是有了远大的志向，然后克服困难，拼命读书，展现出了良好的意志品质。

意志不仅能调节人的行动，还可以调节人的心理状态。当学生排除外界干扰，把注意力集中于做作业上时，就存在着意志对注意、思维等认知活动的调节；当人在危急、险恶的情境下，克服内心的恐惧和慌乱，强迫自己保持镇定时，就表现出了意志对情绪状态的调节。通过专门的学习和训练，人也可能在一定程度上随意地调节自己的内脏活动，如影响心跳节律、血压升降、皮肤温度和内分泌水平等。

※延伸阅读※

意志与生活

很多人都有过赖床且感觉没有力气起床、穿衣、穿鞋子的经历。起床、穿衣的力气并不是什么纯物理学或生物学上的力，而是精神的力、心理学的力、人生哲学的力、面对生存挑战的勇气。起床，意味着你又要去面对昨天那一堆烦恼、尴尬和棘手，至少那是一堆无聊和枯燥的……但是，若今天要游玩，那谁都会早起。因此只要我们思想改变，起床、穿衣应是我们最想做的事。

人生犹如一段逆水行舟的艰苦旅程，没有一种大无畏的精神力量去搏击风浪，就只能被冲垮、被淹没。所以人具有坚强的意志和健康的心理特别重要，它能够主动地预计和克服困难，使人完成一些必要的活动，以便于正常生活和工作。把不愿意转换成愿意是人生的一大胜利。愿大家每天早晨都有一股发自内心的力量，让你生机勃勃地起床、穿衣！如果没有，就想方设法去找到它。

人的认知过程、情绪和情感过程、意志过程统称为心理过程，它们是既有区别又有联系的心理活动过程的3个组成部分。人的认知过程和意志过程往往伴随着一定的情绪、情感活动，意志过程又总是以一定的认知活动为前提，而情绪、情感和意志活动又促进了认知的发展。

人在清醒状态下，随时都可以体验到自己某些心理活动，看到别人情绪的流露，人们对它并不陌生。例如，下面这个生活片段，描写了小张的一系列心理活动过程。

"小张清晨醒来，看到光亮照进屋子，听到窗外树上的鸟儿正在喳喳地叫个不停。她打开窗户，一阵微风吹来，她感到凉爽极了。她尽情地吸了几口清新的空气，似乎嗅到了一股花香，便猜想这花香大概是从不远处的公园里飘来的。她还记得以前去玩时，公园里有许多花，现在也许已开了。今天休息，她很高兴，便在脑子里盘算着今天如果去公园玩，该多么惬意啊！她很喜欢花，已有好多天没有去公园了，应该去一下。忽然她又想起，有个稿子还没有

写完,今天应该交稿了,必须忍耐一下,坚持写完。想到这里,她很快收拾了一下,吃过早饭就开始写稿了……"

这里涉及描写小张心理活动过程的词汇包括知、情、意3个方面,具体包括描写认知过程的词汇有"看到、听到、感到、嗅到"——"感觉和知觉","记得、想起"——"记忆","猜想、盘算"——"思维";描写情绪与情感过程的词汇有"高兴、惬意、喜欢";描写意志过程的词汇有"忍耐、坚持"。

(二) 个性心理

心理过程是人们共同具有的心理活动。但是,由于每个人的先天素质和后天环境不同,心理过程在产生时又总是带有个人的特征,从而形成了不同的个性。心理学上所谓的个性(又称人格)是指一个人在生活实践中经常表现出来的、比较稳定的、带有一定倾向性的个体心理特征的总和。个性心理由两个方面组成:个性心理倾向性和个性心理特征。

1. 个性心理倾向性

个性心理倾向性包括需要、动机、兴趣、理想、信念和世界观。世界观在个性心理倾向诸成分中居于最高层次,决定着人的总的意识倾向。需要是人对一定客观事物的渴求或欲望。动机是直接推动人去行动以达到一定目的的内部动力,如饥渴时求饮食,寒冷时求衣被,孤单时求伴侣,疲劳时求休息,其中饮食、衣被、伴侣、休息是需要,而采取行动以获取这些需要的直接动因就是动机。兴趣是指一个人积极探究某种事物或从事某种活动的心理倾向。一个人无论从事脑力劳动或体力劳动,无论从事什么具体工作,只要他是感兴趣的,他就一定会积极地、兴高采烈地、富有创造性地投入进去,并容易做出成绩来。

2. 个性心理特征

个性心理特征包括气质、性格、能力,它比较稳定地反映了个体的特色风貌。气质是人典型的、稳定的心理特点,即人的性情或脾气。性格是指个人对现实稳定的态度和稳定行为方式的心理特征。有人大公无私,有人自私自利;有人勤劳朴实,有人懒惰奢侈;有人自尊自强,有人自暴自弃等,这些都是人的性格特征。当某些特征稳定地而不是偶然地表现在某人身上时,就可以说这个人具有这种性格特征。能力是成功地完成某种活动的个性心理特征。一个人要能够顺利、成功地完成某种活动,主要的心理前提是要具备某些能力,能力是人完成任何活动不可缺少的一种心理品质。例如,有的人有数学才能,有的人有写作才能,有的人有音乐才能……在行为表现方面,有的人活泼好动,有的人沉默寡言,有的人热情友善,有的人冷漠无情,这些都是气质和性格方面的差异。能力、气质和性格统称为个性心理特征。

人的心理过程和个性心理是相互密切联系的。一方面,个性心理是通过心理过程形成的,如果没有对客观事物的认知,没有对客观事物产生的情绪和情感,没有积极改造客观事物的意志过程,个性心理是无法形成的;另一方面,已经形成的个性心理又会制约心理过程的进行,并在心理活动过程中得到表现,从而对心理过程产生重要影响,使之带有个人的色彩。

三、心理现象产生过程

心理学中所谓的心理现象,是指心理过程与个性心理。那么,人的大脑又是怎样产生这些心理现象的呢?

心理是个看不见、摸不着的抽象名词,是大脑神经细胞内在的生理活动,心理现象则是这一活动的外在反应。例如,当眼睛遇到强光时会眯起来,耳朵听到巨响时,身子会一颤,鼻子闻到异味时会皱眉,手接触到高温时会缩回等,这些说明了神经细胞通过感觉器官接收到了刺激的信号产生了内在的活动,也可以说是低级的心理活动,是种简单的感觉,这是单一的信号刺激。如果看到的是色彩斑斓的物体(光),听到的是美妙动人的音乐(声),闻到的是珍馐美肴(色、气味),接触的是温暖体肤,那时产生的躯体反应则是一种综合的复杂反应了,这就是高级的心理现象。这也是感觉,是综合的、高级的感觉——知觉。

最初的或原始的心理现象的发生是通过感觉引起的,但当大脑神经细胞积累到一定量的感觉和知觉信号、信息后,心理活动就可以不依赖感觉而发生。如果一个幼儿从小就把他与光线、声音、人群隔绝,或从小就脱离了人群(例如狼孩),那么他长大成人后,就不会有正常心理的发生。

因此,心理现象的发生起始于感觉、知觉,然后就有了情和意,并形成了个性心理。图 1-2 是它的产生过程。

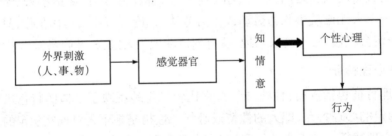

图 1-2 心理现象的产生过程

【案例启示】

心中的顽石

从前有一户人家的菜园里摆着一块大石头,宽度大约有 40 厘米,高度有 10 厘米。到菜园的人,不小心就会踢到那一块大石头,不是跌倒就是擦伤。

儿子问:"爸爸,那块讨厌的石头,为什么不把它挖走?"

爸爸这么回答:"你说那块石头喔?从你爷爷时代,就一直放到现在了,它的体积那么大,不知道要挖到什么时候,没事无聊挖石头,不如走路小心一点,还可以训练你的反应能力。"

过了几年,这块大石头留到下一代,当时的儿子娶了媳妇,当了爸爸。

有一天媳妇气愤地说:"爸爸,菜园那块大石头,我越看越不顺眼,改天请人搬走好了。"

爸爸回答说:"算了吧!那块大石头很重的,如果能够搬走,我小时候就会找人把它搬走了,怎么会让它留到现在啊?"

媳妇心里非常不是滋味,那块大石头不知道让她跌倒多少次了。

有一天早上,媳妇带着锄头和一桶水,将整桶水倒在大石头的四周。

十几分钟以后,媳妇用锄头把大石头四周的泥土搅松。

媳妇早有心理准备,可能要挖一天吧,谁都没想到几分钟就把石头挖了起来,看看大小,这块石头没有想象的那么大,大家都是被那个巨大的外表蒙骗了。

其实,阻碍我们去发现、去创造的,仅仅是我们心理上的障碍和思想中的顽石。要改变你的世界,必须先改变你自己的心态。

【知识拓展】

眼见不一定为实

我们日常生活中的大部分活动都需要非常精确,对外界事物的感知稍有差池就可能是致命的。因此人类进化出发达的视觉系统,基本上能忠实地反映丰富的世界,不论是感知物体本身,还是感知物体的运动。

俗话说"耳听为虚,眼见为实",意思是道听途说不可信,自己亲眼见到的才是真实的。按照通常的理解,就是指你看到某件东西,就该相信它确实存在。然而,很多心理学家都认为事实上我们的眼睛和视觉系统并非绝对客观,眼见不一定为实。你看见的东西并不一定存在,而是你的大脑认为它存在,这就是所谓的"错觉",如图1-3所示。

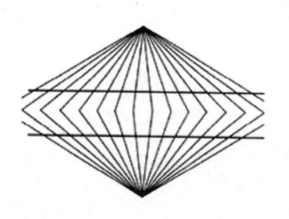
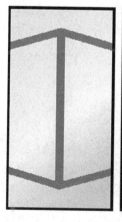
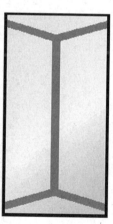

图1-3 错觉图片

错觉是对客观事物的一种不正确的、歪曲的知觉。其实不仅会在视觉上发生错觉,在其他知觉方面也会发生。例如,当你掂量一千克棉花和一千克铁块时,你会感到铁块重,这是形重错觉;当你坐在正在开着的火车上,看车窗外的树木时,会以为树木在移动,这是运动错觉。在众多的错觉中,以视错觉最为普遍,这也可以解释生活中的一些事例,比如看到"佛光普照""神仙显灵""天外来客"等。

【活动与体验】

体验感悟——超级访问（3分钟认知活动）

活动流程：

(1) 班级内所有成员离开自己的座位，在3分钟内去"采访"尽可能多的人，其中必须有一名以上的异性及外班同学。

(2) 先向对方介绍"自己的姓名、家乡、爱好"3个信息，然后询问对方的这3个信息，并在纸上记录下来。

(3) 时间到，回到自己的座位。

分享：

(1) 你"采访"了多少人？

(2) 认识了这么多的朋友，你有什么感受？

【思考与讨论】

1. 什么是心理学？其流派有哪些？
2. 心理现象包括哪些内容？其产生过程如何？
3. 请观察并描述某一心理现象的产生、发展、变化过程。

课后拓展活动记录表

班级		姓名		学号	
指导教师		活动时间		活动地点	
活动主题					
课后应用	将本模块所学知识应用在学习和生活中并进行简要记录。				
学习感想	结合教与学两方面,写写自己的收获,并提出自己的建议。(200~300字)				
备注					

模块二 阳光普照心房——心理健康

一种美好的心情,要比十服良药更能解除生理上的疲惫和病理上的痛苦。

——[德]马克思

心灵有它自己的地盘,在那里可以把地狱变成天堂,也可以把天堂变成地狱。

——[英]弥尔顿

【教学目标】

(1) 素质目标

树立正确的心理健康观念,提高维护心理健康的自觉性。

(2) 知识目标

① 熟悉心理健康的概念和标准。

② 了解心理健康状态的等级。

③ 了解亚健康的概念和成因。

(3) 能力目标

① 学会辨别神经症和精神病的方法。

② 掌握预防与消除亚健康的策略。

【引言】

有句谚语说:"有了健康就有了希望,有了希望就有了一切。"毫无疑问,健康是人生第一财富。究竟怎样才算健康? 长期以来,人们一直以为身体没病就是健康。随着社会的发展,心理因素对健康和疾病的影响越来越引起人们的关注,人们在重视生理健康的同时,对心理健康也更加关切。身体不健康固然影响人的心理健康和社会适应力,但心理不健康同样会导致身体疾病和社会适应力下降。因此,大学生在注重身体健康的同时,必须关注自身心理健康,不断提高适应环境的能力。

当一个人真的出现了心理不适,如情绪不稳、焦躁不安、郁闷、失眠等症状,一定要及时进行自我调适,或者找好朋友倾诉,也可以到心理咨询室寻求心理教师的帮助,千万不可拖延。当我们每一个人自我心理保健意识增强后,我们整个社会就会远离心理疾病,达到人人心理健康,身心和谐。

(资料来源:彭晓玲,柏伟.大学生全程全面心理辅导[M].北京:清华大学出版社,2008.)

【案例导入】

一位大一女生满面愁容地来到咨询室找教师咨询,她说:"老师,我喜欢到图书馆翻阅一些有关心理健康方面的书籍,特别是对照书上有些心理障碍的症状,发现有些症状我也有,比如,书上描写强迫症的有些症状与我的行为很相似。我做事很认真,做完后要反复检查才放心;有时,我关了寝室门,走了一段路,我怀疑没锁好,又回去检查才放心。我怀疑自己是不是患了强迫症,有点担心。另外,我特别爱干净,看见寝室地板和桌椅脏了,我就会用拖把一次又一次地拖地板,用抹布一遍又一遍地擦桌椅;打扫完寝室后,我会用香皂反复洗手。同寝室同学都说我有洁癖。我担心自己心理有问题,不知道如何去判断,更不知道如何防治,为此十分焦虑,特意来向老师咨询。"

想一想:这位女生是不是出现了心理问题?你是否有过这样的苦恼和困惑?你是怎么处理和解决的?

一、心理健康的概念

(一) 健康的概念

随着社会的发展和人类对自身认知的深化,人们对健康的认知不断丰富和完善。人类社会发展的早期,生产力水平极为低下,人们在与大自然的搏斗过程中,若失去健康便无法生存,因此,那时的健康即等同于生命。随着生产力水平的逐渐提高和物质资料的日渐丰富,人类才有可能考虑抵御和消除疾病与伤痛,改善生活质量,以求得更长的生存期。在很长的一段历史时期中,人们衡量一个人的健康状况是以其是否患病以及患病的严重程度为尺度的,即认为不生病就是健康。

20世纪中叶后,由于现代科技与社会文化的迅猛发展,人们逐渐认识到心理、社会因素在健康与疾病及其相互转化中的不容忽视的重要作用,因而逐步确立了身心统一的健康观。1948年,世界卫生组织(WHO)在成立宪章中指出:"健康乃是一种生理、心理和社会适应都臻于完美的状态,而不仅仅是没有疾病和虚弱的状态。"也就是说,健康不仅仅是身体没有疾病,健康应该是生理健康、心理健康和社会适应力良好。继1989年世界卫生组织提出健康"十标准"后,1998年世界卫生组织又制定了新的标准,提出了通俗化的身心健康"五快三良好"。

身体健康"五快"包括:①快食。所谓快食,就是吃得痛快。不挑食,不偏食,吃得顺利,没有过饱或不饱的不满足感;②快眠。快眠就是睡得舒畅,一觉睡到天亮,醒后头脑清醒,精神饱满;③快便。便意来时,能很快排泄大小便,且感觉轻松自如;④快语。说话流利,语言表达准确,能抓住中心,头脑清醒,思维敏捷;⑤快行。行动自如、协调,迈步轻松、有力,转身敏捷,反应迅速,动作流畅。

心理健康"三良好"包括:①良好的个性。性格温柔和顺,言行举止被众人认可,目标坚定,意志持衡,感情丰富。热爱生活和人生,乐观豁达,胸襟坦荡;②良好的处世技巧。看问题、办事情都能以现实和自我为基础,与人交往能被大多数人所接受;③良好的人际关系。与他人交往的愿望强烈,能有选择地与朋友交往,珍视友情,尊重他人人格,待人接物能宽大为怀。

(二)心理健康的概念

心理健康是指一种高效而满意的、持续的心理状态。从狭义上说,心理健康是指人的基本心理活动的过程,内容完整、协调一致,即认知、情感、意志、行为、人格完整和协调,能适应社会,与社会保持同步。心理健康包括两层含义:一是无心理疾病,这是心理健康的最基本条件;二是具有一种积极发展的心理状态,即能够维持自己的心理健康,主动减少问题行为和解决心理困扰。一个人的心理健康与否是相对的,没有绝对的分界线。在日常生活中,每个人都可能遇到一些困惑,出现心理问题,如果不及时调节就会罹患心理疾病。这将直接影响人们对周围事物的正确判断,影响到个人乃至家庭的幸福,影响到学业或事业的成功。

二、心理健康的标准

关于心理健康的标准,国内外专家学者都有过研究和论述。

(一)马斯洛关于心理健康的标准

马斯洛是美国著名的人本主义心理学家,他以人类需要层次理论闻名于世,他提出了心理健康的10条标准:①有充分的安全感;②对环境有充分的适应能力;③充分了解自己,并对自己的能力做出恰当的估计;④生活的目标切合实际;⑤与现实环境保持接触;⑥能保持人格的完整和谐;⑦能保持良好的人际关系;⑧适度的情绪发泄与控制;⑨在不违背集体意志的前提下能有限度地发挥个性;⑩在不违背社会规范的情况下个人基本需要能适当地满足。

(二)大学生心理健康的标准

大学生从年龄特征、心理特征和社会角色上看有其相对特殊性。综合各方面观点,一般认为大学生心理健康的标准主要有以下几方面。

(1)了解自我,悦纳自我。心理健康的大学生,应能体验到自己存在的价值,了解并能接受自己,对自己有一个客观的评价;同时对自己不会提出苛刻的要求,努力发展自身潜能,对自己无法补救的缺陷,也能安然处之。

(2)接受他人,善与人处。心理健康的大学生乐于与人交往,能认可别人存在的重要性和作用;在与人相处时,积极的态度多于消极的态度;能融于集体,在社会生活中有较强的适应能力和较充分的安全感。

（3）正视现实，接受现实。心理健康的大学生能面对现实、接受现实，并能主动适应现实、改造现实；对周围事物和环境能做出客观的认知与评价，并能与现实环境保持良好的接触；对生活、学习和工作中的各种困难与挑战能够妥善处理。

心理健康的标准

（4）能协调和控制情绪。心理健康的大学生情绪稳定，愉快、乐观、开朗、满意等积极情绪占优势，身心处于积极向上、充满希望的乐观状态；能适度地表达和控制自己的情绪，合理地宣泄不良情绪。

（5）人格完整和谐。人格即人的整体精神面貌，人格完整是指人格构成要素的气质、能力、性格和理想、人生观等各方面平衡发展。心理健康的大学生具有积极进取的人生观，并能把自己的需要、愿望、目标和行为统一起来。

（6）心理行为符合年龄特征。心理健康的大学生，其行为方式与年龄特征和社会角色一致，即具有独立生活能力和独立思考能力；其行为具有理智性和一贯性，即能合理地控制自己的情绪，行为能始终受到意识的控制。

心理健康的标准是一种理想尺度，它一方面为人们提供了评判心理是否健康的标准，同时也为人们指出了提高心理健康水平的努力方向。正确理解大学生心理健康标准应注意以下几个问题。

第一，一个人是否心理健康与一个人是否有不健康的心理和行为并非完全是一回事。判断一个人的心理健康状况，不能简单地根据一时一事下结论。心理健康是较长一段时间内持续的心理状态，一个人偶尔出现一些不健康的心理和行为，并非意味着这个人就是心理不健康（或心理变态），只能视具体情况而定。

第二，人的心理健康水平可以分为不同的等级，是一个从健康到不健康的连续状态，从健康状态到不健康状态之间有一个较长的过渡阶段。有的学者将人的心理健康比作白色，将心理不健康比作黑色，认为在白色与黑色之间存在着一个巨大的缓冲区域——灰色区域。灰色区域又可以进一步分为浅灰色区域与深灰色区域。处于浅灰色区域的人只有心理冲突而无人格变态，其突出表现为诸如由失恋、丧亲、夫妻纠纷、家庭不和、工作不顺心、人际关系不佳等生活矛盾而带来的心理不平衡与精神压抑。处于深灰色区域的人则患有种种异常人格和神经症，如强迫症、恐人症、癔症、性倒错等症状。浅灰色区域与深灰色区域之间也无明确界限，是一个渐进的演变过程，世间纯白的心理完美和纯黑的精神疾病的人极少，大多数人的精神状况都散落在这一灰色区域内。

第三，心理健康状态并非是固定不变的，而是一个动态的变化过程。随着人的成长、经验的积累、环境的改变，心理健康状况也会有所变化，既可能从不健康转变为健康，也可能从健康转变为不健康。因此，心理健康与否只能反映一个人某一段时间内的状态，并不是他一生的状态。

第四，无论是哪种心理健康标准的表述，都是一种理想的尺度。它不但为我们提供了衡量心理是否健康的标准，而且为我们指明了提高心理健康水平的努力方向。

第五，个体心理健康的基本标准是能够有效地进行工作、学习和生活。如果正常的工作、学习和生活难以维持与保证，就应该引起注意，及时调整自己。

总之，评判大学生心理是否健康的基本标准，就是看他们能否进行有效的学习和生活。如果正常的学习和生活都难以维持，就应该及时予以调整。我们每个人都应该重视和学习有关心理健康知识，追求心理健康和心理发展的高层次，充分发挥自身潜能，促进自己身心健康全面和谐发展。

三、心理健康状态的等级

人的心理状态和身体状态一样，从健康到疾病是一个动态变化过程。心理健康的状态从健康到疾病一般可分为4个等级：心理健康状态、心理困扰、心理障碍、心理疾病。

（一）心理困扰

心理困扰属于成长中的发展性心理问题，表现为各种适应问题、应激问题、人际关系问题等，主要由于心理发展水平低、社会适应不良、突发性事件以及遭受挫折等因素引起，经主动调节或通过专业人员帮助后可恢复常态。青年学生常见的心理困扰及其成因主要表现在以下几个方面。

1. 环境适应问题

在大一新生中较为常见。来到大学后，大学生在自我认知、同学交往、周围环境等方面都面临着全面的调整适应。由于目前大学生的自理能力、适应能力和调整能力普遍较弱，所以，在大学生中生活适应问题广泛存在，主要表现在生活能力、自理能力以及对挫折的心理承受能力弱等方面。

2. 学习问题

大学生常见的学习问题主要表现为学习目的问题、学习动力问题、学习方法问题、学习态度问题等。在大学期间，学习往往不再如高中阶段那样得到绝大多数人的重视，目的不明确、动力不足、态度不好构成了学习问题的主要方面。也有许多同学学习刻苦，并为学习问题常感焦虑不安，但因为学习方法不当，结果劳而无功，事倍功半。

3. 人际关系问题

如何与周围的同学友好相处，建立和谐的人际关系，是大学生面临的一个重要课题。同高中阶段相比，大学生对人际关系问题的关注程度超过了学习，也成为大学生心理困扰的主要来源之一。良好的人际交往是大学生成长与社会化过程的重要组成部分，也是保持良好心理状态的必备条件，它直接影响大学生的学习、生活质量乃至身心健康。目前很多大学生是独生子女，"自我为中心"的心理倾向比较严重，在人际交往中经常表现为很少关心别人，与他人关系疏远，唯我独尊，猜疑心理很重，嫉妒心强。一些来自贫困家庭的学生担心别人看不起自己，性格敏感多疑，不愿或害怕与他人交往，常感到自卑、孤独和寂寞，觉得大学生活空虚、无聊、乏味。

4. 恋爱与性心理问题

大学生处于青春期中后期，性发育成熟是重要特征，恋爱与性问题是不可避免的。爱情作为人类美好的情感被大学生所向往和体验,而大学生的恋爱也有着自身的发展规律和特点,因恋爱引发的心理困扰、矛盾、冲突与挫折也在大学生中自然存在着,有时难以把握住自己的情感,易冲动,好走极端。恋爱问题一般包括单相思、恋爱受挫、恋爱与学业关系问题、情感破裂的报复心理等。随着性心理的发展,会出现一系列的性心理问题,但由于性知识的匮乏,使一些学生常常陷入苦闷和彷徨之中。性心理主要是指与性生理、性行为有关的心理状况,也包括异性交往、恋爱、婚姻等与异性有关的心理。常见的性心理问题有手淫困扰,以及由婚前性行为、校园同居等问题引起的恐惧、焦虑、担忧等。

5. 性格与情绪问题

性格障碍是大学生中较为严重的心理障碍,其形成与成长经历有关,原因较为复杂,主要表现为自卑、怯懦、依赖、神经质、偏激、敌对、孤僻、抑郁等。大学生处于青春期的"暴风雨时期",生长发育极为迅速,已基本趋于成熟,但由于阅历较浅,社会经验不足,对人生和社会问题的看法往往飘忽不定,容易出现各种各样的心理矛盾,很容易受外界各种因素的干扰和影响,会因一点小的胜利而沾沾自喜,也容易为一次小考失利而一蹶不振,自我控制和调适能力较低,并由此导致心理和行为偏差。不过大多数学生通过各种方式成功化解了自己的低落情绪,迅速呈现出积极的精神面貌;但是一部分大学生却"在泥潭里越陷越深",甚至走向极端。

6. 求职与择业问题

在当今全球化和信息化时代,整个世界充满着多变性与不确定性,职业生涯的发展路径更加难以预测和界定。对于大学生来说,有很多人对于自己的发展方向不明确,不清楚自己喜欢什么、想做什么,在即将跨入社会时,他们往往感到困惑和担忧。如何选择自己的职业,如何规划自己的生涯,求职需要些什么样的技巧等问题,都会或多或少带来困扰和忧虑。

(二)心理障碍

心理障碍表现为神经症、轻度人格障碍等,主要是由于心理负担过重、心理长期处于紧张状态或受到某种强烈刺激所致,适应失调,不能维持正常的生活和工作。

1. 神经症

神经症又称神经官能症,是由大脑机能活动暂时性失调而引起的心理障碍或异常。其特征为持久的心理冲突,主要表现为心理活动能力减弱,如注意力不集中、记忆力减退、学习和工作效率降低等;有疑病性强迫观念,有各种明显的躯体不适应感,有慢性疼痛、急性头疼、腰痛,但检查不出器质性病变。伴随情绪失调,表现为情绪波动、烦躁、焦急、抑郁等,还有睡眠障碍,如失眠、噩梦、早醒等。

神经症包括神经衰弱、焦虑症、强迫症、恐惧症、抑郁症、癔症等。

(1)神经衰弱。表现为兴奋性增高症状、疲劳过程加速症状、植物神经功能障碍等。

(2)焦虑症。以焦虑情绪为主,并伴有明显的植物神经功能紊乱和运动性不安。

(3)强迫症。它是以强迫观念和强迫动作为主要表现的一种神经症。常出现的强迫观念有强迫疑虑、强迫回忆、强迫性苦思竭虑、强迫性对立思想;强迫意向和动作,如强迫意向、强迫洗手、强迫计算、强迫性仪式动作。

(4) 恐惧症。这是指对某些事物或特殊情境产生十分强烈的恐怖感。常有社交恐怖、旷野恐怖、动物恐怖、疾病恐怖。此外,还有不洁恐怖、黑暗恐怖和雷雨恐怖等。

(5) 抑郁症。表现为情绪低沉忧郁,整日闷闷不乐,自我谴责,睡眠差,缺乏食欲,通常遭受精神刺激后发病,出现难以排解的抑郁心境,对生活没有兴趣,对前途失去希望,认为自己没有用处,还会有胸闷、乏力、疼痛等症状,严重时会出现自杀念头或行为。

(6) 癔症(歇斯底里)。此病起病急,可表现出多种多样的症状,有感觉和运动机制障碍、内脏器官的植物性神经机能失调以及心理异常等,常有抽搐、头痛、胸闷、心烦、委屈、肢体震颤、眨眼、摇头、面肌抽动或运动麻痹等多种不同反应。

神经症的评定方法如下。

- 病程:3个月到1年为中程,评为2分;3个月以下评为1分;1年以上评为3分。
- 精神痛苦程度:中度者需借助别人的帮助或处境的改变才能摆脱痛苦,评为2分;轻度者可自主设法摆脱痛苦,评为1分;重度者即使借助外力也不能解脱其痛苦,评为3分。
- 社会功能:中度功能受损者工作学习及人际交往效率显著下降,不得不减轻或改变工作,或只能部分工作,或某些社交场合出现回避,评为2分;轻度者能正常学习、交往,评为1分;重度者社会功能完全丧失,评为3分。
- 评分标准:总分3分,不够神经症;总分4~5分,为可疑病例,需进一步观察;总分大于6分,可诊断为神经症。

当一个人心理出现问题持续达3个月,精神痛苦程度自己无法摆脱,严重影响正常的工作、学习和生活等社会功能,符合神经症评定方法中提到的3方面症状,就应到心理咨询室或医院的心理科寻求心理医生的帮助,有些病症需要借助药物来缓解。

【案例】 王某,女,23岁,某大学三年级学生

自诉: 自己有害羞的毛病,两年多来,从不多与人讲话。与人讲话时不敢直视,眼睛躲闪,像做了亏心事。一说话脸就发烧,低头盯住脚尖。心怦怦跳,全身起鸡皮疙瘩,全身都在发抖。最怕接触男生,也害怕老师,上课时,只有老师背对学生板书时才不紧张。只要老师面对学生,就不敢朝黑板方向看。常常因为紧张,对老师所讲的内容不知所云。由于这些毛病,极少去社交场所,很少与人接触。

自己曾力图克服这个毛病,也看了不少心理学书,按照社交技巧去指导自己;用理智说服自己,用意志控制自己,但作用就是不大。现在已严重影响了自己各方面的发展:学习成绩下降;交往失败,同学们说自己清高。

分析诊断: 王某的情况符合神经症的3方面症状,是一种常见的心理障碍——社交恐惧症。这是由心理原因导致的,应该及时到心理咨询室或医院的心理科寻求心理咨询师的帮助。

2. 人格障碍

人格障碍是在个体发育成长过程中，因遗传、先天以及后天不良环境因素造成的个体心理与行为的持久性的固定行为模式。神经症患者对自己的心理和行为感到痛苦与烦恼，有强烈的改变愿望，而人格异常的人虽然生活上显示出生活适应困难，但其主观上并不因为自己行为的偏离而感到焦虑不安，也不会从错误中吸取教训，其行为危及他人。精神病患者与现实脱节，而人格异常者不但未脱离现实，反而善于利用现实以达到个人目的。

常见的人格障碍有以下几种类型。

（1）偏执型人格障碍。这种人敏感多疑，常将他人无意的或友好的行为误解为敌意或轻蔑，过分警惕与防卫，总认为自己是正确的，往往将自己的挫折或失败归咎于他人。

（2）分裂型人格障碍。是以社会隔绝和情感疏远为特征的一类人格障碍，他们缺乏亲密的人际关系，缺乏性兴趣，体验不到愉快，情感平淡，沉默寡言，孤单。

（3）表演型人格障碍。表演型人格障碍又称癔症型人格障碍或寻求注意型人格障碍，这类人以情绪不稳定为特征。他们用过分的情绪表达以引起他人注意，对人情感肤浅，说话装腔作势，易受他人或环境影响，以自我为中心，为满足自己的需要不择手段，不断渴望受到赞赏。

（4）反社会型人格障碍。此类人的特征是经常发生不符合社会规范的行为，患者在儿童少年期（15岁以前）即见端倪，表现为品行不良，如离家外出、与人斗殴、伤害动物、毁坏他人财物、经常说谎、偷窃等。成人（18岁以后）出现不负责任的或违反社会规范的行为。他们具有高度的冲动性和攻击性，缺乏羞惭感，不能从经历中吸取教训，无自知之明。

（5）焦虑型人格障碍。焦虑型人格障碍又称回避型人格障碍，此类人的特征是长期和全面地脱离社会关系。他们回避社交，特别是涉及较多人际交往的职业活动，害怕被取笑、嘲弄和羞辱。自感无能，过分焦虑和担心，怕在社交场合被批评或拒绝。

人格障碍患者对周围环境可带来不良的影响，特别是反社会型人格障碍者易发生违反社会法纪的行为。据对监狱和少管所的调查资料显示，青少年和成年服刑人员中，反社会型人格占半数左右。

（三）心理疾病

心理疾病又称精神疾病，即精神病。

1. 精神病的定义

精神病是指在各种因素作用下，引起大脑高级神经活动严重障碍的疾病。其症状常常表现为认知、情感、意志和行为的反常，如言语错乱、兴奋躁动、打人毁物、沉默少语、敏感多疑、烦躁易怒、哭笑无常等；不能正常学习、工作、生活；动作行为难以被一般人理解，显得古怪、与众不同；在病态心理支配下，有自杀或攻击、伤害他人的动作行为；有程度不等的自知力缺陷，对自己的精神症状丧失判断力，认为自己的心理与行为是正常的，拒绝治疗。

2. 精神病的种类

精神病患者对自己的病症无自知力,歪曲客观现实,感觉不到精神上的痛苦。目前,精神病有两大类:一类为功能性精神病,大脑并无器质性病变,各项检查也无异常发现。病因目前不太清楚,强烈的精神刺激或过于悲痛可诱发本病。精神病的症状中又以精神分裂症最为多见。另一类为器质性精神病,即大脑器质性病变引起的精神症状。

常见的精神病有精神分裂症、躁狂抑郁性精神病、更年期精神病、偏执性精神病及各种器质性病变伴发的精神病等。致病因素与先天遗传、个性特征及体质因素、器质因素、社会性环境因素等有关。

罹患了精神病应尽快到精神病院或综合医院精神科诊治,早治疗效果会更好。对于如何判断一个人的精神活动是否正常,医学界有公认的"病与非病三原则",只要背离其中之一,即可诊断为精神病。

(1)主客观世界统一性原则。心理是对客观现实的反应。如果一个人说他看到或听到了什么,而客观世界中当时并不存在引起他这种心理感受的刺激物,那么基本上可以肯定,这个人的精神活动不正常了,他产生了幻觉。这一标准对鉴别精神分裂症中的幻觉、妄想等症状效果良好。

(2)心理活动的内在一致性原则。知、情、意等各种心理过程之间具有协调一致的关系。比如,一个人遇到一件令人愉快的事,会产生愉快的情绪,手舞足蹈,欢快地向别人诉说自己内心的体验。相反,用低沉的语调向别人诉说令人愉快的事,或者对痛苦的事做出快乐的反应,就可以说他的心理过程失去了协调一致性,知、情、意、行相分离,称为心理异常状态。

(3)人格的相对稳定性原则。人格是个人在长期生活经历中形成的,形成之后具有相对的稳定性与独特性,在没有重大外界刺激的情况下,一般是不易改变的。如果一个乐观外向的人突然变得沉闷、悲观、内向,一个用钱很仔细的人突然挥金如土,或者一个待人接物很热情的人突然变得很冷淡,而在他的生活环境中又找不到足以促使他发生如此改变的原因时,我们就可以说他的人格的相对稳定性出现问题,心理和行为出现了异常,心理活动已经偏离了正常轨道。

四、亚健康的成因和预防

(一)亚健康的概念

"亚健康"是由苏联学者布赫曼提出的,是指人的健康介于健康与非健康之间的中间状态,既非健康又非疾病。亚健康状态主要表现为各项身体指标无异常,但与健康人相比,生活质量低、学习工作效率低、注意力分散、生活缺乏动力、学习没有目标、有些茫然不知所措、感觉生活没劲。躯体反应为睡眠质量不高,容易疲劳,身体乏力,食欲不振。

而"没有心理障碍与疾病,但又感觉心理不健康",这就是亚心理健康,也称第三心理状态。亚心理健康是一种比较痛苦而又无奈的心理状态,它正在成为现代社会的"隐形杀手"。正如联合国专家预言:"从现在到21世纪中叶,没有任何一种灾难能像心理危机那样带给人们持续而深刻的痛苦。"有报道说,今日社会赴医院就诊的患者中,估计有60%的人并无特殊疾病,只不过是感到痛苦而已。因此,亚心理健康已成为现代社会十分突出的问题,严重地影响着人们的生活。

(二)亚健康的成因

1.饮食不合理

当机体摄入热量过多或营养贫乏时,都可导致机体失调。此外,过量吸烟、酗酒、睡眠不足、缺少运动、情绪低落、心理障碍以及大气污染、长期接触有毒物品,也可出现这种状态。

2.休息不足,特别是睡眠不足

起居无规律、作息不正常已经成为常见现象。对于青少年而言,影视、网络、游戏、跳舞、打牌、麻将等娱乐活动,以及备考"开夜车"等,常打乱生活规律。

3.过度紧张或压力太大

现代社会的节奏越来越快,人们在生活、工作、学习等诸领域都会受到巨大的压力,导致身体感觉不适、精神状态不好等身心健康问题。

4.长久的不良情绪影响

情绪是生命的指挥棒、健康的寒暑表。如果一个人长期处于不良的情绪状态,会严重影响个人生活和人际交往,严重的会导致抑郁症等。

(三)亚健康的预防

人体若处于亚健康状态时,容易患病,身心感到不适,对学习、生活和身心健康会造成不良影响,从而不能很好地发挥身心潜力。因此应重视大学生的亚健康状态,采取有效的措施使有缺陷或障碍的身心功能得到改善、增强或补偿,从亚健康状态转归到健康状态。为预防与消除亚健康状态,应做到以下几方面。

1.选择一项适合自己的运动

"生命在于运动",日常生活中要保持适宜的运动内容和运动方式,或者选择参加各项能延缓人体各器官衰退老化的健身运动,如游泳等。

2.保持饮食的均衡适量与营养

人体对各种物质的需求量都有一个度,过量摄入只会适得其反,高糖、高盐、高脂肪食物的长期过量进食,尤其是饱和脂肪酸过量会导致亚健康状态。因此,均衡适量的营养是维护健康的基本手段之一。

3.保持良好的心态

长期的精神刺激和压力以及压抑愤怒等负面情绪,也是导致亚健康的一个因素。保持良好的心态,培养乐观豁达、奋发进取的性格,是防治亚健康的精神基础。大学生可适当培养业余爱好,如读书、听音乐、练字、作画等有益于身心健康的活动。

4. 提高自我保健意识

戒除日常生活中的不良习惯和嗜好，如吸烟、酗酒、偏食，做到饮食有节、起居有常，不过度劳累，提高自我保健意识，自觉构筑控制亚健康发生的第一道防线。克服不良生活方式是防治亚健康状态的身体基础。

5. 适时干预

采取药物预防、保健调理、体育锻炼相结合的干预措施，对失眠多梦、口腔溃疡、消化不良和躯体疼痛等症状，可适当用药或理疗等使机体转归健康。

【案例启示】

抑 郁 症

案例1：一位21岁的大学生在大学一年级时，她的成绩称得上良好以上。后来她渐渐感到脑子转不动，高兴不起来，对什么都没有兴趣，也没有什么信心，总在消沉沮丧中度过，接着学习成绩下降，以至数门功课不及格。同学们发现她经常哭泣，少动、少语；老师发现她情绪低落，认为她患了抑郁症，建议找心理咨询机构或医院心理科诊治。然而，在同一学校念研究生的哥哥却责备她不争气，否认她有问题，拒绝让她接受治疗。一周后，她跳楼自杀了。

案例2：一位大学生在大学第一学期成绩名列前茅，第二学期她自己也不明白为什么听不进老师在讲什么，记不住事，总是早醒，终日疲乏无力，情绪不佳。她认为自己已无法学习，主动要求回家。回到家里，她向父母诉说自己的抑郁感受，父母却认定是因失恋引起的，打了她一顿。不被理解的她多次跳河又被救起。她母亲这才吓坏了，试着去找专业人员，经过情况了解和心理测量，基本上确定是抑郁症，其父母方如梦初醒。经过治疗，她逐渐恢复正常并复学，以后情况良好。

（资料来源：陈红英. 新编大学生心理健康教程[M]. 武汉：武汉大学出版社，2010.）

分析：两个案例中的两个人都是得了抑郁症。从目前来说，抑郁症的诊断和治疗都不是难事。为什么会出现上述两种迥然不同的结局？这说明：心理出现状况并不可怕，可怕的是不懂心理健康知识和社会偏见，不知道和不愿意及时寻求有效的心理帮助与药物治疗。

【知识拓展】

心理健康的"灰色理论"

人的心理健康状态从健康到疾病之间没有明显的界线，它是一个连续变化的过程。国内学者张小乔提出心理健康的"灰色理论"的概念，如图2-1和表2-1所示。具体来说，如果将人的心理正常比作白色，心理不正常比作黑色，那么在白色与黑色之间存在着一个巨大的缓冲区域——灰色区域。灰色区域又可划分为浅灰色区域与深灰色区域。处于浅灰色区域的人只有心理冲突而没有人格的变态，其突出表现诸如由失恋、丧亲、工作学习不顺心、人际关系不和睦等生活矛盾所带来的心理不平衡与精神压抑。处于深灰色区域的人则患有某种异常人格障碍和神经症等。一般而言,浅灰色区域与深灰色区域之间无明确界限,后者往往包含前者。

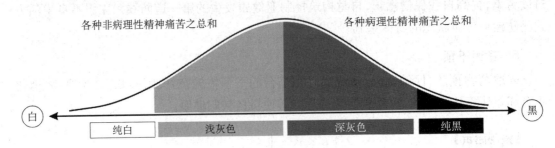

图 2-1 心理健康"灰色理论"概念图

表 2-1 心理健康"灰色理论"概念表

人员	健康人格、自信心高、适应力强	各种由生活、人际关系压力引起的心理冲突	各种变态人格与异常人格、人格障碍之人	精神病患者
服务人员	无须	心理咨询员、社会工作者	心理医师、心理门诊大夫	精神病科医生
服务模式	无须	咨询心理学模式	临床心理学模式	医学模式

(资料来源:威昕.大学生心理健康[M].北京:人民邮电出版社,2010.)

【活动与体验】

体验感悟——心理收纳箱

活动流程:
(1) 给每个小组发一个"心理收纳箱"(小纸盒等容器即可),给每个人发一张纸条。
(2) 每个人在纸条上写出自己现在最大的困扰和愿望,不写个人姓名,然后投到小组的"心理收纳箱"(小组准备的收集容器)中。
(3) 每个人从"心理收纳箱"中取出一张纸条打开(若取出的是自己的,可放回重取),看一看大家的困扰和愿望。

分享:
(1) 别人的困扰和愿望,你是否也有同感?
(2) 由组长宣读所有的纸条,并进行总结,到讲台上与全班分享。

【思考与讨论】

1. 心理健康的概念和标准是什么?
2. 心理健康的状态划分为哪几个等级?
3. 什么是亚健康?如何预防亚健康?

课后拓展活动记录表

班级		姓名		学号	
指导教师		活动时间		活动地点	
活动主题					
课后应用	将本模块所学知识应用在学习和生活中并进行简要记录。				
学习感想	结合教与学两方面,写写自己的收获,并提出自己的建议。(200～300字)				
备注					

模块三 探索心灵之我——自我意识

> 知人者智,自知者明。胜人者有力,自胜者强。
>
> ——《道德经》

> 人啊,认识你自己。
>
> ——古希腊名言

【教学目标】

(1) 素质目标

正确认识自我特点,合理进行自我定位,不断促进自我发展。

(2) 知识目标

① 了解自我意识的概念。

② 了解自我意识发展八阶段。

③ 了解大学生自我意识不良的表现。

(3) 能力目标

① 学会客观地分析、探究自我。

② 能够构建完善的自我意识。

③ 掌握自我意识不良的改善方式。

【引言】

当个体开始全方位来思索自己时,一个问题就开始弥漫在心间:"我是谁……"正确认知自我是个体发展的最重要的前提,是心理成熟的标志,对心理健康起着重要作用。在忙碌的学习、生活之余,我们应该时常静下心来,走进自己的心灵,倾听自己内心的声音,发现自己内心的力量。个体的人生不可复制,青春每人只有一次,人生发展的这种不可逆转性,要求每一位青年学子都要更加认真地审视自我,珍视自我,发掘心灵宝库,准确定位自己,不断完善自我,运用心灵的力量,塑造一个全新的自我。

【案例导入】

一个不快乐的女生

一个女生来到咨询室咨询,说自己性格比较腼腆,在众人面前几乎不敢说话,原因在于感觉自己什么地方都不行,并且因为外貌不美而心情沮丧。但咨询教师听到她这么说,真有点怀疑她在开玩笑。这女孩纤腰一束,明眸皓齿,分明是一个漂亮的女孩。当然细看也有些瑕疵,不过瑕不掩瑜,哪里谈得上不美?

咨询教师:能不能具体地告诉我,到底对自己的哪一部分相貌不满意?

来访者：我有一颗牙齿长得不好看。

咨询教师：哪一颗？我怎么看不见？

来访者：（她用手指拨开嘴唇用更低的声音说）是左边上面的第6颗。

咨询教师：（哭笑不得）要不是你告诉我，我就是在你对面凝望100年，也不会看到这颗牙。

来访者：我知道一般人是看不到的，但我大笑的时候，会露出这颗牙。所以，我从小就不敢快乐地大笑。人家都以为是我孤傲，看不起人，可是谁知我心里的苦水？后来上了大学，我还是不敢笑，人家称我是"冰美人"，哪里是"冰"，骨子里还是因为这颗牙。因为我不愿意让别人知道我的缺陷，我就尽量减少与别人说话和交流，在刚刚进入大学时，我也参与过社团的竞选，但是最后哪个社团也没录用我。在班级里面，我也是个默默无闻的人，集体活动中几乎看不到我的影子，后来慢慢地感觉自己的说话办事都比不上别人，在宿舍里的卧谈会，我几乎也插不上嘴。以后谈恋爱或者毕业了找工作，因为这颗牙，肯定会受影响。现在感觉非常苦恼。

（资料来源：朱建军，邓基泽. 大学生心理健康[M]. 北京：中国农业大学出版社，2004.）

想一想：案例中的女生不快乐的主要原因是什么？为什么？应该如何改善？

一、自我意识概念及发展阶段

（一）自我意识的概念及分类

自我意识也称自我，是人们对自身的活动、自身的状态和特点、自身与外部对象的关系的认知和评价。自我意识是人的意识发展的高级阶段，也是人类的"专利"，其产生与发展，是人和地球上其他生物在心理上的最后分界线。曾经有学者指出，刚刚出生的婴儿不是人。婴儿是 human being（人类），不是一个 person（个人），随着生理和心理发育成熟，才成为一个真正意义上的人。

早在古希腊时期，哲人苏格拉底就提出了"认识你自己"的口号，这标志着人类自我意识的觉醒。法国哲学家笛卡儿最先使用了"自我意识"这一概念，提出了"用心灵的眼睛去注意自身"的精辟论断，揭示了对自我意识发现的途径。

※**延伸阅读**※

斯芬克斯之谜

斯芬克斯是希腊神话中以隐谜害人的怪物，一个长着狮子躯干、女人头面的有翼怪兽，埃及最大的胡夫金字塔前的狮身人面相就是它。斯芬克斯坐在忒拜城附近的悬崖上向过路人出一个谜语："什么东西早晨用四条腿走路，中午用两条腿走路，晚上用三条腿走路？"如果路人猜不出，就会被害死。俄狄浦斯猜中了，谜底是"人"：在生命的早晨，他是个孩子，用两条腿和两只手爬行，用四条腿走路；到了生命的中午，他变成

了壮年,只用两条腿走路;到了生命的傍晚,他年老体衰,必须借助拐杖走路,所以被称为三条腿。斯芬克斯羞惭跳崖而死。

"斯芬克斯之谜"吸引并考验、锻造着无数哲学、语言学、心理学、文学、美学等方面的思想者的智慧。千百年来,人们对它的阐释构成了一道人类自我意识和认知的亮丽风景。俄狄浦斯对"斯芬克斯之谜"的解答是"表象"的、"动物"层面的,换言之,他并没有真正地解开"斯芬克斯之谜"。对于今天的我们来说,希腊德尔菲神庙入口镌刻着的"认识你自己"几个大字仍然是一个"谜",迄今,它仍是横亘在当代人类面前的一个严峻课题。苏格拉底认为,只有"你自己",才是我们必须去面对和不断探究的问题。我们怯生生地来到这个世界上,无知是我们唯一的所有。他说:"我只知道一件事,那就是我什么都不知道。"因此,我们必须从无知开始认识这个世界,认识我们自己。

自我意识是个体通过观察、分析外部活动及情境,经过社会比较等途径获得的,是一个多维度、多层次的心理系统。具体包括认识自己的生理状况(如身高、体重、体态等)、心理特征(如兴趣、能力、气质、性格等)以及自己与他人的关系(如自己与周围人们相处的关系,自己在集体中的位置与作用等)。自我意识是个体社会化的结果,同时,自我意识的形成和发展又进一步推动个体的社会化。一般来说,自我意识可以从不同的角度进行分析。

自我意识发展的八个阶段

从自我本身分为"生理自我、社会自我与心理自我";从知、情、意方面分为"自我认知、自我体验、自我控制"。

自我意识的分类见表3-1。

表3-1 自我意识的分类

类别	自我认知	自我体验	自我控制
生理自我	对自己的身体、外貌、衣着、风度、所有物等的认知	英俊、漂亮、有吸引力、迷人、自我悦纳	追求身体的外表、物质欲望的满足,维持家庭的利益等
心理自我	对自己的智力、性格、气质、兴趣、能力、记忆、思维等特点的认知	有能力、聪明、优雅、敏感、迟钝、感情丰富、细腻	追求信仰,注意行为符合社会规范,要求智慧与能力的发展
社会自我	对自己的地位、角色、性别、义务、责任、力量的认知	自尊、自信、自爱、自豪、自卑、自怜、自恋	追求名誉地位,与他人竞争,争取得到他人的好感等

1. 从生理、心理、社会方面

从自我意识的内容来看,自我意识又可分为生理自我、心理自我与社会自我。

(1) 生理自我

生理自我是个体对自己身体、生理状态(如身高、体重、容貌)的认知和体验,它是一个人在与他人交往的过程中通过学习而逐渐形成的,它使一个人把自我和非我区别开来,意识到自己的生存是依托于自己的躯体内的。生理自我是与生俱来的,我们只能接受它,不能改变它。随着自我意识的成长,我们逐渐对生理自我有一个明晰的看法与正确的认知。但由于青年时期的不确定性,有的学生对生理自我产生较高的心理关注,女生关注自己是不是漂亮、迷人、有吸引力,以及自己的胖、瘦、高、矮甚至脸上的雀斑;男生关注自己的体形与身体高度甚至生理器官、声音的吸引力等。这些都是因为大学生正处于青春期乃至青年初期,生理自我处于高度关注时期。

(2) 心理自我

心理自我是个体对自己的心理活动、个性特点、心理品质的认知、体验和愿望,包括对自己的感知、记忆、思维、智力、能力、性格、气质、爱好、兴趣等的认知和体验。我们学会评价自己的心理自我、体验心理自我,如初恋与失恋的体验、成功与失败的体验等。

(3) 社会自我

社会自我是个体对自身与外界客观事物关系的认知、体验和愿望,包括个人对自己在客观环境及各种社会关系中的角色、地位、权利、义务、责任、力量等的意识。青年男女常用"我已经长大了"来表达自己的社会自我,期望社会给予积极的肯定与认可。

生理自我、心理自我与社会自我是密切联系的、相互影响的,它们都包含着不同的自我认知、自我体验与自我控制,但由于比例和搭配的不同,构成了个体对个体自我意识之间的差异,也使得每个人都有自己的对人、对己、对社会的独特的看法和体验。

2. 从知、情、意方面

(1) 自我认知

自我认知是主观自我对客观自我的评价,包括自我感觉、自我观察、自我印象、自我分析、自我评价等。自我认知解决"我是一个什么样的人"的问题。正确的自我评价,对个人的心理活动及其行为表现有较大影响。如果个体对自身的估计与社会上其他人对自己客观评价距离悬殊,就会使个体与周围人们之间的关系失去平衡、产生矛盾,长此以往,将会形成稳定的心理特征:自满或自卑,这将不利于个人心理上的健康成长。自我认知层面上还包含现实自我与理想自我的冲突。青年大学生的理想自我一般都比较完美,高于现实自我,在实际中就会出现对现实自我的不满意,表现出自卑甚至自弃。

(2) 自我体验

自我体验是主体对自身的认知而引发的内心情感体验,是主观的我对客观的我所持有的一种态度,如自信、自卑、自尊、自满、内疚、羞耻等都是自我体验。自我体验往往与自我认知、自我评价有关,也和自己对社会的规范、价值标准的认知有关,良好的自我体验有助于自我监控的发展。自我体验是在自我认知基础之上产生的,自我认知决定自我体验,而自我体验又强化着自我认知,主要集中在"能否悦纳自己""对自我是否满意"等方面。

(3) 自我控制

自我控制是自我意识的关键环节,是对自己行为和思想、言语的控制,使行为符合群体规范,符合社会道德要求,以达到自我期望的目标,包括自我激励、自我暗示、自强自律等。自我控制是自我中最高阶段,其核心是"我应该做什么""我应该成为什么样的人""我可以选择如何做"。我们经常讲的"自制力",其实就是自我控制的能力。心理学研究表明:成功的人都有较高的自我控制能力。但并非所有的自我控制都是积极的,有的学生对自己的要求非常高,自我控制能力强,而在实际中却因为主观或客观原因没有能够达到,容易对自我产生怀疑与否定。

(二) 自我意识发展八阶段

一个人自我意识的形成经历了一个发生——发展——成熟的不断分化和统一的过程,每一次分化和统一都使自我意识不断走向成熟。一般来讲,婴儿期是自我意识的发生阶段,儿童期至少年期是自我意识进一步发展的阶段,青年期则是自我意识迅速发展并趋向成熟的阶段。

埃里克森(E.H.Erikson)是新精神分析派的代表人物之一。他认为,人的自我意识发展持续一生,他把自我意识的形成和发展过程划分为八个阶段,这八个阶段的顺序是由遗传决定的,每一个阶段都是不可忽视的,但是每一个阶段能否顺利度过却是由环境决定的,所以这个理论可称为心理社会阶段理论。具体见表3-2。

表3-2 自我意识形成和发展八阶段

阶 段	年 龄	主要冲突	阶 段	年 龄	主要冲突
(1) 婴儿期	0～1.5岁	信任—怀疑	(5) 青少年期	12～18岁	角色同———混乱
(2) 婴儿后期	1.5～3岁	自主—羞耻	(6) 成年早期	18～25岁	亲密—孤独
(3) 幼儿期	3～6岁	主动—内疚	(7) 成年中期	25～65岁	繁衍—停滞
(4) 童年期	6～12岁	勤奋—自卑	(8) 成年后期	65岁后	完善—失望、厌恶

1. 婴儿前期(0～1.5岁):获得基本信任感而克服基本不信任感

基本信任与不信任的心理冲突。如果这一阶段的冲突顺利解决,婴儿长大后就会形成社会希望的美德,否则就可能会形成胆小惧怕的心理。

这个阶段的儿童最为孤弱,因而对成人依赖性最大。如果护理人能以慈爱和惯常的方式来满足儿童的需要,他们就会形成基本信任感。如果他们的母亲拒绝他们需要或以非惯常的方式来满足他们的需要,儿童就会形成不信任感。得到信任的儿童敢于希望,这是一个注重未来的过程,而缺乏足够信任的儿童不可能怀有希望,因为他们必须为需要是否能得到满足而担忧。

当儿童形成的信任感超过不信任感时,基本信任对基本不信任的危机方才得到解决。应当牢记,重要的是两种解决办法所占的比率。对任何人和任何东西都信任的儿童必然会陷入困境。某种程度的不信任是积极的和有助于生存的。但是,信任感占优势的儿童具有敢于冒险的勇气,不会被绝望和挫折所压垮。

2. 婴儿后期(1.5～3岁):获得自主感而避免怀疑感与羞耻感

自主与害羞和怀疑的冲突。在这个阶段中,如果儿童形成的自主性超过羞怯与疑虑,就形成意志坚定的美德,否则就可能会形成自我疑虑。

儿童开始有了独立自主的要求,如想要自己穿衣、吃饭、走路、拿玩具等,他们开始去探索周围的世界。这时候,如果父母及其他照顾他们的成人,允许他们独立地去干一些力所能及的事情,并且表扬他们完成的工作,就能培养他们的意志力,使他们获得了一种自主感,能够自己控制自己。相反,如果成人过分爱护他们,处处包办代替,什么也不需要他们动手；或过分严厉，这也不准那也不许，稍有差错就粗暴地斥责，甚至采用体罚，就会使孩子产生自我怀疑与羞耻之感。

父母必须按照社会所能接受的方向，履行控制儿童行为的精心任务，而又不能伤害儿童的自我控制感和自主性。换言之，父母必须具有理智的忍耐精神，但仍然必须坚定地保证儿童的社会许可行为的发展。

3．幼儿期（3～6岁）：获得主动感而克服内疚感

主动与内疚的冲突。如果这个阶段的冲突顺利解决，幼儿以后就会形成方向和目的明确的美德，否则就可能会形成自卑感。

在这一时期，儿童能更多地进行各种具体的运动神经活动，更精确地运用语言和更生动地运用想象力。这些技能使儿童萌发出各种思想、行为和幻想，以及规划未来的前景。如果幼儿表现出的主动探究行为受到鼓励，幼儿就会形成主动性，这为他将来成为一个有责任感、有创造力的人奠定了基础。如果成人讥笑幼儿的独创行为和想象力，那么幼儿就会逐渐失去自信心，这使他们更倾向于生活在别人为他们安排好的狭窄圈子里，缺乏自己开创幸福生活的主动性。

4．童年期（6～12岁）：获得勤奋感而避免自卑感

勤奋与自卑的冲突。如果这一阶段的冲突顺利解决，儿童以后就会形成能力方面的美德，否则长大后会变得低能。

这一阶段的儿童都应在学校接受教育。学校是训练儿童适应社会、掌握今后生活所必需的知识和技能的地方，学校也是培养儿童与他人合作能力的地方，所以社交技巧是学校传授的重要课程之一。埃里克森认为，儿童在这一阶段所学的最重要的课程是"体验以稳定的注意和孜孜不倦的勤奋来完成工作的乐趣"。如果能顺利地完成学习课程，他们就会获得勤奋感，使其在今后的独立生活和工作中充满信心；反之就会产生自卑。当儿童的勤奋感大于自卑感时，他们就会获得有"能力"的品质。

但是，如果儿童养成了过分看重自己在工作能力方面的地位，而对其他方面木然处之，把工作当作生活的全部，这种人的生活是可悲的。心理学家埃里克森说："如果他把工作当成他唯一的任务，把做什么工作看成唯一的价值标准，那他就可能成为自己工作技能和老板们最驯服与最无思想的奴隶。"所以，在这个阶段里，教师和家长必须以充满爱的关注，鼓励儿童掌握为未来就业所必需的技能，但不能以牺牲人类某些其他重要的品质为代价。

5．青少年期（12～18岁）：获得同一感而克服同一性混乱

自我同一性与角色混乱的冲突。如果这一阶段的冲突顺利解决，就会形成忠诚的美德；否则以后就会形成不确定性或无归属感，为人冷淡，缺乏关爱意识。

这个时期是自我意识发展的关键期。其核心问题是自我意识的确定和自我角色的形成。青少年对周围世界有了新的观察与新的思考方法，他们经常考虑自己到底是怎样一个人，他们从别人对他的态度中，从自己扮演的各种社会角色中，逐渐认清了自己。此时，他们逐渐疏远了自己的父母，从对父母的依赖关系中解脱出来，而与同伴们建立了亲密的

友谊，从而进一步认知自己，对自己的过去、现在、将来产生一种内在的连续之感，也认知自己与他人在外表上与性格上的相同与差别。认知自己的现在与未来在社会生活中的关系，这就是同一性。

在此阶段前的4个阶段中，儿童懂得了自己是谁，能干什么，也就是说，懂得所能担任的各种角色。在青少年阶段中，必须仔细思考全部积累起来的有关他们自己及社会的知识，最后致力于某一生活策略。一旦他们这样做，他们就获得了一种同一性，否则就会产生同一性的混乱，如怀疑自我认知与他人对自己认知之间的一致性；做事情马虎，看不到努力工作与获得成就之间的关系。同一性混乱，还表现在对领导与被领导之间的共同点与差异看不清，要么持对立情绪，要么盲目顺从等。在两性问题上也会发生同一性的混乱，认识不到两性之间的同一与差异等。

6. 成年早期（18～25岁）：获得亲密感而避免孤独感

亲密与孤独的冲突。如果这一阶段的冲突顺利解决，就会形成爱的美德，否则长大后就可能会形成混乱的两性关系。

这是建立家庭生活的阶段，也是获得亲密感，避免孤独感阶段。亲密感，是人与人之间的亲密关系，包括友谊与爱情。亲密的社会意义，是个人能与他人同甘共苦、相互关怀。亲密感在危急情况下往往会发展为一种互相承担义务的感情，它是在共同完成任务的过程中建立起来的。如果一个人不能与他人分享快乐与痛苦，不能与他人进行思想情感的交流；不相互关心与帮助，就会陷入孤独、寂寞的苦恼情境之中。

健康的人是充满爱而又能辛勤工作的人。具有牢固同一性的青年人是在寻求和保持同一性的过程中生成的，他们热切和乐意把自己的同一性与其他人的同一性融合在一起。他已具备了与他人亲密相处的能力，也就是说，具备了成为协会会员和伙伴关系成员所需承担义务的能力，也具备了为遵守这些义务而发展的道德力量的能力，即使这些都需要付出巨大的牺牲和让步。

7. 成年中期（25～65岁）：获得创造力感，避免"自我专注"

生育与自我专注的冲突。如果这一阶段的冲突顺利解决，就会形成乐于关心他人的美德，否则可能会变得自私自利。

这是中年期与壮年期，是成家立业的阶段。这是获得创造力感，避免"自我专注"阶段。这一阶段有两种发展的可能性，一种可能性是向积极方向发展，个人除关怀家庭成员外，还会扩展到关心社会上其他人，关心下一代以至子孙后代的幸福。他们在工作上勇于创造，追求事业的成功，而不仅是满足个人需要；另一种可能性是向消极方向发展，即所谓"自我专注"，就是只顾自己以及自己家庭的幸福，而不顾他人的困难和痛苦，即使有创造，其目的也完全是为了自己的利益。

8. 成年后期（65岁后）：获得完美感而避免失望感、厌恶感

自我完整与绝望期的冲突。如果这一阶段的冲突顺利解决，就形成智慧方面的美德，否则就容易形成失望感和毫无意义感。

由于衰老,人的体力、心智和健康每况愈下,对此他们必须做出相应的调整和适应,所以被称为自我调整与绝望感的心理冲突。如果一个人的自我调整大于绝望,他将获得智慧的品质,以超然的态度对待生活和死亡。如果前面7个阶段积极的成分多于消极的成分,就会在老年期汇集成完美感,回顾一生觉得这一辈子过得很有价值,生活得很有意义。相反,如果消极成分多于积极成分,就会产生失望感,感到自己的一生失去了许多机会,走错了方向,想要重新开始又感到为时已晚,痛不欲生,于是产生了一种绝望的感觉,精神萎靡不振,马马虎虎混日子。

这8个阶段不但依次相互关联,而且第8个阶段还直接与第1个阶段相联系。换言之,这8个阶段以一种循环的形式相互联系。例如,成人对待死亡的态度会直接影响儿童的信任感。埃里克森相信"如果儿童的长者完美得足以不惧怕死亡,那么这些健康的儿童也不会惧怕生活"。如果个人获得的自我完整胜过失望,那他或她就以智慧的美德为一生的特征。

※延伸阅读※

内心的镜子

从前,在遥远的海上有一个美丽的小岛,岛上藏着一部伟大的书,谁得到了这部书,谁就能永生。通往小岛的道路充满了千难万险,无数的英雄为了探寻那部书,付出了自己的生命。最终,有一个英雄成功地到达小岛,取得了那部书。他打开一看,每一页都只是一面镜子,照见的是他自己的容颜。

一个人面对外面的世界时,需要的是窗子;一个人面对自我时,需要的是镜子。通过窗子才能看见世界的明亮,使用镜子才能看见自己的污点。我们的内心就是窗子或镜子,你的心明亮,世界就明亮了;你的心如窗,就看见了世界;你的心如镜,就观照了自我。

二、自我意识不良的表现

(一)主观自我与客观自我之间的矛盾

主观自我与客观自我的统一是个人对客体的认知与个人愿望的统一,是个人与社会的统一,是"自我同一性"和良好的自我意识形成的标志。但是,由于自我的结构是多种多样的,每个人所处的社会环境存在着很大的差异,主观自我与客观自我并不总是统一的。

大学生的主观自我与客观自我的矛盾相对突出。作为同龄人中能够接受高等教育的人,大学生对自我有较高的积极评价,但由于远离社会,缺乏社会经验,在校园浓郁的学术与文化氛围中生存成长,对社会的了解缺乏切肤的实际与客观的目光。另外,随着高等教育大众化进程的推进,适龄青年接受高等教育机会的增加,大学生身上光环开始消失,这让大学生产生了极大的失落感。

(二)理想自我与现实自我的冲突

在现实生活中,理想自我与现实自我总是存在着一定差距,合理的差距能够使人不断进步、奋发有为。但是,如果差距过大,则有可能引起自我的分裂,导致一系列心理问题。青年时期的大学生成就动机强烈,他们为自己设定了一个美丽的"理想自我",也对大学生活进行了理想化的设定。但当他们刚入大学,现实与心中的理想形成了巨大的反差,一时间找不到自己生活的方位。对理想自我的渴望与对现实自我的不满构成了这一时期大学生自我意识发展的重要特点。如果理想与现实迟迟不能趋近与统一,会导致一些心理问题。

(三)独立与依附的冲突

心理学家埃里克森从人格发展上概括出大学生所处阶段的主要矛盾是亲密与孤独的矛盾。大学生生理与心理的成熟使他们渴望独立,以独立的个体面对生活、学习与工作中遇到的问题,但由于长期的校园生活使他们应有的社会阅历与经验相对匮乏,当突发事件出现时,却又盼望亲人、教师、同学能够替自己分忧。另外,大学生心理上的独立与经济上的不独立也形成了明显的反差。在他们迫切希望摆脱约束、追求自立的同时,却又不可能真正摆脱家长、教师的支持和帮助。特别是对于某些独生子女来说,由于长期受到父母的溺爱,这种独立与依赖的矛盾就表现得非常突出。

过分的依附使大学生缺乏对客观事情的判断能力与决断能力,显得优柔寡断,缺乏主见;而过分的独立又使部分学生陷入"不需要社会支持"及"凡事都要靠自己",采取我行我素、孤傲自立的行为方式,但在遭遇挫折时又会出现不知如何寻求帮助的情况。

(四)交往需要与自我闭锁的矛盾

大学生迫切需要友谊,渴望理解,寻求归属和爱。他们有强烈的交往需要,希望能同知心朋友倾吐对人生、生活和学习的看法,盼望能有人分担痛苦、分享快乐。但是,由于自我认知的加深,幼儿时期天真直率的性情逐渐被成熟、稳重、多虑的性情所替代,因而在与他人接触时不愿敞开心扉,把自己封闭起来,以致有不少人常产生一种莫名的孤独感。然而,比起闭锁性而言,青年期更本质的特征是开放性。闭锁性是青年人渴求交往但又不能得到满足而产生的一种无奈的心理状态。

(五)自负与自卑的冲突

自信是一种健康的心理,是一种健全自我意识与成熟人格的标志。但是,由于大学生的自我意识尚在发展过程中,心理尚未完全成熟,不可能对自己有正确的认知,因而对自己的认知往往会出现自信的偏差:自卑或自负。自负是一种过度的自信,拥有这种心理的人,缺乏自知之明,往往以为自己对而别人错,把自己的意志强加在别人身上,不能与人和睦相处。自卑是一种自我否定,表现为对自己缺乏信心,对自己不满和否定,拥有这种心理的人总以为自己存在着缺陷、不足与失误,因而遇事总会胆怯、心虚、逃避、退缩,缺乏独立主见。

自负与自卑总是紧密相连的,自负表现强烈的人往往也是极度自卑的人。与其他群体相比,大学生体现出较高的自尊与自信,他们渴望成功,不甘落后,对成功的渴望与预期高,特别是当小小的成就来到身边时,很容易表现出骄傲自大、唯我独尊、自我中心,好像世界尽在手中的控制感。当遭遇失败与挫折时,有时甚至是小小的失利如考试失败、恋爱失败等,他们便开始怀疑自己的能力,进而产生自我否定、自我怀疑,甚至自暴自弃,陷入强烈的自卑之中。

三、如何完善自我意识

(一)正确的自我认知

自我意识的表现形式是丰富多样的,正因为如此,人才可以通过多种途径来认知自己,也认知别人。良好的自我意识表现为个体对自我的正确评价,并保持认可与悦纳的态度,而自我意识不良者则表现为对自身的不满和排斥。自我意识形成的最重要的表现,一方面是个人依靠积累的社会经验的支持来发展自我;另一方面是通过别人来认知自己的特点与品质。

1. 通过他人认知和评价自我

俗话说:"当局者迷,旁观者清。"所以,个体可以把他人对自己的态度、看法作为了解自我的一个重要方面。

2. 在经常的自省中认知自我

《论语》有言:"吾日三省吾身。"在学习生活中,个体要经常性地对自己的现状以及行为进行反思。

3. 通过实践活动来认知和评价自我

有诗云:"纸上得来终觉浅,绝知此事要躬行。"大学生可以通过参加活动时的动机、态度,在活动中的表现及成效、成果来分析认知自己,例如通过集体活动来检验协作能力、通过专业竞赛考查专业水准,通过体育运动和比赛来了解身体素质。

(二)客观的自我评价

要评价,先悦纳。悦纳自我是指无条件地接受自己的一切,不对自己提出苛刻、非分的要求。每一个人都有自己的优点和缺点、长处和短处,对自己的强项要充分发挥,对自己的弱项要正确对待,既不能护短,也不应因某些短处而灰心。人的缺点有两种:一种是可以改变的,如不良习惯、脾气不好、缺乏毅力等,对此要有闻过则喜的精神;另一种是无法补救的,如其貌不扬、身材矮小、身体残疾等,对此要面对现实,有勇气接受自己的缺憾。悦纳自我是发展健全的自我意识的核心和关键,也是适应社会的前提。它涉及一个人是以积极的态度认可自我,形成自尊;还是以消极的态度拒绝自我,形成自卑。

(三)积极的自我提升

自我提升是个体在认知自我、悦纳自我的基础上,自觉规划行为目标,主动调节自身行为,积极改造自己的个性,使个性全面发展以适应社会要求的过程。自我提升是个体自我教育最重要的方式,它实际上是一个合理确立理想自我、努力提高现实自我的过程,也是一个主动改变现实自我以达到理想自我的过程。

1. 树立正确的理想自我

理想自我是在自我认知、自我认可的基础上,根据个人情况和外界环境、社会需要确立的。大学生要积极探索,树立正确的人生观、价值观和世界观,从个人与社会的联系中认知个体的价值和意义。

2. 努力改进现实自我

提升自我不能纸上谈兵,应该在现实中不断寻找机会锻炼。提高现实自我是一个长期的过程,必须坚持不懈,持之以恒,才能使现实自我不断地向理想靠拢,并最终实现自己的人生目标。

3. 积极获得自我统一

自我统一意味着"主体自我"和"客体自我"的统一,自我认知、自我体验和自我调控的统一。在获得自我统一的过程中,大学生还要分析和确认理想自我,然后与现实自我相对照,最后有针对性、有计划地解决二者之间的矛盾,缩小差距,最终获得统一。

(四)关注自我成长

加强自我修养,不断进行自我塑造,达到完善自我、超越自我的境界是健全自我意识的终极目标。大学生都有很大的抱负和远大的理想,但凡事必须从小事做起,从行动开始。所以自我修养、自我塑造首先应该根据社会的需要和个人的特点,在自我协调的基础上行与知并重。著名心理学家马斯洛指出:"音乐家必须去创作音乐,画家必须作画,诗人必须写诗。如果他最终想达到自我和谐的状态,他就必须成为他能够成为的那个人,必须真实地面对自己。"因此,他在设计人的需要层次时,认为"自我实现"是人的最高需要。

人的一生是一个不可逆转的过程,要提高人的社会价值,使人生更有意义,就必须善于认知自己、设计自己、安排自己、控制自己,使个人的发展与社会的进步相协调。大学阶段是自我意识发展的重要阶段,自我的发展需要不断的自我反思、自我监控。要了解昨天的"我",认知今天的"我",追求明天的"我"。

【案例启示】

接 受 自 己

一个叫小琳的女孩,她有着天使般美丽的面孔,可是骂起街来却粗俗不堪,她虽然知道自己是自损形象,但失意的人生让她无法正视自己,因为她曾有过一段十分不堪的经历。

一天,一位心理学家的一本著作触动了她的心灵,她找到这位心理学家希望能够拯救自己。

心理学家确信她堕落的表象下是一个出色的人。起初,他用催眠术使她回忆学生时代的她是什么样子。当时她很聪明,但是不敢表现自己,怕引起同学的嫉妒。她在体育上比男孩强，招惹来一些人的讽刺挖苦，连她姐姐都怨恨；心理学家让她做真空练习，她哭泣着写了这样一段话：你信任我，你没有把我看成坏人！你使我感到痛苦，也感到了期望，你把我带到了真实的生活，我恨你！

10 年后的一天，这位心理学家在大街上与小琳邂逅，他几乎认不出来她了：衣着华丽，神态自若，生气勃勃，丝毫不见过去的创伤。

寒暄后，小琳说："你把我看作一个特殊的人，也使我认识到了这一点。那时我非常恨你，承认我是谁，我到底是什么人，这是我一生中从未遇到的事情。人们常说承认自己的缺点是多么不容易的事情，其实承认自己的美德同样也很难。"

在我们的人生过程中，接受自己、承认事实，你会觉得轻松很多，感到真实和舒服。只有接受了自我，才会构建属于自己的头脑，才会真正克服人生某些失意，主宰自己的命运。

（资料来源：唐汶.学会选择 学会放弃 [M]. 北京：中国商业出版社，2002.）

【知识拓展】

乔哈里窗口理论

乔哈里窗口理论最初是由 Joseph Luft 和 Harry Ingham 提出的，它能够用来展现、提高个人与组织的自我意识，也可以用来改变整个组织的动态信息沟通系统。

他们认为人对自己的认知是一个不断探索的过程。因为每个人的自我都有 4 部分：公开的自我、盲目的自我、秘密的自我和未知的自我，如表 3-3 所示。公开的自我，也就是透明真实的自我，这部分自己很了解，别人也很了解；盲目的自我，是别人看得很清楚，自己却不了解；秘密的自我，是自己了解但别人不了解的部分；未知的自我，是别人和自己都不了解的潜在部分，通过一些契机可以激发出来。

表 3-3 每个自我的 4 部分

他人 \ 自己	自知	自不知
他知	公开的自我	盲目的自我
他不知	秘密的自我	未知的自我

一个人公开自我的部分越大，其自我认知就越正确，自我评价越全面，心理就越健康，越有利于自身发展。大学生应如实地展示自我，并主动地征求他人的意见，留心观察和分析他人对自己的态度，力求缩小盲目的自我部分，力争全面认知自我；同时按照自己的本来面目展示自己，绝不有意掩饰自我。如果企图以假象求得别人的好感，那将造成沉重的心理负担，不利于自我成长。

（资料来源：张金彦，王建军.大学生心理素质教育 [M]. 东营：石油大学出版社，2002.）

【活动与体验】

体验感悟——自我探索

请你写下：

(1) 性别是＿＿＿＿＿＿。
(2) 年龄是＿＿＿＿＿＿。
(3) 最欣赏自己的2～3项是＿＿＿＿＿＿＿＿＿＿＿＿＿＿＿＿＿＿＿＿＿＿。
(4) 你生命中最重要的2～3个人物是＿＿＿＿＿＿＿＿＿＿＿＿＿＿＿＿＿＿。
(5) 你记得童年最开心的一件事是＿＿＿＿＿＿＿＿＿＿＿＿＿＿＿＿＿＿＿。
(6) 在你学习或工作中最有满足感的一件事是＿＿＿＿＿＿＿＿＿＿＿＿＿＿。
(7) 如果危机降临在你身上,你的生命将只有10个小时,你最想做什么?＿＿＿＿
＿＿＿＿＿＿＿＿＿＿＿＿＿＿＿＿＿＿＿＿＿＿＿＿＿＿＿＿＿＿＿＿＿＿＿＿。
(8) 现在是50年后,你从空中眺望此处,你的感受是＿＿＿＿＿,最想对谁说＿＿＿＿。
(9) 200年后,你希望别人怎样评价你?＿＿＿＿＿＿＿＿＿＿＿＿＿＿＿＿＿。
(10) 你最想送给自己的一句话是什么?＿＿＿＿＿＿＿＿＿＿＿＿＿＿＿＿＿。

【思考与讨论】

1. 什么是自我意识?其发展经历了哪八个阶段?
2. 从生理、心理和社会三方面客观地分析描述自我。
我的优点是＿＿＿＿＿＿＿＿＿＿＿＿＿＿＿＿＿＿＿＿＿＿＿＿＿＿＿＿＿＿＿。
我的不足是＿＿＿＿＿＿＿＿＿＿＿＿＿＿＿＿＿＿＿＿＿＿＿＿＿＿＿＿＿＿＿。
你如何扬长避短,使自己发展得更好?
3. 写下你能记起的最早的事情,那就是你自我意识开始萌发的时刻。

课后拓展活动记录表

班级		姓名		学号	
指导教师		活动时间		活动地点	
活动主题					
课后应用	将本模块所学知识应用在学习和生活中并进行简要记录。 				
学习感想	结合教与学两方面,写写自己的收获,并提出自己的建议。(200~300字) 				
备注					

模块四　读懂独特的你我——气质性格

> 性格,既不坚固也不是一成不变,而是活动变化着的,和我们的肉体一样也可能会生病。
> ——[英]艾略特

> 所谓的性格是一种习惯,那不加熟虑的自然而然从灵魂流露出来的一定的行为。
> ——[英]伊卜恩·斯依恩那

【教学目标】

(1) 素质目标
发挥气质优势,培养良好性格。
(2) 知识目标
① 熟知性格与气质的含义与类型。
② 知晓性格与气质的区别与联系。
③ 职业选择与性格、气质的关系。
(3) 能力目标
① 能够判断自己的气质与性格类型。
② 自觉改善性格中的劣势。

【引言】

在日常生活中,经常听到有人会说某人气质高贵、优雅,有的人气质不佳;有时候也会听到说某人待人彬彬有礼、性格很好,有人脾气暴躁、性格很差。性格好的人遇事都能化解;那些脾气不好的人很容易愤怒,最后还气坏了身子。研究表明,人的脾气秉性跟生理因素与心理因素有关。人的脾气秉性如何,主要取决于他对这个世界的心理感受,人们即使经历类似的事情,但表现却千差万别,这涉及心理学中性格和气质的概念。那气质与性格是什么呢?气质与性格又有怎样的关系?本模块会给大家一个明确的答案。

【案例导入】

大二学生小强上进心强,凡事争强好胜,做什么都努力争取最好成绩,做得不好时就会很沮丧并发脾气。他进入大学后参加了很多比赛,有英语口语大赛、演讲比赛、主持人大赛、历史知识竞赛等,都拿到了好名次。这次他要参加的是自己最拿手的辩论赛,经过两周的准备,竟然只拿到了三等奖!小强认为以自己的实力应该拿到一等奖。看到这样的成绩,小强第一反应是不可能,一定是有什么幕后操作,小强没有上台领奖,而是一言不发地愤然离场,留下台上的教师和同学面面相觑……

想一想: 导致小强一言不发愤然离场的真正原因是什么?换成你会怎么做?

一、气质、性格的概念及类型

(一) 气质的概念与类型

1. 气质的概念

气质是表现在心理活动的强度、平衡性和灵活性等方面的一种稳定的心理特征,是一个人心理活动的动力特征,即脾气、秉性。气质特点在不同情境、不同活动中都会表露出来,使个体的全部心理表现都染上一种色彩。人的气质差异是先天形成的,受神经系统活动过程的特性所制约,人的气质很大程度上决定着人的人格差异。

2. 气质的类型

气质是一个很古老的概念。早在古希腊医学家恩培多克勒(Empedocles,约公元前483—前423年)的四根说中,就已经有了气质学说的萌芽。古希腊医生希波克拉底(Hippocrates,公元前460—前370年)把四根说进一步发展为四液说,他认为人体内有4种液体:黄胆汁、血液、黏液、黑胆汁,这4种体液的配合比率不同,形成了4种不同类型的人。罗马医生盖伦进一步确定了气质类型,认为黄胆汁占优势是胆汁质,血液占优势是多血质,黏液占优势是黏液质,黑胆汁占优势是抑郁质。

从现代的观点来看,用4种体液来解释气质类型是没有科学依据的,但4种气质类型的用语一直沿用至今,为学者们探索气质的本质提供了一个参照系。例如,巴甫洛夫运用动物条件反射实验的方法,建立了高级神经活动学说。这一学说科学地揭示了气质的生理机制,是气质的生理基础,得到了广泛的认同。巴甫洛夫根据神经活动过程的强度、平衡性和灵活性,把动物和人类的高级神经活动类型划分为4种:兴奋型、活泼型、安静型和抑制型,与之相对应的气质类型分别是胆汁质、多血质、黏液质和抑郁质,如表4-1所示。

表4-1 高级神经活动类型与气质类型表

高级神经活动过程	高级神经活动类型	气质类型
强、不平衡	兴奋型	胆汁质
强、平衡、灵活	活泼型	多血质
强、平衡、不灵活	安静型	黏液质
弱	抑制型	抑郁质

3. 气质的表现

(1) 胆汁质

胆汁质的人精力充沛、情绪发生快而强、言语动作急速而难以自制,热情、显得直爽或胆大、易怒、急躁;对于情绪的刺激非常敏感,这种类型的人不喜欢被压抑,喜、怒、哀、乐的表现非常明显。他们不容易保持某种心情,不论悲伤或愤怒都是来得快去得也快,做事很有爆发力。如《水浒传》里的黑旋风李逵,他脾气暴躁,气力过人,忠义刚烈,思想简单,行为冒失。具有这种气质的人就像"夏天里的一团火",有股火爆的脾气。这种人的情绪爆发快,"一点就着",但是难持久,如同一阵狂风、一场雷阵雨,来去匆匆。

(2) 多血质

多血质的人活泼好动、敏感、情绪发生快而多变、注意和兴趣容易转移、思维言语动作敏捷,善于交际、亲切、有朝气,但也往往表现出轻率、不真挚;面对困难不会退缩,不会记恨;很容易答应别人的事情,也很容易忘记和别人的约定。有面对困难的勇气,但看事情不妙,也会开溜。能够调整自己的喜、怒、哀、乐,随时保持心理平衡和往前冲刺的状态。一旦成功或受别人赞赏,就乐不可支。如《水浒传》里的浪子燕青,他聪明过人,灵活善变,使枪弄刀、弹琴吹笙、结交朋友等无所不会。具有这种气质的人总是像春风一样"得意扬扬",富有朝气。

(3) 黏液质

黏液质的人安静、沉稳、情绪发生慢而弱、言语动作和思维比较迟缓、漫不经心、注意力稳定,显得庄重、坚忍,但也表现出执拗、淡漠。相对于胆汁质的人一受刺激就哇哇大叫,黏液质的人则非常迟钝或冷淡。个性平淡,工作缓慢,不太容易紧张。如《水浒传》里的豹子头林冲,沉着老练,身负深仇大恨,尚能忍耐持久,几经挫折,万般无奈,终于被逼上梁山。这种气质就像冬天一样无艳丽的色彩装点而"冰冷耐寒",缺乏朝气。

(4) 抑郁质

抑郁质的人柔弱易倦、情绪发生慢而体验深沉、言语迟缓无力、胆小、忸怩、善于觉察到别人不易觉察到的细小事物,想象丰富、不善交际,容易变得孤僻。比较趋向于稳重、沉郁,经常只看到人生的黑暗面。这类人一遇到困难常常心理失去平衡,一旦心情不好,便久久无法恢复正常。如《红楼梦》里的林黛玉,多愁善感,聪颖多疑,孤僻清高。这种气质给人以秋风落叶般的无奈、忧愁的感觉。这种人情绪体验深刻、细腻而持久,主导心境消极抑郁,孤僻离群,多愁善感,给人以温柔怯懦的感觉。

※**延伸阅读**※

心理学家做过一个实验,故意让4个不同气质的人去看一场戏,以观察其反应。4个人到戏院时,戏已经开演了。按照戏院规定,演出开始后,观众一般不能再入场擅自走动。检票员建议大家暂在大厅休息等候,待第一场结束后,中间休息时再进去。胆汁质的人性急,当时就与检票员吵了起来,并不顾阻拦强行闯了进去;多血质的人机灵,趁着检票员没注意,悄悄溜到了楼上,恰巧有空位,就坐下来看戏;黏液质的人性情沉稳,做事有耐心,从不越雷池一步,此时,按照检票员的要求,耐心地在大厅等候,直到第一场结束休息时才进去;抑郁质的人感到十分沮丧,再也提不起看戏的兴致,转身回家去了。

4. 气质的意义

第一,气质本身不能决定一个人活动的社会价值和成就的高低。

第二,气质会影响到人的身心健康。相比较而言,胆汁质的人的强烈愿望和过度紧张,抑郁质的人的内心冲突、受暗示性强,更容易干扰和损害人的心理健康。

第三,气质特征是职业选择的依据之一。胆汁质和多血质的人,适合迅速、灵活反应的工作;黏液质和抑郁质的人,适合持久而细致的工作。

第四，人际交往中注意人的不同气质类型。对胆汁质的人尽量避免激怒他们；对多血质的人要多提要求，使他们总感到有事可做；对黏液质的人不要以冷对冷或操之过急，要给他们足够的时间；对抑郁质的人要多鼓励，一般不要公开指责。

气质无好坏之分。4种气质各有积极面和消极面，健全的人格就应该发扬和表现这4种气质之积极点，克服和回避这4种气质之消极点，克服自身先天的消极因素，使自身的人格日渐成熟、丰满。

（二）性格的概念与类型

1．性格的概念

性格是指人对现实稳定的态度和相应的行为方式所表现出来的心理特征，它是人格的主体。性格并非人格的全部，但它表现一个人的社会性及精神面貌的主要方面，因此是人格中具有核心意义的组成部分。

2．性格的类型

性格的类型是指一类人身上所共有的某些性格特征的独特结合。与人的气质一样，性格也是有差异的，人们常常把性格分为内倾型和外倾型两种类型，这两种心态彼此排斥。一个人可能在某些时候是外倾的，而在其他时候是内倾的。但在一个人的一生中，通常是其中的一种心态占据优势。如果是客观的倾向占据优势，即可认为这个人的性格是外倾的；如果是主观的倾向占据优势，即可认为这个人的性格是内倾的。

（1）外向型性格

性格外倾的人，心理活动倾向于外部，经常对外部事物表示关心。他们性情开朗活泼，爱社交，自由奔放，当机立断，动作快，不拘小节，对周围一切事物都很感兴趣，容易适应环境的变化。由于比较率直，因此这类人缺乏自我分析与自我批评的精神，同时也容易做出轻率的举动。

（2）内向型性格

性格内倾的人，心理活动倾向于内部世界，他们珍视自己的内在情感体验，对内部心理活动的体验深刻而持久。感情比较深沉，待人接物小心谨慎，喜欢单独工作。这类人喜爱思考，常因为过分担心而缺乏决断力，对新环境的适应不够灵活，但有自我分析与自我批评的精神。

内向型和外向型的人在人群中的位置是这样的……

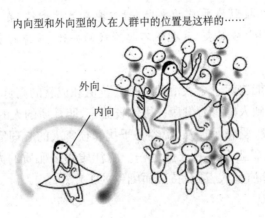

(3) 混合型性格

在现实生活中,很少有绝对的或者说典型的内向(内倾)或外向(外倾)型的人,大多数人属于中间型,并且人们在不同的时期或不同的场合会表现出不同的特征。

《西游记》中的孙悟空和猪八戒就是典型的外向型性格的人,唐僧和沙僧就是典型的内向型性格的人。唐代诗人李白具有外倾性格特征,而杜甫则具有内倾性格特征。对此,严羽《沧浪诗话》云:"子美不能为太白之飘逸,太白不能为子美之沉郁。"但这并不妨碍他们都成为大诗人。

心理学家对外倾性强和内倾性强的人进行了长期的研究,结果表明,长期苦恼的人倾向于内倾,领导品质与外倾性格呈正相关,内倾性和外倾性与智力水平无关,外倾性强的人,他们的手部运动、语言反应和决断简单事务的能力,要优于内倾性强的人。一般来说,外倾性强的人适于培养成开拓型人才,成为实业家或领导管理人才;内倾性强的人适于培养成学术型人才或从事精细的工作,如会计师、实验人员等。心理学家研究还表明,性格类型的心态特征和气质一样,不能成为一个人事业和社会价值的决定因素。

3. 性格的特征

(1) 性格的现实态度特征。主要表现在对各种社会关系的处理上,一是对社会、集体、他人的态度,如爱集体、善交际、有礼貌等;二是对工作、学习、生活的态度,如勤劳、认真;三是对自己的态度,如自信或自卑、羞怯或大方等。

(2) 性格的理智特征。是指人们在感知觉、记忆、思维和想象等认知过程中所表现出来的个体差异。

(3) 性格的情绪特征。一是情绪的强度,表现为一个人受情绪的感染和支配的程度,以及情绪受意志控制的强度;二是情绪的稳定性,表现为情绪的波动与起伏程度;三是情绪的持久性,表现为情绪被激发以后持续时间的长久程度;四是主导心境,是指对现实态度所形成的稳定而持久的主要情绪状态。

(4) 性格的意志特征。是指个体对于自己的行为自觉调整和控制水平特点。性格意志特征的个体差异,表现在意志品质的自觉性、果断性、坚韧性和自制性4个方面。

二、性格与气质的关系

(一) 性格与气质的区别

(1) 气质是一个人心理活动的动力特征;性格是对现实的态度和相应的行为方式中的比较稳定的、具有核心意义的个性心理特征。

(2) 气质较多地受生理因素的制约,可塑性小,变化慢;性格主要受后天环境制约,可塑性大,变化快。

(3) 气质无好坏之分,无社会道德评价含义;性格有好坏之分,在性格中包含有许多社会道德含义。

(二)性格与气质的联系

性格与气质的联系是相当密切而又相当复杂的。相同的气质可以形成不同的性格,不同的气质可以形成同一性格,但仍保留各自的气质色彩。比如,多血质可以形成活泼好动、富于生气、亲切、友好或不踏实、马虎的不同性格。某同学生病,4种气质类型的同学都会伸出援助之手,热情帮助。但各自的色彩不同:胆汁质的人满腔热情,急切豪爽地去助人;多血质的人能说会道,利索地去助人;黏液质的人不动声色,从容不迫地去助人;抑郁质的人带着焦虑的心情默默地去助人。

具体地说,二者的联系有以下3种情况。

其一,气质可按自己的动力方式渲染性格,使性格具有独特的色彩。例如,同是勤劳的性格特征,多血质的人表现出精神饱满、精力充沛;黏液质的人会表现出踏实肯干、认真仔细;同是友善的性格特征,胆汁质的人表现为热情豪爽,抑郁质的人表现出温柔谦逊。

其二,气质会影响性格形成与发展的速度。当某种气质与性格有较大的一致性时,就有助于性格的形成与发展,相反会有碍于性格的形成与发展。如胆汁质的人容易形成勇敢、果断、主动性的性格特征,而黏液质的人就较困难。

其三,性格对气质有重要的调节作用,在一定程度上可掩盖和改造气质,使气质服从于生活实践的要求。如飞行员必须具有冷静沉着、机智勇敢等性格特征,在严格的军事训练中,这些性格的形成就会掩盖或改造胆汁质者易冲动、急躁的气质特征。

三、职业选择与气质性格的关系

了解自我是生涯规划的核心内容。没有对自己兴趣、能力、价值观、气质、性格等个人因素的深入探索,所谓的生涯规划就是空中楼阁。建立在了解自我基础上的生涯规划,才有持久的动力。

(一)探索职业人格类型

霍兰德(Holland)认为:"个人的生涯选择虽然会受到环境的制约和影响,但并非随意事件,而是其人格在工作世界中的表露。"遗传因素和长期的生活经验形成了个体独特的个性特点,个体所选择的职业生涯,须符合这种个性特点,只有那些能够满足个人需求的职业角色才对个体有吸引力。

如果个性特点已经形成,那么在对应的职业环境中就会得到满足,但如果个性特点摇摆不定或者拥有相冲突的职业目标,就很难寻找到适合的职业环境。因此,个性特点是否明确,是个人选择职业生涯规划的关键因素。霍兰德经过大量观察研究,提出了6种典型的职业人格类型,分别是R(现实型)、I(研究型)、A(艺术型)、S(社会型)、E(企业型)、C(传统型)。他认为,多数人的典型个人导向都属于这6种,多数职业环境也都可以归入这6类中。人们会寻找适合自己的职业环境,来充分发挥自己的能力、价值,表达自己的态度,解决相关问题和承担相应的责任。

了解自我的人格特点应当成为大学生职业生涯规划的第一步。6种典型的职业人格类型的具体特点如下。

1. R (现实型)

现实型类人顺从、坦率、谦虚、自然、实际、内向、稳健、节俭、勤劳;有操作机械的能力,喜欢做与机械、工具、动物和植物有关的工作;重视具体的事物和明确的关系,如收入、权力、地位等;缺乏人际关系方面的能力。

典型职业:机械师、电器师、驾驶员、农牧民、各种技工等。

2. I (研究型)

研究型类人谨慎、爱批评、好奇、独立、聪明、精确、理性、内向;有数理能力和科研精神,喜欢观察、学习、分析、思考和解决问题,是很客观的科学家;喜欢研究性质的情境和职业,缺乏领导和影响他人的能力,避免领导情境。

典型职业:物理学家、化学家、数学家等。

3. A (艺术型)

艺术型类人复杂、想象能力强、冲动、独立、直觉、无秩序、情绪化、理想化、不顺从、有创意、不实际;富有表达力和创造性;喜欢艺术性质的职业和情境,避免传统性质的职业。

典型职业:诗人、画家、音乐创作者、作家、导演、演员等。

4. S (社会型)

社会型类人易合作、友善、慷慨、助人、仁慈、负责、圆滑、善社交、善解人意、理想主义、富有洞察力;喜欢社会性的职业和情境,避免现实型的职业;自觉喜欢帮助和了解别人,有教导他人的能力,缺乏机械与科研能力;重视社会与伦理的活动与问题。

典型职业:教师、咨询辅导员、传教士、护理人员等。

5. E (企业型)

企业型类人冒险、有野心、独断、冲动、乐观、自信、追求地位和知名度、享乐、精力充沛、善社交;喜欢企业性质的职业情境,避免研究型的职业;自觉有冲劲,自信,有领导和语言能力;重视政治与经济上的成就。

典型职业:推销员、企业经理、政治家等。

6. C (传统型)

传统型类人顺从、谨慎、保守、自抑、服从、有规律、坚毅、实际、稳重、有效率、缺乏想象力;喜欢传统性质的职业和情境,避免艺术性质的职业;有较强的文书、数字能力,过有规律的生活,重视商业和经济上的成就。

典型职业:银行助理、行政助理、会计员、出纳等。

以上6种典型的职业人格类型的关系如图4-1所示。

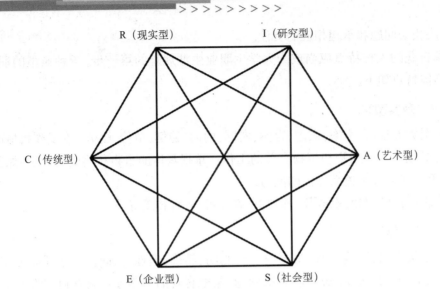

图 4-1　6 种典型的职业人格类型的关系

对照上述各个类别的描述,你觉得自己属于哪个类型呢?有些同学说,社会型好像很符合我的情况,但研究型也有一部分很像,企业型也符合一点儿,那么我应该属于哪种呢?根据霍兰德的理论,这 6 种类型的描述都是非常理想化的,每个人都是 6 种类型的混合体,只是其中某一种或某两种比较突出而已。每个人都是丰富多彩的,对于某个人来说,或许在大多数情况下,他的行为方式都是社会导向的,重视人际关系与社会活动,但在某些情况下,内省和独处表现的更明显也是非常自然和正常的。

霍兰德用一个 3 位代码来表示每一个具体的人格类型,如代码 CRI 意味着此人最可能是传统型,其次是现实型,最后是研究型。那么,他最应该选择的职业环境也是首先应该是传统型,其次是现实型,最后是研究型。在霍兰德看来,最理想的职业人格有几个特点,主要的特点有两个。①一致性。人格的 3 位代码在六边形上距离越近则一致性越好,如 CRI 的一致性就好于 CAI。②分化性。如果某人在 6 种类型上的表现大致相同,觉得自己 6 种类型都很像又都不太像,则不具有分化性。具有这几个特点的个人如果能够顺利选择与此相符的职业环境,即个人特点与职业的适配型较高时,那么此人的职业绩效、坚持度、工作满意度以及选择的稳定性就会大为提高。

(二) 了解个人风格类型

如果在大学期间,每个人有一个重新选择专业的机会,你会如何决定呢?有人马上会给父母打电话商量,与朋友讨论,而有人则自己权衡利弊,仔细考虑后才征求他人意见。

不同的人有不同的行事风格,不同的职业岗位要求不同的行为风格。大学生首先应当了解自己的个人风格,再确定自己的职业岗位,避免选择与个人风格相冲突的工作行业和环境。心理学家荣格提出了个人风格理论,从以下 4 个维度来考察个人风格。

(1) 内向/外向。这是指我们与外界相互作用的方式和关注面。外向的人喜欢与他人在一起,希望成为大家的焦点,愿意与人交流,反应快,做事情也快;内向的人喜欢独处,慢节奏,听的比说的多,先思考,后行动。

(2)直觉/感觉。这是指认知外在世界的方式。感觉型的人眼见为实,注重实际、具体的事实,崇尚现实主义;直觉型的人相信灵感和推理,注意普遍性和整体性,喜欢学习新技能。

(3)情感/思考。这是指做决定的方式。思考型的人注重逻辑、公平和客观,有统一标准;情感型的人注重他人的同感,能够看到规则的例外,比较主观,重视价值和人际关系。

(4)知觉/判断。这是指处理事情的方式。知觉型的人做事情注重突发的灵感,喜欢适应新环境,不看重规则和计划,做事有弹性和变通;判断型的人确立目标后,注重有步骤和有计划地按时完成任务。

个人风格及其性格特点的关系如图4-2所示。

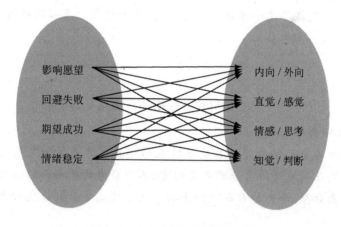

图4-2 个人风格及其性格特点

要了解个人风格,我们可以先请很了解自己的朋友谈谈他们眼中的自己,然后再自我分析个人风格,同时也想想自己所期望的风格。看看这几种风格之间有何差异,思考别人眼中的我与自己心中的我为何有差距。

在了解了自己的职业人格类型(兴趣)、价值观以及个人风格后,我们可以遵从自己的这些特点,发展出自己对未来生涯的期望。生涯的期望是对自己未来生涯形态和所从事职业的具体要求。自我探索的结果在于较为清楚地了解自己的各种需求,并将自己的内在需求做较为清晰的表达。

将职业人格类型与价值观、个人风格结合起来考察自己的内在需求,将会形成对于自己未来职业的初步定位。比如,小王同学通过心理测验和对自己最喜欢做的事情的分析,明确自己是企业型的人,然后探索自己的内在价值观,表明他很重视社会地位以及帮助他人,那么他会初步形成自己对职业的期待:在他未来的职业中,他喜欢去影响和说服他人,并期望能够获得他人的尊重和对社会的影响力。

通过对个人职业生涯期望的整理与分析,我们了解了自己对于未来工作形态的要求。想想看,在你的印象中,有哪些职业可以满足自己对工作的要求呢?这些职业是否可以成为你努力的目标呢?

【案例启示】

曾经有个老和尚养了一盆兰花,他对兰花呵护有加,经常为它施肥、除草、杀虫,兰花也在老和尚的呵护下长得十分健康。有一天老和尚要出门会友,就将兰花交给了小和尚照看,小和尚很负责,像老和尚一样细心呵护兰花。兰花长得也是十分健康。有一天小和尚给兰花浇完了水,就将它放在了窗台上出门了,结果天降大雨将兰花彻底打坏了。小和尚回来发现已经坏掉的兰花,心痛不已,这可是老和尚最心爱的兰花啊,很害怕老和尚的责罚。过了几天老和尚回来了,小和尚将兰花的事情告诉了老和尚,而且做好了接受老和尚责罚的准备。可是老和尚并没有生气,只是淡淡一笑,说道:"我养花,不是为了生气的。"

简单的一句话,却道出了老和尚豁达的人生态度。现实世界里,我们工作或者相爱不是为了生气。你若是恨,生活中处处可恨;你若是感恩,生活中便处处可感恩。不是世界选择了你,而是你选择了这个世界。没有如意,不如释然。应心胸豁达,为人和气,处世淡然。

【知识拓展】

培养良好性格的方法

1. 正确地认知自己

有的青少年因为自己的身材和容貌等特点而对其性格造成一定的负面影响,这种类型的青少年如果能正确地对待自身的先天因素,不为自身的貌美而沾沾自喜,也不因生理方面有缺陷而自暴自弃,每天抱着积极向上的态度来提高自身的文化修养,从而就能培养出健全的性格。

2. 培养良好的道德品质

良好的道德品质对青少年的健康成长是非常重要的,诚实、善良、富有爱心是做人的最基本原则,也是青少年良好性格必不可少的性格特征。而这种性格特点的形成,不只是空洞的说教。善良和爱心是从自己身边的每一件小事开始做起。如果你的爱心与某些利益发生了冲突,你的善意遭到别人的误解,你是无动于衷,还是暴躁如雷呢?所以,在矛盾冲突中,最终演化的是个人的性格的一部分,在这种无人知晓的情况下,你的所作所为才能反映出品格。

3. 保持积极向上、理性平和的心态

每个人情绪的状态、强度、持续性和性格有着密不可分的关系,偶尔的情绪波动对性格的影响不大,但是长期的负面情绪就会对性格产生影响。

4. 培养自信心

通过实践证明,性格内向、怕遇到困难的青少年,如果相信自己有能力去接受各种挑战时,那么,他才有可能战胜困难。而自信心的培养是生活的点滴实践积累所铸就。因此青少年要有勇气与自信去参加实践,发挥自己的潜力和才能,才会不断地从所做的每一件事情中获得自信,并尝试生活的愉快和成功的喜悦。

5. 培养良好的习惯

要改掉坏习惯,培养好习惯,只需做好3步即可。首先要分清哪些是好习惯,哪些是坏习惯。这件事是最容易的，每个人心里都清楚得很。其次是你是否想改变。这是一个比较令人头疼的问题，因为绝大多数人害怕改变，喜欢安于现状。尽管他们有时对现状不满，但如果真的让他做出行动，他就会退缩。你要记住，如果你不想改变，那你就只能看着别人成功，而你却原地不动。最后要行动起来。对于已有的好习惯要继续保持，对于坏习惯要坚决改掉，对于不具备的好习惯要悉心培养。可以先从小事做起，循序渐进。

（资料来源：张加彬．心理援助 青少年心理危机应对方略[M]．北京：中国商业出版社，2009．）

【活动与体验】

体验感悟——找成语

活动流程：

（1）分成若干小组。

（2）不同小组找到关于性格不同特点的成语，比如，谨慎的、勇敢的、聪明的、胆小的等。

（3）小组之间进行比赛，找得多的组获胜。

分享：

在找成语过程中，思考褒义成语在自己身上是否也有体现，如果没有，该如何让自己拥有这些良好的性格？

心理测试——气质类型测试

下面60道题，可以帮助你大致确定自己的气质类型，请根据自己的情况在"很符合、比较符合、不太确定、比较不符合、完全不符合"5个答案中选择一个适合自己的。很符合得2分；比较符合得1分；不太确定得0分；比较不符合得-1分；完全不符合得-2分。

（1）做事力求稳妥，一般不做没把握的事。

（2）遇到可气的事就怒不可遏，想把心里话全说出来才痛快。

（3）宁可一个人干事，不愿很多人在一起。

（4）到一个新环境很快就能适应。

（5）厌恶那些强烈的刺激，如尖叫、噪声、危险镜头。

（6）和人争吵时总是先发制人，喜欢挑衅。

（7）喜欢安静的环境。

（8）善于和人交往。

（9）羡慕那种善于克制自己感情的人。

（10）生活有规律，很少违反作息制度。

（11）在多数情况下情绪是乐观的。

（12）碰到陌生人觉得很拘束。

（13）遇到令人气愤的事，能很好地克制自我。

（14）做事总是有旺盛的精力。

（15）遇到问题总是举棋不定、优柔寡断。

(16) 在人群中从不觉得过分拘束。
(17) 情绪高昂时,觉得干什么都有趣;情绪低落时,又觉得什么都没意思。
(18) 当注意力集中于一事物时,别的事很难使我分心。
(19) 理解问题总比别人快。
(20) 碰到危险情境,常有一种极度恐怖感。
(21) 对学习、工作、事业怀有很高的热情。
(22) 能够长时间做枯燥、单调的工作。
(23) 符合兴趣的事情,干起来劲头十足,否则就不想干。
(24) 一点小事就能引起情绪波动。
(25) 讨厌做那种需要耐心、细致的工作。
(26) 与人交往不卑不亢。
(27) 喜欢参加热烈的活动。
(28) 爱看感情细腻、描写人物内心活动的文学作品。
(29) 工作学习时间长了,常感到厌倦。
(30) 不喜欢长时间谈论一个问题,愿意实际动手干。
(31) 宁愿侃侃而谈,不愿窃窃私语。
(32) 别人总是说我闷闷不乐。
(33) 理解问题常比别人慢些。
(34) 疲倦时只要短暂的休息就能精神抖擞,重新投入工作。
(35) 心里有话宁愿自己想,不愿说出来。
(36) 认准一个目标就希望尽快实现,不达目的,誓不罢休。
(37) 学习、工作一段时间后,常比别人更疲倦。
(38) 做事有些莽撞,常常不考虑后果。
(39) 教师讲授新知识时,总希望他讲得慢些,多重复几遍。
(40) 能够很快地忘记那些不愉快的事情。
(41) 做作业或完成一件工作总比别人花的时间多。
(42) 喜欢运动量大的剧烈体育运动或参加各种文艺活动。
(43) 不能很快地把注意力从一件事转移到另一件事上去。
(44) 接受一个任务后,就希望能把它迅速解决。
(45) 认为墨守成规比冒风险强些。
(46) 能够同时注意几件事物。
(47) 当我烦闷时,别人很难使我高兴起来。
(48) 爱看情节起伏跌宕激动人心的小说。
(49) 对工作抱认真严谨、始终一贯的态度。
(50) 和周围人的关系总相处不好。
(51) 喜欢复习学过的知识,重复做能熟练做的工作。
(52) 希望做变化大、花样多的工作。
(53) 小时候会背的诗歌,我似乎比别人记得清楚。

(54) 别人说我"出语伤人",可我并不觉得这样。
(55) 在体育活动中,常因反应慢而落后。
(56) 反应敏捷、头脑机智。
(57) 喜欢有条理而不甚麻烦的工作。
(58) 兴奋的事情常使我失眠。
(59) 教师讲新概念,常常听不懂,但是弄懂了以后很难忘记。
(60) 假如工作枯燥无味,马上就会情绪低落。

分数按以下方式计算。

胆汁质型得分:第(2)(6)(9)(14)(17)(21)(27)(31)(36)(38)(42)(48)(50)(54)(58)题得分之和。

多血质型得分:第(4)(8)(11)(16)(19)(23)(25)(29)(34)(40)(44)(46)(52)(56)(60)题得分之和。

黏液质型得分:第(1)(7)(10)(13)(18)(22)(26)(30)(33)(39)(43)(45)(49)(55)(57)题得分之和。

抑郁质型得分:第(3)(5)(12)(15)(20)(24)(28)(32)(35)(37)(41)(47)(51)(53)(59)题得分之和。

确定气质类型的标准如下。

(1) 如果某类气质得分明显高出其他3种,均高出4分以上,则可定为该类气质。如果该类气质得分超过20分,则为典型;如果该类得分在10~20分,则为一般型。

(2) 两种气质类型得分接近,其差异低于3分,而且又明显高于其他两种,高出4分以上,则可定为这两种气质的混合型。

(3) 3种气质得分均高于第4种,而且相互得分接近,则为3种气质的混合型,如多血、胆汁、黏液质混合型,或黏液、多血、抑郁质混合型。

【思考与讨论】

1. 自己的性格与气质是哪种类型?
2. 该如何完善自己的性格以及克服气质中的消极点?

课后拓展活动记录表

班级		姓名		学号	
指导教师		活动时间		活动地点	
活动主题					
课后应用	将本模块所学知识应用在学习和生活中并进行简要记录。				
学习感想	结合教与学两方面,写写自己的收获,并提出自己的建议。(200~300字)				
备注					

模块五　成为会生活的人——适应环境

世上没有绝望的处境,只有对处境绝望的人。

——[美]弗洛姆

既然不能驾驭外界,我就驾驭自己;如果外界不适应我,那么我就去适应它们。

——[法]蒙田

【教学目标】

(1) 素质目标

培养勇敢、自信、包容精神,主动适应环境变化。

(2) 知识目标

① 熟悉适应的概念及方式。

② 了解适应不良的表现及原因。

③ 知晓适应不良的调适策略。

(3) 能力目标

① 学会判定自身是否适应不良。

② 掌握适应不良调适策略。

【引言】

　　大地面对苍穹,春、夏、秋、冬轮回,风、雨、雪、霜更替,随着节气的变化,演示着不同的风情,因为它学会了适应。众生面对社会的变迁、环境的变化,最理智的抉择就是学会适应,唯有如此,才能发展和进步。大一新生带着对未来的美好憧憬步入了大学校园,面对陌生的学习、生活、人际环境,多数人能够应对心理和行为上的困惑与挑战,不断地战胜困难,最终适应大学生活。但也有少数人感到极度的不适应,失落悲观、孤独彷徨。如何由不适应到适应,顺利完成从中学生到大学生的转变,尽快融入大学生活,是摆在大学新生面前的重要课题。不仅如此,每当生活、学习、工作环境发生改变,适应问题都会如期而至,它是伴随我们人生各个阶段的重要话题。

【案例导入】

大学"新鲜人"的烦恼

　　从小在农村长大的小高,一直梦想着能考上大学。努力终于得到了回报,紧张的高考结束了,她拿到录取通知书,带着对大学生活的憧憬和期待,踏上了开往城市的火车。

　　迈进大学校门后的事情却让小高不再感到自豪和兴奋,她发现自己在学校里经常迷路,不是找不到食堂,就是找不到教室。因为有口音,有时候会被别人打趣。小高开始变得沉默,生怕自己一开口就暴露了自己的乡音。

小高与室友的相处也不融洽,觉得室友的性格及兴趣爱好与她完全不同,感觉自己在她们中间是异类。小高平时喜欢独来独往,生活节奏很快,而室友大多是慢性子,有时想跟她们沟通,却又找不到共同话题,不知从何谈起,与班上同学交往感觉也是一样。她觉得寝室同学在一起,都是谈论帅哥美女、偶像剧之类,她认为这类话题比较无聊,而她自己则对学习方面的话题比较感兴趣。不仅如此,她还认为室友联合起来故意针对她,她开始时找她们谈过,但是没有多大效果,反而感觉越来越远离她们。

新学期,有很多学生参加社团纳新,小高满怀信心地报了两次名,竟然都被拒收了,原因是"无任何特长",这让小高产生了更深的自卑感,对自己产生了全面怀疑,觉得自己处处不如别人,挫败感越来越强地侵蚀着她的自尊。第一学期快结束的时候,小高甚至开始认真地考虑要不要退学。

(资料来源:徐继玲.大学生活与生涯规划[M].上海:上海辞书出版社,2011.)

想一想:我们自己或者身边的同学遇到过类似的情况吗?假如小高是我们的同学,我们应该从哪些方面对其进行帮助?

一、适应的概念及方式

(一)适应的概念

现代解释认为,适应是生命有机体调适顺应的意思,强调主观与客观的互动作用产生状态。在心理学领域,适应是指个体通过不断调整自身使其个人需要能够在环境中得到满足的过程,是自我与环境和谐统一的一种良好的生存状态。因此就适应而言,包含了个体、环境与改变3个基本组成部分。改变是适应的中心环节,现代意义上的改变不仅包括个体改变自身以适应环境,也包括个体改变环境使之满足自己的需要,从而达到个体和环境的和谐。

人类对其所属环境,都有一定的适应行为。"良好适应"包含两层含义:就主体来说,个体的需求已获得满足,紧张情绪也已消除;就社会来说,个体满足需求的方法要为社会所认可,即适应要同时具有"需求满足"与"社会认可"这两项条件;反之,就是"不适应"或"适应不良"。良好适应能增进心理健康,形成健全的人格,而不良适应可能导致行为异常或人格的偏离。

(二)适应的方式

从心理学的观点看,适应的标准就是减轻或消除紧张。例如,大学新生找到了正确的适应方式,减轻了刚入学时的紧张,并且逐渐驾轻就熟,和大学学习、生活节奏保持和谐一致,完全消除了紧张,他就达到了完全适应的状态。适应包括积极适应和消极适应两种。

1. 积极适应

积极适应是主动的、健康的适应，一是改变自己以顺应环境，或顺应环境中的某些变革；二是不断地抗争和选择，从一个目标走向另一个目标，这是发展性适应。具体表现如下。

其一，积极适应是一种放弃。放弃固有的行为习惯，得到了新的生存模式。

其二，积极适应是一种接受。是在有辨别、有选择地接受，并不意味着麻木地跟随与违心地屈从。

其三，积极适应是一种挑战。是在现实与不断变化的环境中挑战自我、完善自我，求得生存。

其四，积极适应又是一种痛。那痛的过程正是适应的过程。整个适应的过程就是放弃的过程，也是发展的过程。

2. 消极适应

消极适应是被动的、不健康的适应，它以牺牲个体的发展为代价，甚至会导致某些不同程度的心理问题或疾病。人只有在适应中才能生存和发展，适应是人生过程中别无选择的课题。与其被动适应不如主动适应，与其晚适应不如早适应。综观人生，凡懂得适应和善于适应者，则往往处处占领先机，事业节节成功；反之，则步人后尘，碌碌无为，难有建树。

二、适应不良的表现及特征

（一）适应不良的表现及原因

通俗来讲，适应不良是指由于个体或环境的原因，个体不能很好地融入新的环境，或者新的环境不能满足个体的需要，从而出现认知、情绪以及行为方面的问题。

1. 适应不良的表现

在现实生活中适应不良的行为表现往往有以下3种。

第一种方式是反抗现实。由不满现实转而反抗现实，反抗现有的社会规范，反抗社会权威，甚至产生更为严重的反社会行为，其结果是不但不能解决问题，反而带来更为严重的挫折，甚至于毁灭自己。

第二种方式是逃避现实。由于个体承受不了现实压力，又不能从经验中找到面对现实的方法，所以就以自欺欺人、掩耳盗铃的方式来应付问题，借以获得暂时的满足，但久而久之，会造成更大的失败。

第三种方式是脱离现实。从现实中退却，沉迷于虚构的幻想世界，过的是完全与现实隔离的生活，此种方式易于导致心理疾病。

2. 适应不良的原因

伴随着大学生正常学习生活的开始，最初进入大学的惊奇与激情逐渐逝去，紧接着将要面临一段艰难的心理适应期,需要及时地进行自我调整。在这个心理转型与重塑的过程中,如果缺乏必要的心理准备,就可能会产生不同程度的适应问题。能否成功地完成从中学生到大学生的角色的转换,将直接影响到大学期间的学习和生活的质量,甚至影响到大学生的身心健康和全面发展。

（1）陌生的生活环境

在读大学之前,部分学生对父母有较大的依赖性,饮食起居完全由父母包办,缺乏必备的独立生活能力。进入大学后,生活中的保护人没有了,做事拘谨、胆怯、缺乏方向感,花钱没有计划,时常出现"经济危机"。还有的学生习惯了中学时以学习和高考为第一要务的生活,不会管理自己的时间,面对丰富多彩、目不暇接的校园文化生活无所适从。

还有学生因为理想与现实的落差太大而导致不适应。在进入大学前,许多学生想象的大学都是校园风景如画,教室宽敞明亮,师生团结友爱,处处欢声笑语,充满诗情画意。然而,入学以后,这些学生却发现现实中的大学并非自己想象的那么完美,校园不漂亮,图书馆藏书不丰富,教学条件也不够良好,致使一些学生感到前途渺茫,怅然若失。

【案例】小王为大一女生,高中三年虽然20多人一个宿舍,但是她一直住在下铺。开学前建议父亲提前带自己到校,占一个下铺,未被采纳。入学后,一直不适应,班主任也进行了协调解决,但其他同学没人愿意换,自己又不想调到其他宿舍。

她经常独自哭泣,并不停地给家人打电话,要求退学回家。其班主任和家人都非常担心,建议她找心理教师咨询。她在一个多小时咨询过程中几次落泪,难以自持。不良情绪持续时间已经超过一个月,并且影响到学习,不想吃饭,不想回宿舍,出现社会功能退化。

基于以上分析,初步判断是典型的环境适应性障碍问题,主要是对新生活环境不适应所致,没有显著的抑郁、恐惧症状。由于一直在家庭中备受呵护,对父母非常依赖。在新的环境中感到强烈的失落和人际漠然,成长的信心受到打击,因而产生了退缩的行为。通过咨询和建立有效的班级、家庭、宿舍、社会支持系统,可以使其逐步适应新环境,并进入学习状态。

（2）不同的学习特点

学习仍然是大学生活中最重要的一部分。许多大学生在当初高考填报志愿的时候,并没有做好心理准备,没有充分了解所报学校和专业,因此入学后,对专业情况模棱两可,有的甚至不喜欢自己的专业。这就为以后的学习埋下了隐患。尤其是普通高中生,更是缺乏对专业的了解,专业知识可以说几乎为零。因此,会出现学习方面的不适应现象。

在学习方式上，中学是以"高考"为目标的应试教育与填鸭式教学，学科内容与学习进度相对固定，师生关系较为密切。大学的教学风格、教学方法都与中学有着明显的不同，更强调学习的独立性、自主性，上课时数明显减少，学生自学时间大大增加。没有了家长的监督，没有了教师的主动指导，更没有人给制订具体的学习计划与目标，大量的业余时间完全靠自己来管理和应用。因此，很多学生无所适从，存在明显的学习动力不足现象，严重影响了他们在大学期间的学习。尤其是一些自我控制能力较差的学生，更容易受别人的影响。如果不能及时调整自己，适应学习上的转变，则会产生很大的学习负担，甚至导致厌学和心理健康问题。

（3）全新的人际关系

在中学时期，由于高考的压力，学生的主要精力都投入了学习当中，很少花心思来处理人际关系。进入大学后，马上要确立新的人际关系，而且要处理的人际关系远远多于中学阶段，有同乡关系、师生关系、同班同学关系、同一专业同学关系、社团成员间关系等。事实上，大学生对新的人际关系的适应远比对学习和生活环境的适应困难。主要表现为因缺乏经验、技巧而不善交往，因担心别人轻视自己而不愿交往，因担心异性相处困难而不敢交往，因性格内向孤僻而不会交往等。

大学新生人际交往过程中一般会出现以下问题。

其一，交往问题多。

大学生们来自不同的地区，各自具有不同的生活习惯、性格、兴趣、家庭状况、生活经历，而且这个时期的自我意识非常强。因此，有些大学生在交往过程中，彼此之间会发生一些摩擦、冲突，甚至导致情感上的伤害。

其二，真正知己少。

丰富多彩的大学生活，为大学生的人际交往提供了多种平台。学习活动、日常生活、社团活动、文体娱乐活动等都为大学生提供了方便的资源和广泛交往的空间。但是，有部分学生仍然感到不快乐，其原因就在于朋友好像很多，但真正称得上知己的却很少。

（4）自主的理财方式

部分大学生在中学阶段没有独立理财的机会，到了大学，却要面对学费、生活费的管理，以及勤工俭学方面的问题。因此，除了交学费、买学习用品外，多数新生没有太多"理财"的经验。那些计划不当甚至没有计划的学生，常常在最初的时间里大手大脚，导致"过度消费""超前消费"，甚至出现"月光族"，把以后的伙食费提前花掉了，甚至有的学生截留了父母辛苦积攒的学费用于挥霍。

【案例】某新闻网报道了一则事件：某大学三年级学生从其位于13楼的宿舍跳楼身亡。这一消息让学生的父母沉痛不已。更令他们震惊的是，事发后他们得知，孩子大二、大三两年的学费未交，并已全部花光。该生的父母每年都会按时把学费打到她的银行卡上，但由于一些原因，该生大二、大三的学费一直放在自己手里，两年来，逐渐把学费一点点地零花掉，导致最后没钱交学费。2018年冬，学校曾催缴过一次学费，该生向一位亲戚借了19000元，不巧当天不能刷卡，学费没能交上。随后她把借来的钱也慢慢花掉了。这位亲戚回忆说："该生的父母得知借钱的事后觉得蹊跷，打电话问她为什么借那么多钱。

得到回答是银行卡被人盗刷了2万元。没想到,第二天就出事了。"

(二)新生适应期的心理特征

出现上述适应不良现象,除了前面提到的原因之外,新生特有的心理特征也是原因之一。

1. 放松

经历过高考的学生对高中时期高度紧张的生活体验是终生难忘的。经过三年超负荷的拼搏,经过黑色6月的洗礼,大多数学生身心俱疲。进入大学后,相当一部分学生产生了放松心理,将之前绷紧的神经放松下来,同时产生了对学习的厌倦情绪。

2. 茫然

在高中,学生们的奋斗目标非常明确,就是考上一所理想的大学。在这个明确目标的指引下,每个学生的生活都是高效、专注、充实和快节奏的,个体的潜能被最大限度地挖掘。考入大学后,原来的目标实现了,新的目标尚未确立,出现了目标的缺失和理想真空。许多新生不知自己该干什么,空虚、无聊、茫然。

有的学生高中阶段就是缺乏明确目标的人,学习动力不足,虽然迈上了人生的一个新阶梯,但是仍然没有新的起色,不考虑将来的发展和前途,混沌度日,无所事事。

3. 失落

失落心理的产生与两个因素有关:一是由于没有录取到理想的学校或专业,入学后觉得心里别扭和沮丧,退学或换专业的意念强烈。由于对录取学校或所学专业不接纳、不认同,心理上的抵触情绪和失落感比较严重。二是有的新生入学前将大学生活过分理想化,把大学生活想象得浪漫神秘、多姿多彩。入学后却发现并非如此。过高的期望值与现实生活反差较大,导致部分新生入学后出现情绪波动和失落。

4. 自卑

一是部分学生高考成绩不理想,自感矮人三分,自尊心受挫,不愿别人问起自己的学校;二是一些新生入学后发现,在高校,衡量个体价值和能力的不仅仅是学业成绩,个体的兴趣、才华、风度、交往能力等都是引起人们关注的重要品质。那些来自偏远贫困地区或者一心埋头苦读而很少注意全面发展的同学,深感自己在这些方面的劣势而滋生自卑心理。

5. 怀旧

进入高校后,生活学习环境变化巨大。由于生活方式、习惯、环境的急剧变化,加上远离家乡、亲友和同伴,这对缺乏生活自理能力和人际交往技能的学生来说,无疑是个不小的挑战。尤其是某些年龄小、以自我为中心、过分依赖家庭的女生,哭鼻子想家、闹情绪、人际关系紧张的事情时有发生,怀旧心理油然而生。

三、适应不良的调适策略

（一）学会生活

对于大学新生来说，只有尽快调整自己的心态，转变个人的角色，才能给今后的大学生活奠定良好的基础，从而顺利地度过大学时光。为了尽快适应新环境，为自我健康成长、成才奠定良好的基础，建议大学新生们努力做到以下5个方面。

适应不良的调试策略

1．锻炼自立能力

大学新生们面临的第一个真正的考验是怎样独立生活，而他们的第一笔财富也就是学会独立生活。人总要学着自己长大，尽快适应生活环境的变化，这种能力需要自己亲身实践去培养和锻炼。只有试着独立去面对问题、尝试解决问题，才能得到锻炼，才能发展自己的自立能力。因此，大学生要积极参加一些文体活动、社会实践、勤工俭学、社团活动，在活动中认知自己、改变自己，这样才能逐步提高自己的自立能力。

2．尽快熟悉校园

新生到校后要到校园的各处熟悉情况，通过校园内的各种标志了解校内整体布局，了解自己所在的系部、教室、图书馆、校园内外的超市、辅导员办公室的位置和分布，食堂开饭时间，以及其他与大学生活密切相关的信息，这样，就会尽快融入新的环境，并把它作为自己现在的家。

3．请教身边同学

一是直接向高年级的学哥学姐请教。大多数高年级的同学都愿意把经验传授给新生，以帮助他们尽快适应大学校园生活，尽量少走弯路。二是向同班、同宿舍、同年级的同学请教，也可以获得直接的帮助。

4．参加一定活动

新生应该抓住班级、学生会以及社团招聘新人的机会，放开手脚，大胆尝试探索，主动参与班级活动，有选择地参与社团工作。与教师、同学接触得越多，掌握的信息越多，锻炼的机会也就越多，就越容易培养自信心。

5．学会健康生活

拿出足够的时间参与体育锻炼，合理地安排饮食和睡眠。食堂饭菜不可口可以调剂着吃，承担起自己照顾自己的责任。课余时间可以多阅读一些自己喜欢的书籍报刊，以读书为乐事，既可以排遣烦忧，愉悦性情，又可以获取知识，增长智慧，对身心的健康发展非常有利。

（二）学会学习

大学生的身份仍然是学生，学业是主业，因此，大学生应当热爱学习，更要会学习。学会学习，不仅是为了获得知识本身，重要的是获得一种认知世界的手段和能力。

1. 在专业认同方面

有些新生由于填报志愿盲目或者是被调剂专业的原因,在学习了一段时间后,有可能发现对专业提不起兴趣,看不到本专业发展的希望,对所学专业不能产生认同感,落差较大,导致上课不能集中注意力,难以在学习上找到新的支撑点和成就感。大学生应该耐心摸索专业领域里自己的兴趣点,并结合自己的能力和价值观,进行积极有效的学业生涯规划。另外,要明确我们需要做的以及我们能做的就是忠于自己的选择,并让这个选择更有价值。"选我所爱,爱我所选",破除偏见,尽力学好,积极挖掘内在兴趣。

2. 在学习方法方面

大学教学风格、学习方式的改变也要求新生转变学习方法,提高自主安排学业的能力。适合自己的学习方法是提高学习效率,达到学习目的的手段。钱伟长曾对大学生说过,一个青年人不但要用功学习,而且要有好的科学的学习方法。进入大学之后,要在学习方法上下决心改变,要做到勤于思考,多想问题,而不是靠死记硬背。学习方法得当,往往能收到事半功倍的成效。在理论课程的学习中,要把握住的几个主要环节是预习、听课、复习、总结、记笔记、做作业、考试等,这些环节把握好了,就能为进一步获取知识打下良好的基础。

(三) 学会相处

与人和谐相处,是人际交往能力的一种反映,是保持良好心境的必备条件,也是开发和利用人际资源的需要。良好的人际关系使人产生归属感和安全感,体验到人际交往的快乐。对于刚刚迈入大学校门的新生来说,面对来自不同地域、性格和行为习惯各异的同学,如何建立和谐、良好的人际关系,是每个在校大学生都必须面对和学习的重要内容,而且这种对新的人际环境的适应远比学习和生活环境的适应要困难得多。为此,大学生应当学会尊重与真诚地对待每一个人,做到以诚相待,严于律己,同时要学会接纳他人的长处与不足,宽以待人,能够与他人进行良好的沟通,在沟通中建立和保持这种亲密的合作关系,在相互交流与分享中共同成长与发展,不断克服嫉妒心理,使之升华为合理的竞争和有效的行动。此外,要积极参加集体活动,体验团结合作的重要性,感受集体的温暖和力量,这样,才能使自己更快、更好地适应新生活,从而为今后的健康发展奠定基础。

(四) 学会理财

独立生活,自己给自己当家,这是新生们盼望已久的"特权"。但由于其消费心理和消费行为还没有完全成熟,有些学生追求时尚潮流、超前消费,而用于正当生活的开支和学习投资的费用则少得可怜。这些不合理的消费背后其实是"攀比"心理和"炫耀"心理在作怪。因此,如何支配金钱是大学生需要认真思考的问题。

首先,要树立科学健康的消费观念,提倡理性消费、节俭消费;无法"开源",则应以"节流"为关键,进行合理消费。

其次,要掌握理财技巧,把握理财奥秘。比如,开学之初就做好开支计划,把生活费存入银行,然后按月给自己"发工资",平时花钱则可以每月先把饭卡充足,这样吃饭就不成问题了,然后每月把大笔的消费清单记录下来,了解每一笔大额支出的同时,也可以克制自己的消费欲望;学会积蓄,增加对学习的投资;控制不必要的、盲目的消费;把握消费时机,避开销售高价期;合理运用银行卡,"卡"住非理性消费;限制每天口袋中的"钞票"数额等。

(五) 合理定位

作为大学新生,要主动调控自我,积极适应新角色。

1. 明确角色要求

作为新生,要认识到自己首先是一名学生,当前的任务仍然要以学习为主,兼顾其他能力的发展。无论对所学专业是否感兴趣,首先要顺利完成学业。其次,正确把握自由。相对于中学阶段教师严格的管教和家长的约束,大学生活要自由得多,这正是大学生锻炼自己独立生活,提高自主学习能力的有利时机,因此,大学生要正确处理好自由与纪律的关系,正确把握自由,不断发展、完善自己。

2. 合理规划目标

适应环境最根本的因素是要有明确的奋斗目标。进入大学,高中时期的奋斗目标已变成了现实,新目标尚未确立,不少学生感到茫然、空虚,进入"动力真空带"或称"理想间歇期",出现懈怠情绪。"凡事预则立,不预则废。"合理规划目标,就是要求大学生要做好自己大学期间的职业生涯规划。

职业生涯是指一个人一生连续担负的工作职业和工作职务的发展道路。职业生涯规划是指个人对今后要从事的职业、要去的工作组织、要担负的工作职务和工作职位等一系列发展道路做出设想和计划。一个人的事业究竟应该向哪个方向发展,可以通过职业生涯规划明确起来。

面对严峻的就业压力,大学生的职业生涯规划也显得越来越重要。相当多的大学生对自己的发展规划并不明确,没有注重有计划地在大学生活中培养自己真正有发展潜力的素质,不能运用有关理论规划未来的工作与人生,从而严重影响了自己的提前准备和准确定位,甚至影响将来对社会的适应。不少用人单位对刚毕业的大学生的印象是大学生缺乏社会实践,解决实际问题的能力差,只学到书本知识而没有掌握学习方法,缺乏团队精神、人际沟通能力和自我认知。出现这种现象,可以说职业生涯规划的缺失是其中重要的一个因素。

作为大学新生,有资本、有时间去规划自己的人生,去设计自己未来的蓝图。要拿出笔和纸去设计自己的人生,规划自己的道路,虽然不是非常的清晰,但至少有了目标与方向，也就有了动力。

有调查显示，90%以上的成功人士都对自己的未来有明确的期待，都有明确的人生目标；也有研究表明，进行生涯规划的职业人约有70%以上能够取得良好的工作绩效表现，并且有强烈的成就和成功体验。

【案例启示】

适 者 生 存

孔子到吕梁山游览，那里瀑布几十丈高，流水水花溅出很远，鱼类都不能游，却看见一个男人在那里游水。孔子认为他是有痛苦想投水而死，便让学生沿着水流去救他，他却在游了几百步之后出来了，披散着头发，唱着歌，在河堤上漫步。

孔子赶上去问他："刚才我看到你在那里游，以为你是有痛苦要去寻死，便让我的学生沿着水流来救你。你却游出水面，我还以为你是鬼怪呢，请问你到那种深水里去有什么特别的方法吗？"他说："没有，我没有方法。我起步于原来本质，成长于习性，成功于命运。水回旋，我跟着回旋进入水中；水涌出，我跟着涌出于水面。顺从水的活动，不自作主张。这就是我能游水的缘故。"

孔子说："什么叫作起步于原来本质，成长于习性，成功于命运？"他回答说："我出生于陆地，安于陆地，这便是原来本质；从小到大都与水为伴，便安于水，这就是习性；不知道为什么却自然能够这样，这就是命运。"

适者生存，这是人类一切问题的答案。试图让整个世界适应自己，这便是麻烦所在。试图让一切适应自己，这是很幼稚的举动，而且是一种不明智的愚行。

那位智者让自己适应水流，而不是让水流适应他，就这样，智者成功了。这不是一种方法，也不是一种技巧，而是一种智慧。

（资料来源：林葳. 淡定，不浮躁的活法 从容于心，淡定于行[M]. 武汉：华中科技大学出版社，2014.）

【知识拓展】

1. 交友小贴士

（1）学会主动沟通。要尝试融入新工作环境的成员中去，可以通过主动打招呼或问候等，与他们打开话题，并主动加入他们的活动或倡议中去，这样你在新环境中的形象就会被大家所接受。

（2）"己所欲，施于人。"要主动把自己的好东西或乐趣与大家一起分享，把自己的美食、成果或用品与大家一起使用，做到慷慨对待大家，这样大家就会对你的大方个性认可，并与你交往。

（3）乐于助人。要主动去帮助别人，比如，主动去替别人分担或做一些力所能及的事情，这样别人更愿意去接纳你，你以后的学习、生活和工作也能更快地适应。

2. 宿舍关系十要领

（1）与舍友统一作息，在日常生活中给予包容和理解。

(2) 不搞"小团体"。
(3) 不触犯舍友的隐私。
(4) 积极参加集体活动。
(5) 给予别人关心,别人有困难要帮忙,自己有解决不了的事也要寻求帮助。
(6) 在不违反校规校纪情况下,不拒绝零食分享和宴请。
(7) 不逞一时口舌之快。
(8) 维护共同的环境卫生,完成该做的值日。
(9) 学会赞美,不吝啬对别人的夸奖。
(10) 用主动友好的方式解决日常矛盾。

(资料来源:黄占华.大学生心理健康教育实用教程[M].银川:宁夏人民教育出版社,2011.)

【活动与体验】

体验感悟——换位置练习

活动流程:

请所有同学离开自己原来的座位,换到离原来座位较远的位置上,体会一下换座位后的感受,全班进行分享。体会换座位这样一个小的环境变化带给人的不适应感受。

分享:

(1) 你到新位置后,心里面是什么感觉?
(2) 离开家乡,来到陌生的城市,你是怎么样适应的?

心理测验——大学生心理适应性测量问卷

下面的心理测验可以帮助你了解自己的适应能力。请认真阅读以下各题,从答案中选出最符合自己实际情况的一种。

指导语:本问卷共20题,每题均给出5个备选答案,请从中选择一项最适合你的答案。

(1) 假如把每次考试的试卷拿到一个安静、无人监考的房间去做,我的成绩会更好一些。

  A. 很对 B. 对 C. 无所谓 D. 不对 E. 很不对

(2) 夜间走路,我能比别人看得更清楚。

  A. 是 B. 好像是 C. 不知道 D. 好像不是 E. 不是

(3) 每次离开家到一个新的地方,我总爱闹点毛病,如失眠、拉肚子、皮肤过敏等。

  A. 完全对 B. 有些对 C. 不知道 D. 不太对 E. 不对

(4) 我在正式运动会上取得的成绩常比体育课或平时练习的成绩好些。

  A. 是 B. 似乎是 C. 吃不准 D. 似乎不是 E. 正相反

(5) 我每次明明已把课文背得滚瓜烂熟了,可是在课堂上背的时候,却总要出点差错。

  A. 经常如此 B. 有时如此 C. 吃不准

  D. 很少这样 E. 没有这种情况

(6) 开会轮到我发言时,我似乎比别人更镇定,发言也显得很自然。
    A. 对   B. 有些对   C. 不知道   D. 不太对   E. 正相反

(7) 我冷天比别人更怕冷,而热天又比别人更怕热。
    A. 是   B. 好像是   C. 不知道   D. 好像不是   E. 不是

(8) 在嘈杂混乱的环境里,我仍能集中精力学习、工作,并没有大幅度降低效率。
    A. 对   B. 略对   C. 吃不准   D. 有些不对   E. 正相反

(9) 每次检查身体,医生都说我"心跳过速",其实我平时脉搏很正常。
    A. 是   B. 有时是   C. 时有时无   D. 很少有   E. 根本没有

(10) 如果需要,我可以熬一个通宵,精力充沛地学习。
    A. 完全同意   B. 有些同意   C. 无所谓   D. 略不同意   E. 不同意

(11) 当父母或兄弟姐妹的朋友来我家做客时,我尽量回避他们。
    A. 是   B. 有时是   C. 时有时无   D. 很少有   E. 完全不是

(12) 出门在外,虽然吃饭、睡觉、环境等变化很大,可是我很快就能习惯。
    A. 是   B. 有时是   C. 是与否之间   D. 很少是   E. 完全不是

(13) 参加各种比赛时,赛场上越激烈,观众越加油,我的成绩反而越上不去。
    A. 是   B. 有时是   C. 是与否之间   D. 很少是   E. 完全不是

(14) 上课回答问题或开会发言时,我能镇定自若地把事先想好的一切都完整地说出来。
    A. 对   B. 略对   C. 对与不对之间   D. 略不对   E. 不对

(15) 我觉得一个人做事比大家一起干效率高些,所以我愿意一个人做事。
    A. 是   B. 好像是   C. 是与否之间   D. 好像不是   E. 不是

(16) 为求得和睦相处,我有时放弃自己的意见,附和大家。
    A. 是   B. 有时是   C. 是与否之间   D. 很少是   E. 完全不是

(17) 当着众人和生人的面,我感到窘迫。
    A. 是   B. 有时是   C. 是与否之间   D. 很少是   E. 完全不是

(18) 无论情况多么紧迫,我都能注意到该注意的细节,不爱丢三落四。
    A. 对   B. 略对   C. 对与不对之间   D. 略不对   E. 不对

(19) 和别人争吵起来时,我常常哑口无言,事后才想起该怎样反驳对方,可是已经晚了。
    A. 是   B. 有时是   C. 是与否之间   D. 很少是   E. 完全不是

(20) 我每次参加正式考试或考核的成绩,常常比平时的成绩高。
    A. 是   B. 有时是   C. 是与否之间   D. 很少是   E. 完全不是

计分规则:
凡单号数的题目,从 A~E 这 5 种回答依次计 1、2、3、4、5 分凡双号数的题目,从 A~E 这 5 种回答依次计 5、4、3、2、1 分。

结果分析：
81~100 分表示适应性很强。
61~80 分表示适应性较强。
41~60 分表示适应性一般。
21~40 分表示适应性较差。
0~20 分表示适应性很差。

【思考与讨论】

面对全新的大学生活，自己感觉到：

适应的方面有_____。

不适应的方面有_____。

我的改进策略是_____。

课后拓展活动记录表

班级		姓名		学号	
指导教师		活动时间		活动地点	
活动主题					
课后应用	将本模块所学知识应用在学习和生活中并进行简要记录。 				
学习感想	结合教与学两方面,写写自己的收获,并提出自己的建议。(200～300字) 				
备注					

模块六　成为会学习的人——开发潜能

勤能补拙是良训,一分辛苦一分才。

——华罗庚

学习是劳动,是充满思想的劳动。

——[俄]乌申斯基

【教学目标】

(1) 素质目标

培养良好学习心理,掌握科学学习方法,提高学习质量和效率。

(2) 知识目标

① 了解学习的定义及作用。

② 了解多元智能理论的内涵。

(3) 能力目标

① 能够掌握几种学习技巧。

② 会根据艾宾浩斯遗忘曲线制订复习计划。

【引言】

学习是人类生存与发展的永恒主题,贯穿于人类生活的始终。大学的生活围绕学习而展开,学习活动极为强烈地影响大学生心理的发展。同时,它也是一种非常复杂的心理过程,这一过程不仅与智力因素有关,还涉及人的动机、意志、个性等各种非智力因素。如何理解学习的真正含义,如何运用心理学学习理论做指导,进行有效的学习,如何通过学习真正地提高自身素质、培养创新思维,这些都是与大学生学习有关的重要课题。

【案例导入】

一位即将毕业的学生回忆说:"想当年,我如愿以偿地跨入了大学校园。当时,对于我来说,一种轻松感油然而生,放松紧张的神经,休整疲惫的身体——上课玩手机,下课逛大街,早晨睡懒觉,晚上打游戏,整天不思学习,无所作为。这种消极颓唐的生活伴我混过了半年光阴。第一学期考试成绩下来,我竟然在全班倒数几名之列。这对于我来说,犹如当头一棒,我想要振作起来,但又不知从何下手。"

以前读书是为了考大学,现在大学考上了,目标也实现了,于是很多同学开始放松、放任甚至放纵。然而生活还在继续,很多人却发现没有了目标,心是飘的,人是散的,一切陷入了迷茫之中。

（资料来源：张大均，邓卓明. 大学生心理健康教育 [M]. 重庆：西南大学出版社，2004.）

想一想：进入大学后你是否也开始放松自己的学习了？你是否为自己的大学生活确立了明确的目标？

一、学习的定义和作用

（一）学习的定义

《辞源》指出："学"乃"仿效"，即获得知识；"习"乃"复习""练习"，即复习巩固。

广义的学习既包括人类学习，也包括其他动物的学习，是指个体在活动中通过经验引起的行为或者心理的相对变化的过程。

狭义的学习仅指人在社会实践过程中，在与他人交往过程中，运用语言这一中介，自觉、主动地掌握社会相关经验及积累自身经验的过程。

大学的学习是人类学习的一种特殊形式和特殊阶段，是在学校教师有目的、有计划、有组织、有系统的指导下，以掌握间接经验为主的智力实践活动的过程。

（二）学习的作用

1. 个体生存的必要手段

学习是动物和人与环境保持平衡、维持生存和发展所必需的条件，也是适应环境的手段。动物和人为了生存下去，必须通过学习获得个体经验。这种后天习得的行为经验可适应相对迅速的变化，与先天本能相比，其意义显然要重要得多。

人是最高等的动物，生活方式极为复杂，固定不变的本能行为最少，行为的绝大部分是后天习得的，所以学习在人类个体适应环境中的作用也就必然是最大的。相对来说，人类婴儿与初生的动物相比，独立能力低，天生的适应能力也低。可以说，离开父母的养育，婴儿是无法生存下去的。但是人类却有着动物不可比拟的学习能力，可以迅速而广泛地通过学习适应环境。如种植谷物，获取粮食，靠的是学习；战胜毒蛇猛兽等天敌，对付可怕的瘟疫，以免予被消灭，靠的也是学习。总体来看，人和自然界的其他动物如狮子、老虎甚至麻雀相比，很多方面都处于劣势，人能够成为万物之灵，靠的是学习。国外有句名言，叫作"不学习就灭亡"。1972年，联合国教科文组织国际教育发展委员会发表著名的研究报告，题为《学会生存》，就把学习同生存直接联系在一起，可见学习对人类生存的重要性。

2. 促进人的成熟

随着年龄的增长，人的生理和心理会逐渐发展成熟，但成熟并不是完全脱离环境和学习影响的完全的自然过程。学习对成熟的影响作用，首先得

学习的内涵

到了动物心理研究的支持。许多心理学家的实验研究发现,环境丰富程度可以影响动物感官的发育和成熟,也会影响动物大脑的重量、结构和化学成分,从而影响智慧的发展。

罗森茨威格(M.R.Rosenzweig)发现,接受丰富多变的环境刺激和适当学习训练的一组幼鼠与另一组在环境单调贫乏而又缺乏学习训练的幼鼠相比,在4~10周中,前者大脑皮层的重量与厚度增加,神经胶质细胞数量增多,神经突触增大或增多,乙酰胆碱酯酶含量更丰富且活动提高,核糖核酸和脱氧核糖核酸的比率也有所改善。

有的学者研究表明,在婴儿出生后的四五年里,除了营养条件外,缺乏适当的学习训练或教育不当,也会给大脑的发展带来不利的影响。有人研究聋哑人死后的大脑皮层,发现控制视听器官的部位趋于萎缩;对先天盲人复明后进行测验,发现他们眼部运动不规则,难以集中注意于一点,不能精确地区分圆形和正方形。印度狼孩卡玛拉回到人类社会时虽然已七八岁了,但智力水平仅相当于6个月的婴儿,她死时大约16岁,只相当于三四岁幼儿的智力水平。所有这些研究与事实说明,早期的学习、训练以及相应的文化环境,对人的感觉器官和大脑等机体功能的发展是有着重要影响的。

3.促进文明的延续和发展

著名民族学家、原始社会历史学家摩尔根认为,人类社会的历史可概括为3个时代,即蒙昧时代、野蛮时代和文明时代。显而易见,野蛮时代的人类如果不世代相袭地向先辈学习使用火,就只能像自己的祖先一样过着茹毛饮血的生活;文明时代的人类如果不世代相袭地向先辈学习畜牧业和农业,也只能像自己的远祖一样靠现成的天然产物为食。正如萨克雷所言:"读书能够开导灵魂,提高和强化人格,激发人们的美好志向,增长才智和陶冶心灵。"

二、大学生的学习特点

大学生的学习是在一定的知识基础之上进行的,具有以下特点。

(一)学习的自主性

大学生的学习虽然仍按照教师的要求进行,但已不再像中学生那样被动地完成教师布置的任务,而是有相当大的自主性,无论从学习内容、学习时间还是学习方式来说,都更加强调学生个体在学习活动中承担的角色。教师课堂讲授少而精,下课后很难见到教师,没有人组织复习,学习什么、学多长时间由自己决定。学习的支配权交到了大学生自己手中,所以大学生要增强学习的自主性,学会自主支配学习时间、自主选择学习内容。

(二)学习方向的专业化

大学生的学习是在确定了基本的专业方向后进行的,因此学生要围绕既定的专业进行相关的学习,其学习的职业定向性较为明确。大学生必须在大学期间对该专业的专业基础课、专业课和选修课进行系统、深入的学习,并扎实掌握实践技能,以达到学校培养专业人才的目标,适应今后工作岗位的需要。

(三)学习内容的多元化

大学里的课程纷繁复杂,不仅有专业课,还有基础课、各类内容丰富的选修课;既有自然科学,又涉及人文科学。大学像个小社会,仅学习课堂上的知识还不够,如何更好地与人打交道,培养自己的实践能力,样样都需要学习。作为大学生,学习的范围不能仅局限于书本知识,情感态度的调节与控制、社会能力的开发等都是学习的内容。

(四)学习的实践性

大学尤其是高职高专院校,其教学的突出特点是实践教学比例较大。实践教学环节是培养大学生动手能力的主要途径,与课堂理论教学相辅相成,也是培养大学生独立思维能力和独立工作能力的重要方式。知识只有通过不断地运用于解决实际问题才能转化为能力,所以实践教学是培养学生能力的重要途径。

(五)学习的探索性和创新性

中小学阶段的学习是将前人的知识经验转化为自己的知识经验;大学阶段的学习是在接受和掌握前人知识经验的同时,强调学生在学习过程中的感悟、发现和探索,进行创新性学习。大学的课堂教学在阐述既定结论的同时,还要介绍本专业的前沿知识,介绍各家学派的理论,介绍学术界有争论的问题,使学生了解和掌握自己所学专业学科的前沿动态,了解本学科尚未解决的问题,为学生能在所学专业领域里有所建树,在理论知识和技能等方面奠定基础。所以大学里的学习,反对死记硬背、迷信书本、迷信教师;提倡独立思考、大胆质疑、勇于创新。

三、灵活运用学习技巧

什么样的学习方法是最好的学习方法?应当说,世界上没有通用的"最佳"学习方法,但是有效的学习方法很多,以下是一些学习中可以用到的技巧。

(一)及时复习技巧

在学习过程中,为了识记学习内容必然要对所学的知识反复进行复习和记忆,这是一个复习的过程。研究发现,记忆的保持在时间上是不同的,有短时记忆和长时记忆两种。输入的信息在经过人的注意过程的学习后,便成为人的短时记忆,但是如果不经过及时的复习,这些记过的东西就会被遗忘。而如果经过了及时的复习,这些短时记忆就会成为人的一种长时记忆,从而在大脑中保持很长的时间。记忆的过程如图6-1所示。

但是我们经常遇到这样的情况,就是会遗忘一些东西。考试的时候,对一个学过的概念怎么也想不起来;遇到一个人,却忘记了他叫什么名字,这就是遗忘。什么是遗忘呢?所谓遗忘就是我们对于曾经记忆过的东西不能再认,也不能回忆起来,或者是错误的再认和错误的回忆,这些都是遗忘。

模块六 成为会学习的人——开发潜能

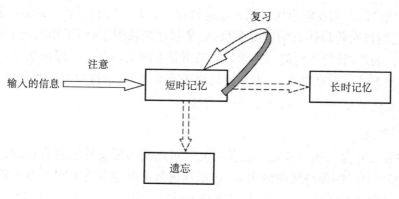

图 6-1 记忆的过程

德国著名心理学家赫尔曼·艾宾浩斯（Hermann Ebbinghaus，1850—1909 年），对人的记忆活动进行了研究，其试验得出了记忆遗忘的时间，如表 6-1 所示。

表 6-1 记忆量随时间消退表

时间间隔	记忆量/%
刚刚记忆完毕	100
20 分钟后	58.2
1 小时后	44.2
8～9 个小时后	35.8
1 天后	33.7
2 天后	27.8
6 天后	25.4
1 个月后	21.1

艾宾浩斯又根据这些点描绘出了一条曲线——这就是非常有名的揭示遗忘规律的曲线——艾宾浩斯遗忘曲线，如图 6-2 所示。图中，竖轴表示学习中记住的知识数量，横轴表示时间（天数），曲线表示记忆量变化的规律。

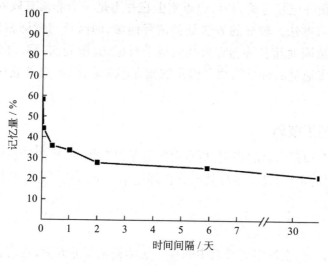

图 6-2 艾宾浩斯遗忘曲线

这条曲线告诉人们在学习中的遗忘是有规律的,即"先快后慢"。遗忘的进程不是均衡的,在记忆的最初阶段遗忘的速度很快,后来就逐渐减慢了,到了相当长的时间后几乎就不再遗忘。为此,我们得到的一种学习技巧就是及时复习技巧。根据遗忘发生的规律,采取适当的复习技巧来克服遗忘,即在遗忘尚未产生之前,通过复习来避免遗忘。复习过程中应注意把握复习时间、复习次数、复习方法。

1. 复习时间

应该注意及时复习和系统复习。及时复习可以较大限度地控制遗忘,但它也不是一劳永逸的,要想长时间保持所学的内容,还必须进行不断地复习。根据有关研究,有效的复习时间最好做以下安排:第一次复习:学习结束后的 5~10 分钟,比如下课后将要点加以背诵,或者阅读后尽快用自己的语言来表述所学的内容。第二次复习:学习当天的晚些时候或学习结束后第二天,重读有关内容,将要点用自己的语言表述出来。第三次复习:一个星期后。第四次复习:一个月后。第五次复习:半年后。

那么,每次复习时究竟用多长时间最有效呢?是否复习时间越长,记忆效果越好呢?对人类记忆的研究发现,人们对事件的开始和结尾具有较强的记忆,而对中间的记忆较差。为解决这一问题,可以将连续的集中复习时间加以分散,分为几个小的单元时间,中间穿插短暂的休息。这样,就能够增加开始和结尾的数量,进而提高记忆效果。至于每一单元的复习时间,可根据学习材料的趣味性与难易程度而定。

2. 复习次数

学习完某一新内容后,复习多少次最有利于记忆?这涉及过度学习的问题。比如,当你识记某一材料读 6 遍刚好能够记住时,那么,最好你再多读两三遍。但要注意,这并不意味着重复次数越多越好,一般而言,过度学习的程度达 50%~100% 时效果较好。超过 100% 的过度学习反而会引起疲劳、注意力分散甚至厌烦情绪等不良效果。

3. 复习方法

研究发现,许多人经常反复地、一遍遍地阅读某种材料,以期达到记忆的目的。这种方法虽然也能够最终记住有关内容,但事实上它并不是一个非常有效的复习方法。要注意选择有效的复习方法。较好的方法是尝试背诵法,即阅读与背诵相结合:一边读,一边试着背诵。尽量调动起多种感官来共同地进行记忆,眼到、口到、耳到、手到、心到,多种形式的编码和多通道的联系增加了信息的储存与提取途径,自然就使记忆的效果得到增强。

(二)精细加工技巧

学习不仅是对知识内容的识记,更重要的是掌握知识,将新的知识同自己已有的知识相融合,形成自己的东西,这个过程就叫作精细加工。下面我们介绍几种具体的精细加工策略。

1. 做记号

有研究表明,我们在决定每段话中的哪一句话最重要的同时,也对材料进行了较高水平的加工,因此,如果学习时能对一些重点的句子或词进行标记,能加深对句子的理解,记得更牢。做记号的方法有很多,通常包括在关键句子下画线,给重点词语标上着重号,在重点段落前加星号,在有疑问的地方标上问号,将自己的评论注在旁边等。

2. 类比和比较

这就要求大学生需要看出"异中之同,或同中之异"。在学习的过程中,可以通过类比法,即根据某些属性或形式上的相同或相似对新旧知识进行联结,寻找知识的"异中之同"。还可以用比较法,即根据事物之间容易相混淆的区别之点,或是相对立事物的特征属性分析来理解知识的方法,发现知识的"同中之异"。用这两种方法进行的记忆或复习,有利于对知识的理解和应用。

3. 多疑善问

正如宋代学者张载所言:"在可疑而不疑者,不曾学,学则须疑。有不知,则有知,无不知,则无知。于不疑处有疑,方是进矣。"大学生们该如何做到"多疑"呢?第一,和自己过去的知识多联系,找出共同点、差异点、联系点;第二,和实际相比较,看是否符合实际;第三,进行极端推论,看是否有新的发现;第四,尽力推翻被认为是"普遍规律"的东西,即逆向思维;第五,以挑剔的眼光看问题,尽量找出不足之处。正所谓"站起身来,没有蚂蚁,俯下身去,蚂蚁满地"。在"多疑"后,还应该"善问"。《学记》中提出:"善问者如攻坚木,先其易者,后其节目,及其久也,相说以解;不善问者反此。"这是以劈木头为例子,要先劈容易劈开的树干,再劈枝节,讲究先后有序。"善问"也是要分清什么是主要的、本质的问题,什么是次要的、非本质的问题。先解决主要的、本质的问题,不要在一些无关紧要的问题上浪费时间。遇到问题先进行思考,若实在无法解答,再请教教师和同学。

(三)组织加工技巧

仅仅学习新的东西是不够的,还要建构新知识点之间的内在联系,将分散的、孤立的知识集合成一个整体,这需要我们用到组织加工策略。下面是这种策略的一些具体方法。

1. 聚类组织法

聚类组织法也叫归纳法,即个体可以按照学习材料的特征或类别将它们进行整理、归类。心理学家们以随机的方式向被试呈现包括类别的词,结果发现被试倾向于以群集的方式回忆属于一个特定类别的词;对含有不同类别且随意排列的词组,如果先聚类,再按类别来回忆,被试的回忆效果好;被试回忆有类包含关系的词表时的成绩,好于记忆同样长度却没有明显类包含关系词表的被试。由此可见,聚类组织法有利于大学生将新知识相互联系,构成一个整体,形成一种结构,是一种有效的学习方法。现在有不少英语的词汇书页用聚类组织法来排版,即将单词归类,如分为学习、生活、社交、体育、娱乐等,这样有利于同学们进行词汇记忆。

2. 概括组织法

个体可以用摒弃枝节、提取要义的方式组织新的学习内容。心理学家布朗等曾经归纳出了以下5条原则：略去枝节，删掉多余，代以上位（以类的概念去总括属的概念），择取要义（找主题句），自述要义。根据概括方式不同，概括组织法又可以分为两种，大学生可以根据自己的具体情况选用。第一种为纲要法，通过提取材料要义、组织纲目要点，把握学习材料的精髓，同时又减少记忆负担。第二种为网络法，即以树状式连线方式表示材料种属关系的一种组织方法。使用这种方法的关键在于先要确定种概念，然后按层次依次确定属概念。在有明确种属关系的材料中，运用网络法提取要点，逻辑关系尤其清楚明晰。

四、充分发挥个人优势

传统上，学校一直只强调学生在逻辑——数学和语文（主要是读和写）两方面的发展，但这并不是人类智能的全部，不同的人会有不同的智能组合，例如，建筑师及雕塑家的空间智能较强、运动员和芭蕾舞演员的身体运动智能较强、公关的人际智能较强、作家的内省智能较强等。为此，美国哈佛大学教育研究院的心理发展学家霍华德·加德纳（Howard Gardner）在1983年提出多元智能理论。加德纳教授从自己亲身实践与研究当中总结出了影响人的八大智能，即语言、音乐、空间、逻辑、运动、自然、内省和交往。加德纳认为，每个个体身上相对独立存在着与特定的认知领域和知识领域相联系的8种智能。

1. 言语—语言智能

言语—语言智能是指听、说、读和写的能力，表现为个人能够顺利而高效地利用语言描述事件、表达思想并与人交流的能力。这种智能在作家、演说家、记者、编辑、节目主持人、播音员、律师等职业上有更加突出的表现。

言语—语言智能的开发会影响人的思想的表达、思维的发展。重视言语—语言智能的开发，不但会使人的思想表达完整清晰，而且思维组织力也会进一步加强。

2. 音乐—节奏智能

音乐—节奏智能指感受、辨别、记忆、改变和表达音乐的能力，表现为个人对音乐包括节奏、音调、音色和旋律的敏感以及通过作曲、演奏和歌唱等表达音乐的能力。这种智能在作曲家、指挥家、歌唱家、乐师、乐器制作者、音乐评论家等人员那里都有出色的表现。

音乐—节奏智能影响人的精神健康和智力发展。音乐—节奏智能开发会使人的右脑功能得到较高层次的发展，从而不仅陶冶了性情，还培育了智能。

3. 逻辑—数理智能

逻辑—数理智能是指运算和推理的能力，表现为对事物间各种关系如类比、对比、因果和逻辑等关系的敏感以及通过数理运算和逻辑推理等进行思维的能力。数学家、统计学家、会计、计算机程序员、科学家等都是这种智能强的人。

逻辑—数理智能会影响人的分析问题、解决问题能力的发展。人的一生要处理千千万万的事物，都需要靠这种能力来解决，而这些推理、判断、分析能力正是从逻辑—数理智能中开始建立的。

4. 视觉—空间智能

视觉—空间智能是指感受、辨别、记忆和改变物体的空间关系并借此表达思想与感情的能力，表现为对线条、形状、结构、色彩和空间关系的敏感以及通过平面图形和立体造型将它们表现出来的能力。画家、雕刻家、司机、向导、建筑师、水手等都是这种智能强的人。

视觉—空间智能会影响人们用直觉把握事物能力的发展。人所接触的事物往往是靠眼睛在空间中最大把握的。视觉—空间智能开发不但会影响把握的准确性，而且会影响对空间对象的判断力。

5. 身体—动觉智能

身体—动觉智能是指运用四肢和躯干的能力，表现为能够较好地控制自己的身体、对事件能够做出恰当的身体反应以及善于利用身体语言来表达自己的思想和情感的能力。运动员、舞蹈家、外科医生、手艺人等都有这种智能优势。

身体—动觉智能会影响人的身心全面发展。加德纳强调，人的身体的任何活动，特别是身体的协调运动都是智力的综合作用的表现。

6. 自知—自省智能

自知—自省智能是指认知、洞察和反省自身的能力，表现为能够正确地意识和评价自身的情绪、动机、欲望、个性、意志，并在正确的自我意识和自我评价的基础上形成自尊、自律和自制的能力。这种智能在优秀的政治家、哲学家、心理学家、教师、诗人等人员那里都有出色的表现。

自知—自省智能可以使人更易走向成功。一个人只有在任何时候都能认识到自己的客观情况，在每做一件事之后都能反过来内省一下，才会少犯错误，并更容易顺利通向成功之路。

7. 交往—交流智能

交往—交流智能是指与人相处和交往的能力，表现为觉察、体验他人情绪、情感和意图并据此做出适宜反应的能力。销售家、政治家、教师、心理学家、社会工作者等都是这种智能强的人。

交往—交流智能会影响人与他人合作能力的发展。从小重视人的交往能力，有助于被他人接纳，并在走向成功的道路上轻松赢得他人的合作与帮助。

8. 识别—自然观察智能

识别—自然观察智能是指个体辨别环境（不仅包括自然环境，还包括人造环境）的特征并加以分类和利用的能力。植物学家、动物学家、环保主义者、物理学家、形象设计者等都是这种能力强的人。

识别—自然观察智能会影响人的探索创新能力的发展。探索、创新是人类向未来世界进军的重要能力。要让他们走向大自然，激活与生俱来的自然观察潜在智能，培养好奇心，引发探索，创新欲望。

综上所述，八大智能对一个人的发展都很重要，不可或缺。重视培养开发学生的多种潜在智能具有重大的现实意义，也是全面提升学生素质所迫切需要的，特别是对于高职学生而言尤为重要。

【案例启示】

很长时间，大专生一直是我身上抹不去的标签，让我痛苦，让我挣扎，让我丢掉了快乐。我农村出身，家境较差，也许是因为物质的匮乏让我有一个倔强的性格。我好强，不认输，总梦想将来能挣大钱，但是命运却向我开了一个玩笑，我高考失利，考上了大专。那是一段痛苦、灰暗的日子，许多村民认为我考不上大学，满脸蔑视的表情，让父母在村里也抬不起头。那些考上一本和二本并且以前关系很好的同学都渐渐疏远我。在大家的眼里，大专生就等于这辈子"废"了。

经过很长一段时间的消沉之后，我渐渐接受了这个现实。庆幸的是，我考上了国家示范大专院校，是一个工程类院校，听说就业还可以，就是工作苦一点。我当时这样想：苦怕什么，咱们农村孩子就是能吃苦。在学校，我几乎拒绝了一个正常大专生该有的娱乐活动：课没逃过一次，甚至恋爱都没谈过。说说在校的成绩吧：一次国家奖学金，一次国家励志奖学金，多次优秀学生会干部，多次校级奖学金，反正几年里学费都是我自己挣的。

也许我的努力得到了幸运之神的眷顾，毕业后我到了一家央企建设单位，待遇还可以，发展也不错，都是国家的地铁项目。在项目上我尽心尽责，在机电方面得到了大家的认可，我工作两年后当上了机电班班长，也带了几个徒弟。渐渐地，我发现自己的学历有些低，领导有意提拔我，但觉得我服不了众。多次考虑后，我觉得自己得搏一搏，所以白天在工地干活，晚上在宿舍学习，经过努力，我终于考取了某大学的专升本，历经磨难拿到了毕业证。俗话说好事成双，在我拿到毕业证没多久，我就被提拔为部长。

随后的几年里，我又考取了某大学的研究生，又进了公司的专家库，也成了项目的副总经理。一步一步走来，我觉得我很踏实。我想对学历低的朋友们说：你们的人生也可以很精彩，相信自己！如果发现学历不够，就要及时去提升，相信你的人生也可以逆袭！

【知识拓展】

学 习 风 格

学习风格的定义有很多种，凯夫（Keefe）从信息加工角度界定学习风格："学习风格由学习者特有的认知、情感和生理行为构成，它是反映学习者如何感知信息、如何与学习环境相互作用并对之做出反应的相对稳定的学习方式。"在我国，比较公认的是谭顶良先生对学习风格所下的定义（1995年）："学习风格是学习者持续一贯的带有个性特征的学习方式，是学习策略和学习倾向的总和。"学习风格的类型包括以下两种。

第一种：从对感觉通道的偏重将学习风格分为视觉型、听觉型、动觉型。

视觉型的学生习惯从视觉接受学习材料，比如书、景色、图片和电视图像等。这样的学生喜欢自己看书或笔记，或通过电视等视觉媒体提供图像来进行学习，而教师的纯语言讲授不太适合他们。

听觉型的学生偏重听觉刺激，他们对语言、音响的接受能力和理解能力比较强，比如，他们喜欢的学习是有音乐做背景，在学习外语时，喜欢多听多说，而不关心具体单词的写法或句型结构。

动觉型的学生喜欢自己动手参与到学习过程中去，对能够动手操作的学习和认知活动感兴趣。

第二种：从认知方式将学习风格分为场独立性与场依存性和冲动型与沉思型。

1. 场独立性与场依存性

场依存性是根据学习者的学习分析问题和信息加工方式来划分的。场独立性与场依存性这两个概念来源于威特金（H.Witkin）对知觉的研究。第二次世界大战期间，威特金为了研究飞行员怎样利用来自身体内部的线索和见到的外部仪表的线索调整身体的位置，专门设计了一种可以摇摆的座舱，舱内置一座椅。当座舱倾斜时，被试可调整座椅，使身体保持垂直。研究发现，有些被试主要利用来自仪表的视觉线索，不能使自己的身体恢复垂直。另一些人则主要利用来自身体内部的线索，尽管座舱倾斜，仍能使身体保持垂直。威特金将前一种人的知觉方式称为场依存方式，后一种称为场独立方式。后来的研究发现，场独立性与场依存性是两种普遍存在的认知方式。场独立性者对客观事物做判断时，倾向于利用自己内部的参照，不易受外来因素影响和干扰；在认知方面独立于周围的背景，倾向于在更抽象和分析的水平上加工，独立对事物做出判断。场依存性者对物体的知觉倾向于以外部参照作为信息加工的依据，难以摆脱环境因素的影响。他们的态度和自我知觉更易受周围的人，特别是权威人士的影响和干扰，善于察言观色，注意并记忆言语信息中的社会内容。

场独立性、场依存性与学生的学习有着密切的关系。研究表明，场独立性学生一般较偏爱自然科学、数学，且成绩较好，两者呈显著正相关，他们的学习动机往往以内在动机为主。场依存性学生一般较偏爱社会科学，他们的学习更多地依赖外在反馈，他们对人比对物更感兴趣。场独立性者善于运用分析的知觉方式，而场依存性者则偏爱非分析的、笼统的或整体的知觉方式，他们难以从复杂的情境中区分事物的若干要素或组成部分。

此外，场独立性与场依存性学生对教学方法也有不同偏好。场独立性学生倾向于给无结构的材料提供结构，比较易于适应结构不严密的教学方法。反之，场依存性学生喜欢有严密结构的教学，因为他们需要教师提供外来结构，需要教师的明确指导与讲解。

2. 冲动型与沉思型

沉思与冲动的认知方式反映了个体信息加工、形成假设和解决问题过程的速度与准确性。沉思型学生在碰到问题时倾向于深思熟虑，用充足的时间考虑、审视问题，权衡各种问题解决的方法，然后从中选择一个满足多种条件的最佳方案，因而错误较少。而冲动型学习者倾向于很快地检验假设，根据问题的部分信息或未对问题做透彻的分析就仓促做出决定，反应速度较快，但容易发生错误。

研究发现，沉思型学生与冲动型学生相比，表现出具有更成熟的解决问题策略，更多地提出不同的假设。而且，沉思型学生能够较好地约束自己的动作行为，忍受延迟性满足，比冲动型学生更能抗拒诱惑。在学习方面，沉思与冲动这两种认知方式存在明显差异。一般来说，沉思型学生阅读成绩好，再认测验及推理测验成绩也好于冲动型学生，而且在创造性设计中成绩优秀。

（资料来源：蔡旺庆. 探究式教学的理论、实践与案例 [M]. 南京：南京大学出版社，2015.）

【活动与体验】

体验感悟——过九关

活动流程：

每人发一张 A4 白纸，画成 9 个空格，每个空格用图画的形式画出自己的爱好，不能有文字,并用最快的速度找到一个与自己有相同爱好的人,在那个爱好处互相签名,然后找下一个与自己其他爱好相同的人,并互相签名,看谁在最短的时间内完成9个爱好的签名任务。

分享:

(1) 你在多长时间里完成了任务?
(2) 和你有同样爱好的人都是谁?
(3) 以后你会怎么做?

体验感悟——未来之城的创意设计

活动流程:

(1) 分配小组任务:绘出你心中的未来之城。
(2) 组内各自讨论5分钟左右,组员轮流在纸上作画。(3分钟/人)
(3) 每组同学按画的次序讲解所画的内容。(5分钟/组)

注: 要求每一个学生都参与,相互协作和包容。成员轮流作画只能增添图画内容,而不可修改前者所画。

分享:

(1) 大家都最大限度地发挥了自己的创造性了吗?有没有同学因为时间限制没有把自己奇特新颖的想法表达出来呢?
(2) 在团体中是不是每个人都发挥了自己的想法?在想到具有创造性的想法时,是刻意去想的呢还是思绪飘扬自然想到的呢?

心理测验——多元智能理论小测试

请根据你对自己的了解对下列问题做出判断。

(1) 你在背诗和有韵律的词句时很出色。
(2) 你能注意到你愁闷和高兴的情绪变化。
(3) 你常常问诸如"时间是从什么时候开始的?"等问题。
(4) 你很少迷路。
(5) 你的动作很优美。
(6) 你唱歌时音阶很准。
(7) 你经常会问打雷、闪电和下雨是怎样形成的等问题。
(8) 经常说过的一个词你用错了,你就会纠正。
(9) 你很早就会系鞋带,出人意料地学会骑车。
(10) 你特别喜欢扮演什么角色并编出剧情。
(11) 出外旅行时,你能记住沿途标记,可以说出:"我们曾到过这个地方……"
(12) 你喜欢听各种乐器发出的声音,并能通过辨音认出它们。
(13) 你画图画得很好,对物体描绘清晰。
(14) 你善于模仿各种身体动作以及面部表情。
(15) 就像喜欢根据大小和颜色把玩具分类一样,你善于划分种类。
(16) 你长于把动作与情感联系起来,譬如说:"我发昏了才做出这事……"

(17) 你能够相当精彩地讲故事。
(18) 你能够对不同的声响发表议论。
(19) 某人被引荐,你有时会说:"她使我想起了××。"
(20) 对别人能完成与不能完成的事你能做出准确的评论。
(21) 在看电影、电视时,能够很快看出谁是坏蛋。
(22) 观察力强,能发现事物的细枝末节。
(23) 说话早,表达能力强。
(24) 喜欢下棋、打牌。
(25) 学歌学得快。
(26) 能够熟练地掌握各种工具器械。
(27) 不卑不亢,有自信心。
(28) 有"眼力见儿",能够应酬和接待客人。
(29) 很少不知所措。
(30) 从小就喜欢读书,无须大人督促。
(31) 能很快学会等量转换。例如,500克是1斤,3尺是1米。
(32) 从小就爱摆弄乐器,长大一些后,能识别出没有歌词的乐曲演奏曲。
(33) 是拆装玩具、折纸的能手,别人都说你手巧。
(34) 知道如何计划自己的事情。
(35) 喜欢养动植物。
(36) 能够区分不同动植物的品种。

测试结果:(以上题目中)

选择(1)(8)(17)(23)(30)表现出的是言语——语言智能。
选择(6)(12)(18)(25)(32)表现出的是音乐——节奏智能。
选择(3)(7)(15)(24)(31)表现出的是逻辑——数理智能。
选择(4)(11)(13)(22)(29)表现出的是视觉——空间智能。
选择(5)(9)(14)(26)(33)表现出的是身体——动觉智能。
选择(10)(16)(20)(27)(34)表现出的是自知——自省智能。
选择(2)(10)(19)(21)(28)表现出的是交往——交流智能。
选择(35)(36)表现出的是识别——自然观察智能。

注:第(10)题属于两种智能。

倘若你对上面与某项才能有关的问题上回答的"是"相对最多,那么,你就可能在那方面先天强势。

【思考与讨论】

1. 什么是学习?大学生学习有哪些特征和作用?
2. 多元智能理论包括哪些方面?其影响如何?你自己哪些方面更突出?
3. 请根据艾宾浩斯遗忘曲线,制订各门课程的复习计划表。

课后拓展活动记录表

班级		姓名		学号	
指导教师		活动时间		活动地点	
活动主题					
课后应用	将本模块所学知识应用在学习和生活中并进行简要记录。 				
学习感想	结合教与学两方面,写写自己的收获,并提出自己的建议。(200~300字) 				
备注					

模块七 成为会交往的人——处世智慧

要想得到别人的友谊,自己就得先向别人表示友好。

——[美]爱默生

一个人永远不要靠自己一个人花100%的力量,而要靠100个人花每个人1%的力量。

——[美]比尔·盖茨

【教学目标】

(1) 素质目标

培养人际交往能力,提高人际关系质量。

(2) 知识目标

① 理解人际交往的内涵及作用。

② 了解人际交往中常见困扰及影响因素。

③ 掌握人际交往原则及技巧。

(3) 能力目标

① 掌握增进人际交往的技巧。

② 掌握人际交往问题的调适方法。

【引言】

人际交往在人的一生中占据重要地位。心理学研究证明,人类对爱、关心、尊重等交往性活动的需要,在重要性上并不亚于对食物、性等的生理需要,每个人都有和他人进行交往、寻找归属感的需求。良好的人际关系是人身心健康、事业成功、人生幸福的需要,根据对成功人士进行分析得出以下结论:85%的人的成功与良好的人际关系有关。但是一些大学生在进入大学后,无法和别人较好地沟通,不能处理好同宿舍同学和同班同学的关系,在和别人交往的过程中不知所措。长此以往,会导致性格孤僻,难以适应现实学习生活,更难以应对今后社会的挑战。

【案例导入】

我是一个性格很开朗的人,平时在与人交往中大大咧咧,不拘小节,有什么就说什么。比如,同学找了一个新的女朋友,那个女孩有点儿胖,个子又不太高,我见过之后就说:"你眼光怎么这么差,难道没有比她更好的了吗?"或者是有的同学买了一件新衣服,颜色是我最不喜欢的蓝色,我想都没想就发表了评论:"这颜色这么土,你也买呀?"

还有,当看到我们班的女生长胖了,我会直接去问人家的体重,还说:"该减肥了,不然嫁不出去了。"有的同学做了我看不惯的事情,我马上就会上去制止,或是表达自己对他的不满。我有时还会把别人告诉我的一些较为隐私的事情随口告诉他人,觉得也没什么大不了的。

记得有一次,我宿舍的一位同学生病了,有其他同学来看望他,向我询问他的病情。我说:"没什么大毛病,小命能保得住。"噎得对方半天没回上一句话。

慢慢地,我发现他们有什么事情再也不跟我说了,女孩子见到我就躲。本来大家在做什么事情,见到我凑过去,他们就散了。我感觉到大家都和我疏远了。我身边一个朋友都没有,这样弄得我手足无措。我感觉到很孤独,也很失败,为什么我好像病毒一样,大家都躲着我?没多久,女朋友也提出要和我分手,她说我在很多时候都不给她留面子,想说什么就说什么。

我痛苦极了,到底我哪里做错了?

(资料来源:潘海红.大学生心理健康自助[M].合肥:合肥工业大学出版社,2006.)

想一想:请同学们帮忙分析案例中的这个同学为何痛苦,问题出在哪里。

一、人际交往的内涵及作用

(一)人际交往的内涵

人际交往是指人与人之间沟通信息、交流思想、表达感情与需要,从而在心理和行为上产生相互影响的动态过程。大学生活是人生的重要阶段,处理好大学时代的人际关系,是大学生重要的人生课题。大学生要处理的人际关系主要包括师生关系、家庭关系、同学关系、室友关系等。

人际交往是一个多维系统,从不同的角度可以划分为不同的类型,如直接交往和间接交往,单向交往和双向交往,语言交往和非语言交往,横向交往和纵向交往,血缘交往、地缘交往和业缘交往,良性交往和非良性交往,正式交往和非正式交往等。这些形形色色的交往发生在人群之中,使人们每时每刻都在进行着丰富多彩的交往。心理学家研究表明,在正常情况下,一个人除了几个小时的睡眠外,其余70%以上的时间花在了人与人之间的直接交往或间接交往上。由此可见,人际交往活动在社会生活中占据着多么重要的地位。

(二)人际交往的作用

大学时期是大学生走向成人的关键时期,也是初识复杂人际关系的开始时期,这一时期的交往经验会对今后的成长产生重要影响。

1. 有助于大学生的社会化

社会化是指人由自然人转变为社会人的过程,是一个人接受文化规范形成独立自我的过程。每个人的社会化都是在人与人的交往中进行的,人际交往是社会化的起点。大学阶段是大学生实现社会化的关键时期,随着他们人际交往范围的扩大,其交往的内容和方式也会发生改变,这样他们就会自觉地从交往中不断积累深化社会经验,学到社会生活所必需的知识、技能以及思想道德规范,明确自我的社会责任,促进自我的成熟发展,为步入社会做好心理准备。

2. 有助于大学生的自我完善

在日常生活中,我们对自己的认知以及对他人的认知,总是需要通过与他人的交往来完成。随着交往的深入,彼此间的交往程度也在发生着改变。交往中我们从彼此的言谈举止中认识了对方,也从对方对自己的反应和评价中认识了自己。从他人对自己的反应、态度和好坏的评价中发现自己的长处与短处,找到自己恰当的社会位置,从而选择更为恰当的行为,为自我的设计、发展、完善创造有利条件。因此,大学生在自身成长过程中必须与他人有全方位、多层次交往,这样才能获得更多、更可靠的信息,达到完善自我的目的。

3. 有助于大学生的个性发展

心理学研究表明,人的个性发展除了受先天遗传因素影响外,更重要的是受后天环境的影响。如果一个人长期生活在友好和睦的人际关系中,那么这个人的个性就会变得乐观、开朗、积极、主动;相反,如果一个人长期生活在充满冲突的人际关系中,就可能会出现压抑、暴躁、猜忌等不良的个性特征。而大学时期恰好是人的个性定型的关键时期。所以,积极和谐的人际关系有助于大学生个性的发展与完善。

4. 有助于大学生的身心健康

人际交往的时间和空间越大,人的精神生活就越丰富,得到支持与帮助的机会就越多,也就越能保持心理平衡,促进身心健康。心理学研究表明,如果一个人长期缺乏与别人的积极交往,缺乏稳定的良好人际关系,那么这个人往往有明显的性格缺陷。绝大多数学生的心理危机与缺乏正常人际交往和良好人际关系相关。那些生活在缺乏友好、合作、融洽的人际关系中的大学生,常常表现出压抑、敏感、自我防卫、难以与之合作的特点,情绪的满意程度低。这也就增加了他们的挫折感,从而会引发一系列的不良情绪反应,如孤寂、惆怅、空虚等。而不良的情绪作用于生理活动,会削弱人的抗病能力,使正常机能减退,出现相应的身心疾病。

5. 有助于大学生学习知识和开发智力

由于知识的局限,加上社会经验不足,导致大学生看问题难免有失偏颇,就是所谓的"学生气"。而在与教师、同学的交往中,畅所欲言,思维碰撞,往往会产生新的思想火花,从而使自己茅塞顿开。书本上的知识毕竟是有限的,在与他人的交往中,可以吸收别人的优点,取长补短,以此扩大自己的知识积累,发展与完善已有的知识体系,更新思想观念,追踪新鲜信息。大学生在交往过程中获得的信息对学习会起到积极的作用。同时,人际交往中的信息交流有利于启迪思维,开发智能。

二、人际交往中常见的困扰

(一) 寝室里的同学关系困扰

大学生寝室里的同学关系是时空充分接近的人际关系,也是纠纷、矛盾相对集中的人际关系。个体的行为习惯、人格特征在同寝室里的人际交往中彻底呈现出来。如果同寝室的同学在这些方面存在着较大差异,那么寝室里的同学之间就会不可避免地产生矛盾和紧张。迟睡或早起的学生与睡眠有困难的学生之间,乱放杂物的学生与爱整洁的学生之间,要午休的学生与不午休的学生之间,喜欢热闹气氛的学生与喜欢安静环境的学生之间,说话幽默的学生与说话严肃的学生之间,均有可能在"同居"的过程中,产生彼此间的误解、讨厌和反感,甚至是敌意,尤其是住上下铺的同学之间更容易出现矛盾。有的学生不喜欢别人坐自己的床铺,有的学生不喜欢别人用自己的东西,如果某些同学注意不够,就很容易引起不愉快。另外,与非本班、非本系学生合住的个体,也常常抱怨一起居住关系麻烦。

(二)大学里的朋友关系困扰

大学生的朋友关系是指那些有共同志向、兴趣、爱好,关键时候可以提供更大更切实帮助的个体之间的关系。他们之间的人际交往,已经超越了同学关系或同室关系,可以是同性朋友,也可以是异性朋友。朋友关系是一种比较密切的人际关系,朋友对个体的影响可以超过家长或教师的作用。但在时空过分接近的情况下,朋友之间如果过于亲密,也有可能产生不利的人际交往,它会使个体失去人身自由和个性独立,形成无法摆脱的人际束缚和人际张力。处于青春期的大学生,在人际交往时,往往存在理想化的朋友观念,认为朋友就应该是亲密无间的,绝对以双方的利益为重,这是人际期望的表现之一。但事实上保持适度的时空距离更有利于大学生朋友关系的巩固和发展。

同性同学间的交往,是大学生性别认同需要的体现。通过交往,个体可以获得适应自身发展的诸多信息,可以充分认知和评价自己,使身心不断发展和完善。而处于青春期的大学生,每个人也有与异性交往的强烈愿望和心理需求,能够轻松自如地和异性交往是一个大学生人际交往能力的重要体现,也是个体身心健康的重要方面。大学生最为烦恼的交往问题就是与异性的交往障碍。心理学研究表明,人际交往中存在性别效应,尤其突出的是个体格外看重自己在异性心目中的形象,所以,自己的缺点或弱项可以在同性面前暴露,却不能在异性面前暴露,甚至不惜为了保全面子而避免或减少与异性的接触和交流,从而更加增添了交往的心理困扰,使正常的异性交往变成负担。

(三)大学里的角色定位困扰

角色是个体为适应社会生活而形成的与自己社会地位相一致的固定化的行为方式。如果个体的行为偏离了角色规范,就会被他人排斥和轻视。目前,校园文化活动多姿多彩,大学生渴望通过参加丰富多彩的校园文化活动,丰富和充实自己的大学生活,尤其是一些低年级的大学生不顾自己实际能力和有限的精力,参与和担当起多种角色,使得自我角色冲突加剧,出现角色的错位和混乱。复杂的角色转换,不仅使个体自身不胜其烦,也让原本单纯的与同学和教师的关系变得复杂,反而影响了同学之间、师生之间的关系,造成了人际交往的心理困惑。

(四)缺乏人际交往技巧的困扰

很多大学生人际交往失败的原因是缺乏人际交往的经验、缺乏交往的方法和相关的人际交往的技能。在交往过程中,他们常常忽略了他人的体验和感受,不了解、不关心他人,甚至有时也不了解自己。这类大学生虽然能与他人正常交往,甚至人际关系表面看起来还不错,但与他们深入交谈后,他们就会倾诉自己由于缺乏人际交往的技巧和艺术,与多数人其实都是点头之交,没有关系比较密切的朋友,更自感缺乏能互诉衷肠、肝胆相照、同甘共苦的知心朋友。在日常生活中,他们时时感到空虚、迷茫和失落,偶尔还会觉得没有人值得牵挂,也没有人牵挂自己,常常被孤独和无奈所困扰。

三、人际交往的影响因素

每个人都企盼有一个轻松、自如、乐观、向上的人际氛围,然而,现实中并非每个人都能如愿以偿。有些人在人际交往中可能会如鱼得水,如众星捧月,人际关系其乐融融;而有些人可能会四处碰壁,孤家寡人,人际关系紧紧张张。人际交往结果之所以有如此大的差异,主要受以下因素的影响和制约。

人际交往的影响因素

(一)人格的影响

人格主要是指性格、气质、兴趣爱好、理想信念、人生价值观等。在日常生活中,会经常发现不仅个性相似的人之间会形成友好关系,有些性格、气质等完全相反的人之间也会形成友谊关系。如性情急躁与温和的、独断专行与优柔寡断的、活泼外向与沉默内向的人成为好朋友。因为在人际交往中,人们都希望在共同活动中取长补短,默契配合,和谐共处,得到对方的认可,满足自己的某种心理需求,而个性不同的人之间恰好可以达到互补,互相给予满足。另外,共同的兴趣爱好、理想信念、人生价值观等也都成为人们紧密联系在一起的基础和纽带。特别是那些理想远大、意志坚定、公平正义、气质高雅、性格开朗豁达、人格高尚之人,更能博得他人的拥护和爱戴,往往成为人际交往中的核心人物。完善人格是增强人际交往魅力的首要因素。

(二)时空距离的影响

时间可以淡化一切,包括友情。人与人之间如果不经常走动,可能会使感情变得生疏,特别是当你经常脱离开一个人际圈后,再想回到这个圈子里时就成了一个局外人,还要重新寻找自己合适的位置,此时,心灵已经和圈子里的人产生了隔阂。空间上相隔遥远的故人,即使是原来再要好的朋友,也会随着时间的推移而逐渐变得陌生。近距离的、经常性的走动,是密切人际关系的重要因素。

(三)仪容仪表的影响

仪容仪表包括容貌身材、言谈举止、修养风度等。如果一个人容貌姣好、阳光健康、谈吐风趣、举止大方、待人礼貌、学识渊博等,都会使人产生愉悦的情感并愿意与其交往。这种仪表的吸引有时也能弥补人与人之间因为时空阻隔而不能经常交往的缺陷。即使两个从无接触、互不相识的人,也会一见钟情,有相见恨晚之感,这都与仪表吸引有关。修饰仪容,涵养仪表,是增强人际吸引的重要因素。

（四）心理效应的影响

诸如首因效应、近因效应、光环效应、投射效应、刻板效应等心理效应，会引起人际交往中的不切实际的印象，从而使人无法客观、正确地认知、评价他人，进而影响人与人之间的正常交往。为此，在人际交往中应学会利用这些心理效应在人际交往中的良性影响，注意给人留下良好印象，克服心理效应的负面影响，全面客观地看待每一个人，切忌交往中对他人的主观臆断，这样就会在人际交往中达到事半功倍的效果。

1. 首因效应

首因，即最初的印象，或称第一印象。在人际交往中，人们往往注意开始接触到的细节，如对方的表情、身材、容貌等，而对后来接触到的细节不太注意。这种由先前的信息而形成的最初印象及其对后来信息的影响，就是首因效应，也就是我们常说的"先入为主"。

由于第一印象获得的信息是有限的，所以，第一印象不一定是真实可靠的。但是，随着时间的变化、认识的深入，人完全可以把这些不完全的信息贯穿起来，用思维填补空缺，形成一定程度的整体印象。因此，在人际交往中，我们要审慎对待对某人的第一印象，不能因为第一印象好而忽略对其全面的认知，也不能因为第一印象坏而拒绝交往，否则就可能失去一个很好的朋友。

2. 近因效应

近因，即最后的印象。近因效应是指最后的印象对人们认知具有的影响。最后留下的印象，往往是最深刻的印象，这也就是心理学上所阐释的后摄作用。

人际交往中的近因效应和首因效应是一个问题的两个方面。一般来说，在对陌生人的认知过程中，首因效应比较明显，而在对熟人的认知过程中，近因效应所起的作用则更为明显。近因效应在大学生的人际交往中较为常见。如有的大学生平时一贯表现得很好，可最近却做了一件错事，或犯了一点错误，就很容易给别的同学留下很深的负面印象；还有的同学平时表现一般，但一到评优或选班干部时，就刻意表现自己，做表面文章，以迎合一部分同学的好感；有的大学生之间长期交往密切，关系融洽，但往往因为最近发生的一件小事，就反目成仇，完全不考虑平时的愉快交往等。这些都是由于近因效应所带来的影响。为了防止这种偏差，需要把"近因"与"远因"放在一起，进行综合分析，要用动态的、历史的、发展的眼光看待他人，看待人际交往。因此，在人际交往中，既要注意第一印象，又要注重一贯表现，更要用发展的眼光看人，这样才能比较全面地认知人、评价人，为协调同学、师长之间的关系提供一个科学的认知基础。

3. 光环效应

光环效应又称晕轮效应，是指在人际交往中，人们常从对方所具有的某个特性而泛化到其他有关的一系列特性上，从局部信息形成一个完整的印象，即根据最少量的情况对别人做出全面的结论。所谓"情人眼里出西施"，说的就是这种光环效应。

光环效应实际上是个人主观推断泛化的结果。在光环效应状态下，一个人的优点或缺点一旦变成光环被放大，其他部分就隐退到光环的背后被别人视而不见了。因此，我们要学会巧妙地运用光环效应，一旦形成了某一点好的印象后，就要善于运用它，以此来弥补自己其他方面的不足。在评价他人时,要尽量避免一好百好、一坏百坏的错误思维。

4．投射效应

投射效应是指与人交往时把自己具有的某些不讨人喜欢、不为人接受的观念、性格、态度或欲望转移到别人身上,认为别人也是如此,以掩盖自己不受人欢迎的特征。也就是我们常说的"以小人之心,度君子之腹"。如自私的人总认为别人也很自私,而那些慷慨大方的人认为别人对自己也不应小气。由于投射作用的影响,人际交往中很容易产生误解。

投射效应的表现很多,如有的大学生对别人有意见,总认为别人对他也不怀好意;有的大学生在背后议论他人,也认为他人在背后议论自己;有的男生或女生喜欢某个异性,希望对方也喜欢自己,进而把对方的一个眼神、一个笑脸、一个友好的表示,看成是对自己的示爱等。投射效应的实质就在于从主观出发,简单地去认知他人,自我与非我不分,结果导致认知的主观性、随意性,也容易产生猜疑心理。大学生在人际交往中应注意客观性,克服和摒弃主观臆断、妄想猜测,尽量减少人际交往中的矛盾和误区。

5．刻板效应

刻板效应是指在人际交往中,人们往往习惯于机械地将交往对象归于某一类群体中,对于某个人或某一类人产生的一种比较固定的看法,也叫定型化效应。一般来说,刻板效应的产生是以过去有限的经验为基础,源于对人的群体归类。比如,人际交往中有的同学习惯性地认为:某地区的人小气、自私,家庭社会地位高的学生傲气、不好相处等,这种刻板印象容易形成先入为主的定式效应,妨碍大学生正常人际交往关系的建立。刻板效应在人际交往中有利也有弊。一方面,它能够简化认知他人的心理过程,有助于人们对他人做概括的了解;另一方面,如果对他人的非本质方面做出概括而忽视了人的个别差异就会形成偏见,做出错误的判断。刻板印象不一定正确,容易造成偏见,从而对人际交往产生不利的影响。

四、人际交往的原则和技巧

（一）人际交往的原则

大学生在人际交往中不但要了解影响人际关系的相关因素,而且要懂得遵循和运用建立良好人际关系的原则与方法,在人际交往中中规中矩,展现新时代大学生的交往风采。为此,大学生在人际交往中应注意遵循以下原则。

1．平等尊重原则

平等是交往的前提,平等就意味着交往双方在交往中互相尊重、理解和包容。在现实生活中,由于主客观原因,人与人之间在外貌、能力、个性、家庭条件等方面会存在一定差异,但在人格上却是平等的,大学生在人际交往中不应冷落任何人。根据马斯洛的需要层次理论,尊重的需要是每个人较高层次的心理需求,获得别人的肯定和赞美是每个人心灵深处最基本的需求。尊重,首先要求自尊,其次是尊重他人。自尊要求个人在各种场合都要自爱和自重,不做有损人格尊严的事。一个不自尊自重的人必然得不到他人的尊重。不自重常表现为过分自卑、依赖成性、阿谀奉承等,这些都是人际交往的大敌。尊重他人就是重视他人的人格和价值,承认他人在人际交往中的平等地位。大学生自尊心都比较强,交往中尤其要注意平等相待,尊重他人。要求别人怎样平等尊重自己,自己就必须怎样平等尊重他人,这正是人际交往的"黄金法则"所要求的。

2. 互助互利原则

互助是要求人与人之间要互相帮助,更应明白"欲求人助,必先助人"的道理。互利是说要互相给予对方好处,这种给予可以是物质上的,也可以是精神上的。心理学家阿伦森等经过大量的实验研究发现,人际关系的基础是人与人之间的相互接纳、相互支持。任何人都不会无缘无故地接纳、喜欢我们,别人对我们的喜欢是有前提的,那就是我们也要喜欢、接纳他人,即别人对我们的态度很大程度上受我们对别人态度的影响,因此,在人际交往中,应心态宽容,悦纳别人,尊重别人,乐于帮助别人,对他人的成绩要表示真诚的赞美。只有我们先真诚地"投之以桃",别人才会友好地"报之以李",这是有其心理学依据的。

3. 诚实信用原则

交往离不开诚信。诚实信用是指一个人真诚、不欺、信守诺言。古人有"一言既出,驷马难追"的格言。现在有以诚实为本的原则,不要轻易许诺,一旦许诺,就要设法实现,以免失信于人。朋友之间,言必行、行必果,不卑不亢,端庄而不过于矜持,谦虚而不矫饰诈伪,不俯仰讨好位尊者,不藐视位卑者。朋友之交,要讲究诚信,不讲诚信就犯了人际交往的大忌。如果轻易许诺却不能兑现,言而无信,就会丧失朋友的信任,阻碍交往的继续进行。比如,约好的活动不按时参加,借了别人的东西不及时偿还等,表面上看起来都是小事,但实际上却是交往双方考察对方人品的重要途径。

4. 兼容接纳原则

兼容是指与人相处要相互包容,兼收并蓄,海纳百川。大千世界,纷繁复杂,每个人也各有其性,各不相同,但相聚在一起也算是缘分,因此必须能够相互兼容和接纳。兼容主要是心理相容,即人与人之间的融洽关系,与人相处时的谦虚、宽容、包涵和忍让,主动与人交往,寻找共同点,广交朋友,交好朋友。宽容他人就是宽容自己,苛求他人就是苛求自己。古人云:"己所不欲,勿施于人。"无论做什么事,都要将心比心。接纳是指不仅要结交与自己相似的人,还要容纳与自己性格相反、意见相左的人,求同存异、互学互补。即使别人犯了错误,冒犯了自己,也不要斤斤计较,巧妙处理好竞争与相容的关系,更好地完善自己。

(二)人际交往的技巧

1. 学会倾听他人的谈话

倾听他人谈话对搞好人际关系具有重要的作用。因为倾听本身就是褒奖对方谈话的一种方式,你能耐心倾听对方的谈话,等于告诉对方"你是一个值得我倾听的人",这在无形之中就能提高对方的自尊心,加深彼此的感情。反之,对方还没有把要对你说的话说完,你就听不下去了,就容易使对方的自尊心受挫。事实也说明,越是善于倾听他人意见的人,人际关系就越融洽。要做一个好的倾听者,应该做到以下几点。

(1) 耐心倾听

即使有些普通的话题对你来讲已相当熟悉,可是对方却眉飞色舞、谈兴正浓,此时,出于礼貌,你应该保持耐心,不能表现出不耐烦的神色。在听他人说话时,应精神集中、表情专注,不要东张西望、心不在焉,不要看书看报、呵欠连天,更不要修指甲、剔牙、挖鼻孔、掏耳朵等,这类举止不仅是不礼貌的表现,也无疑告诉对方你不想听了。

(2) 虚心倾听

切忌得理不让人和不必要的争辩,这样会打乱亲切和谐的交往气氛。

(3) 会心倾听

听人谈话不只是在被动地接受,还应该主动地反馈、积极地回应。在交谈时,要注意与对方经常目光交流,可时而赞许性地点头,或不时地用"哦""是这样的"等来表示你在注意倾听,以鼓励对方继续讲下去。

2. 学会从他人立场思考问题

人际交往的实质是人与人之间情感的联系与沟通。情感的沟通越充分,双方共同拥有的心理空间领域就越大,人际关系就越亲密。要有共情的能力,在交往中进行换位思考,进入对方的思想和情感世界,以对方的眼光去看对方的世界,以对方的心情去体会对方的情绪,以对方的思想去推理对方的行为。这对建立良好的人际关系非常重要。现实中人际冲突的根源一般都是由于以自我为中心,不能站在对方的角度看问题而引起的。有些人在自我中心倾向的支配下,常常不顾场合和交往对方的心情,一味地由着自己的性子去交往,致使在交往中出现尴尬的局面。试想,当一个人由于失败而处于心理低潮时,你却在他面前宣告自己如何的成功,结果会怎样呢?如果每一个人都能够经常站在对方的角度去理解和处理问题,人际交往就会顺利得多。

3. 学会真诚地赞美他人

人际交往是一个互动的过程,因此,交往的双方在心理上也总是以情感的相悦性作为交往的动力,以彼此的满意或不满意、喜欢或厌恶等情绪反应为特征。一般来说,人们总是喜欢那些喜欢自己、真诚评价自己的人。由于受到交往对方的赞扬,得到好的评价,自尊心就能得到满足,对此人产生心理上的接近和好感,从而为良好的人际交往提供心理铺垫。当然,赞美必须发自内心,口是心非的奉承只能让别人更反感。真诚的赞美来自对别人长处的发现。有些大学生在交往中太过于注意自己,常常看不到别人的优点。其实,人人都有值得赞美的地方,如果仔细观察,就会发现交往对方的可贵之处,从内心发出真诚的赞美,这将会促进交往的深入进行。

4. 学会拒绝他人的请求

在人际交往过程中,我们应当互相帮助,坦诚相待,特别是在朋友有困难或者是有求于你时,更应鼎力相助。但是有时自己的确帮不上忙,这时怎样拒绝才不会使对方产生

误解呢?

(1) 拒绝的态度要诚恳

先表示对对方请求的理解,然后再说明自己实在无法帮忙的理由。不能草率地生硬拒绝,否则,既会让对方扫兴,也有可能让对方误认为你不想帮忙,进而影响到彼此今后的交往。

(2) 拒绝要先肯定对方,然后再拒绝

对于勉为其难的事,可以先肯定对方的意见或人格,然后再委婉地拒绝。这样可以使对方先进入良好的情绪状态,进而用一种积极的心态看待随之而来的拒绝,而不会造成其他方面的误解。

(3) 拒绝的语言要温和

拒绝时要多使用"抱歉""对不起"等让人容易接受的词汇,以表示自己的歉意和诚恳,不能用生硬的话语,这样会让人感到尴尬,反而自己下不来台。

5. 学会友善地解决人际冲突

能否友善地化解在交往的过程中产生的各种矛盾或冲突,对建立良好的人际关系至关重要。

(1) 冲突的解决要讲究方式

解决冲突应以友善的方式开始,而不能气急败坏、大发脾气,这样是不利于问题的解决的。在很多情况下,友善比武力更有效。

(2) 冲突中的争辩要掌握分寸

在解决冲突的过程中,争辩是不可避免的。如何争辩才能既解决问题又不影响双方的关系呢?要做到:争辩要有意义,"永远避免无意义的正面冲突";争辩时要有气量和风度,争辩时要从对方角度考虑,要给对方面子,不要得理不饶人,不要计较胜负。

(3) 有错误就坦诚地承认

如果在冲突中发现是自己错了,就要坦诚地承认,而不要强词夺理,为自己争辩。争辩错误不如承认错误,因为这样更容易得到别人的谅解。

6. 学会运用语言艺术

语言包括口语和非口语,它们都在人际交往中发挥着重要作用。

(1) 口语

一是称呼语。称呼,一般来说是人们交往时说出的第一个词,怎样称呼对方,对建立良好的人际关系非常重要。称呼一定要根据对方的身份、年龄、职业等具体情况而定,力求准确恰当。把握不准对方的身份时,不要贸然相称。

二是避讳语。避讳语是一种重要的交往用语。人们在交谈中对一些不便直说的内容习惯于用某些含蓄委婉的词语来表达,长此以往就形成了避讳语。使用恰当的避讳语是说话者有修养的体现。

三是口语的几种策略。一要委婉。在人际交往中,有些话虽然完全正确,但对方碍于情面却难以接受,这时,委婉地说出,效果会好得多。二要含蓄。在人际交往中,有时因某种原因不便把某一信息表达得太直白,而靠对方从自己的话语中体会出里面的真正含义,这就是含蓄。三要模糊。在人际交往中,有时会因某种原因不便或不愿把自己的真实想法说出来,可以把信息模糊化,既不伤害对方,又不难为自己。四要幽默。幽默在人际交往中,既能活跃气氛,又能缓解紧张气氛,还能用作批评和反击的武器。幽默的人在交往中非常受欢迎,往往会成为谈话的中心人物。幽默能增强人际交往的吸引力。五要交谈。交谈是良好人际关系的润滑剂,是人们传递信息、交流思想、增长知识、增进友谊的重要渠道。

掌握交谈的技巧。首先,必须有积极、真诚的态度。要相互交心,不能胡乱恭维;要以礼待人,尊重他人;要热情大方,给对方以亲切感;要积极认真,切忌消极随便。其次,要把握好面部表情、手势等非口语。最后,交谈的语言要文雅、简明。要口语化,不要书面色彩太浓,否则会给人以卖弄之嫌。

总之,一个心理成熟、懂得社交技巧的人,应当学会好好说话,知道在什么时候该以怎样合适的方式说话。实话不一定要直说,可以幽默地说、婉转地说或者延迟点说、私下与当事人交流而不是当众说。同样是说实话,以不同的方式说,效果显然是不同的。

(2) 非口语

口语的沟通是人际沟通的最主要形式,但并非唯一的形式。非口语沟通在人际交往中也占有重要地位。有时候,非口语比口语更能传情达意。

一是手势。手势往往是人们交往中使用得最多的一种动作,如悲伤时捶胸、懊悔时拍脑门、夸奖人时竖大拇指等。手势在交往中运用得恰当,能够强化输出信息的清晰度和效果。比如,描述物品时,配以手势,会使对方更加准确地了解该物品的形状、大小。再如,到车站、码头送客,当车、船渐行渐远时,手势更能表达依依惜别之情。

二是眼神。眼睛被人们称作"心灵的窗户",被认为是最明确的情感表达方式。相爱者深切地注视着对方的眼睛,仇恨者也如此。在更多的情况下,眼神主要用来表示对对方的友好、重视、关心和注意。眼神同时也是调节交往双方心理距离的手段。据研究,谈话中双方的双目对视一般只持续 1 秒钟左右,然后就移开,否则就意味着双方的关系十分密切。

三是面部表情。在人际交往中,特别是在情感交流中,表情的作用非常重要。在情感交流中有这样一个公式:一个信息的表达=7%的言语+38%的声音+55%的面部表情。人的嘴、眉毛都在表达着喜、怒、哀、乐。交往中最常用的面部表情是笑容。恰到好处的笑是交往能力的重要指标,不善笑就不善交往。善意的、恰到好处的笑,会使自己轻松,也使对方心情舒畅。

四是姿势。在人际交往中,姿势反映着人们的思维活动,不同的姿势会产生不同的效果。良好的姿势,能助你获得交际的成功,并给人们留下彬彬有礼的美好印象。

7. 学会把握交往的"时空"

(1) 交往时间的技巧

时间对每个人的作用不言而喻。把握交往时间主要表现在:第一,守时。不管你约对方,还是对方约了你,一定要在约定的时间到达,不能让对方在等待中浪费时间。第二,尊重他人的私人时间。现如今,生活在节奏快、压力大的社会中的人们,在私人时间里,谁都想放松一下、休息一下。如果你在人家私人时间里打扰对方,会让人感到不快的。尤其是在事前没有约定而贸然登门拜访,更会令人反感。第三,注重交往的频率。维持良好的关系,长期不交往不行,但交往过于频繁也会给对方带来不便。每个人都有自己的私人生活,不能因为你的"自以为是",就经常黏着人家。即使对方嘴巴上不说什么,其实他的内心早有不堪承受之感。

(2) 交际空间的技巧

心理学研究表明,人的自我感觉十分敏感,当其私人空间遭到他人侵犯时,会本能地做出某种姿态予以防御。这就要求我们,在人际交往中要注重与他人的交往距离。一般情况下,普通人的交往距离约为 0.6 米,大约等于一个手臂的长度。也就是说两个人讲话时的合适距离为 0.6 米左右。人类学家爱德华·霍尔的研究揭示出以下规律:0.45 米以内为亲密距离,这是夫妻、恋人的距离;0.45～1.2 米为朋友间距离,这是一般的交谈距离;1.2～3.6 米为社会距离,这是团体讨论、宴会交往的距离;3.6 米以上为公众距离,这是途中打招呼、挥手致意等的距离。

【案例启示】

朋 友 相 处

两个朋友结伴在沙漠中旅行,因为一件莫名的小事吵了起来,最后其中一个人还给了另外一个人一记耳光。被打的人心里觉得很不是滋味,但是他却一句话也没说,只是默默地伸出了一根手指,在沙子上写下:"今天我的好朋友打了我一巴掌。"之后,他们继续往前走,只是总感觉少了点儿什么东西。经过长途跋涉,他们终于走出了沙漠,结束了沙漠之旅。

他们来到了一个美丽的湖边上,他们就决定下去游泳。意外发生了,挨巴掌的那位由于过度疲劳,差点儿溺水而亡,幸好被朋友救起来。谢过救命之恩后,他拿起一把小刀,在石头上很小心地刻下:"今天我的好朋友救了我一命!"他的朋友十分好奇,就问:"为什么我打了你以后,你要把字写在沙子上,而现在却要把字刻在石头上呢?"他笑了笑,回答说:"当被一个朋友伤害时,要写在容易忘却的地方,岁月会负责抹去它;相反,如果得到帮助,我们要把它刻在心灵的深处,那里虽然也有岁月的侵食,但不能抹灭它的丁点光芒!"

朋友的伤害往往是无心的,而帮助却是真心的。很多时候我们对那些芝麻大的伤害斤斤计较,对那些莫大的帮助却视而不见,心里留下的也只有无穷的幽怨与烦闷。其实,只要我们忘记那些无心的伤害,铭记那些真心帮助过你的人,就会发现这世界上,我们有很多很多真心的朋友。

(资料来源:谢正斌.让孩子懂得感恩的50件事 [M]. 北京:九州出版社,2007.)

【知识拓展】

人际交往禁忌

凡事包打听——适当的好奇心不是坏事,这是与他人保持适度交流的必要动力。试想,若一个人对周围的人和事一概没兴趣,哪来的人际交往呢?

但是，一个人总让周围的人感到对别人的事情过分关心，也不分"分内分外"，这或多或少有"干涉他人内政"之嫌。久而久之，别人也会不分什么事情，一概对你"敬而远之"，隔阂由此而生。

说大话吹嘘自己——不顾别人的感受只顾沉浸于自我吹嘘，这在多数场合是不受欢迎的，任何人都有逆反心理，都会自然而然地在心中对你的吹嘘贬斥一顿。优点最好由别人去发现，但是别人发现了也不见得非说给你听，这样才有人际交往中的震慑力和神秘感，也就是很多人梦寐以求的"魅力"。

一味吹拍对方——适当的阿谀奉承并不是什么坏事，但过了头就不怎么讨人喜欢了，甚至会起到适得其反的作用，别人肯定要暗自寻思一下你的居心何在了。

遮遮掩掩，故弄玄虚——这与保持自己适当的神秘感不是一回事，不要认为"卖关子"总能吊别人胃口，有没有想过一旦倒了别人的胃口，恐怕会引起对方永久性的厌恶。

过分暴露自己的"隐私"——千万不要将自己喜欢的话题也默认为他人同样喜欢。不要认为总是对人说"掏心窝子"的话就是真诚；与过多打听他人的事情一样，过多谈论自己的"隐私"同样令人生厌，这也是个度的问题。何况展示得多了，就失去了应有的价值，难免使人顿生蔑视之心。我想每个人都体会过有人在你面前喋喋不休其家长里短时所体会到的无奈和不自在，哪里还有心思去发展更深层面的交流！

替别人做主——助人为乐本是应该大力提倡的美德，这一点毫无疑问。但在人际交往过程中出现喧宾夺主的情况却属于一大忌讳。自己揣度他人的心意并帮助其出谋划策不失为一种高超的交往技巧，但这种情形下个体的独立性同样很重要，需要予以充分的尊重。有时过分的热心可能扭曲了双方正常的关系，值得警惕。

（资料来源：郭培良.成长　成才　成功　大学生学习生活指南[M].济南：山东大学出版社，2004.）

【活动与体验】

体验感悟——信任之旅

活动流程：

（1）将全体成员分成两组，一组为A，一组为B。A组每个人蒙上眼睛扮演"盲人"，原地转3圈不动。

（2）B组的每个人领一个"盲人"，带领他从教室出去，沿设计的路线，下楼梯，再返回教室。在这过程中，双方都不许说话，B组的人可以用身体语言，带领A组的人，给他领路，保护他的安全。

（3）等全体人员都回来后，角色互换，路线与规则完全相同。

（4）最后全体成员围坐在一起，分享体会与心理感受。

分享：

（1）在走的过程中，领路人想的是什么？有什么感受？

（2）在走的过程中，"盲人"想的是什么？有什么感受？

（3）有没有"意外"的时候？如果有，当时双方的感受是什么？

心理测验——大学生人际关系综合诊断量表

指导语：这是一份人际关系行为困扰的诊断量表，共28个问题，在每个问题上，选"是"的打"√"，选"否"的打"×"。请你认真完成，然后看后面的评分办法和解释。

(1) 关于自己的烦恼有口难言。   (   )
(2) 和生人见面感觉不自然。   (   )
(3) 过分地羡慕和妒忌别人。   (   )
(4) 与异性交往太少。   (   )
(5) 对连续不断的会谈感到困难。   (   )
(6) 在社交场合感到紧张。   (   )
(7) 经常伤害别人。   (   )
(8) 与异性来往感觉不自然。   (   )
(9) 与一大群朋友在一起，常感到孤寂或失落。   (   )
(10) 极易受窘。   (   )
(11) 与别人不能和睦相处。   (   )
(12) 不知道与异性相处如何适可而止。   (   )
(13) 当不熟悉的人对自己倾诉他的生平遭遇以求同情时，自己常感到不自在。(   )
(14) 担心别人对自己有什么坏印象。   (   )
(15) 总是尽力使别人赏识自己。   (   )
(16) 暗自思慕异性。   (   )
(17) 时常避免表达自己的感受。   (   )
(18) 对自己的仪表（容貌）缺乏信心。   (   )
(19) 讨厌某人或被某人所讨厌。   (   )
(20) 瞧不起异性。   (   )
(21) 不能专注地倾听。   (   )
(22) 自己的烦恼无人可申诉。   (   )
(23) 受别人排斥与冷漠。   (   )
(24) 被异性瞧不起。   (   )
(25) 不能广泛地听取各种意见、看法。   (   )
(26) 自己常因受伤害而暗自伤心。   (   )
(27) 常被别人谈论、愚弄。   (   )
(28) 与异性交往不知如何更好地相处。   (   )

评分标准：打"√"的给1分，打"×"的给0分。评分表如表7-1所示。

表7-1　评分表

I	题目	(1)	(5)	(9)	(13)	(17)	(21)	(25)	小计：
II	题目	(2)	(6)	(10)	(14)	(18)	(22)	(26)	小计：
III	题目	(3)	(7)	(11)	(15)	(19)	(23)	(27)	小计：
IV	题目	(4)	(8)	(12)	(16)	(20)	(24)	(28)	小计：
总　分									

测试结果的解释与辅导：

如果你得到的总分为 0~8 分，那么说明你在与朋友相处上的困扰较少。你善于交谈，性格比较开朗，主动关心别人，你对周围的朋友都比较好，愿意和他们在一起，他们也都喜欢你，你们相处得不错。而且，你能够从与朋友相处中得到许多乐趣。你的生活是比较充实而且丰富多彩的，你与异性朋友也相处得很好。一句话，你不存在或较少存在交友方面的困扰，你善于与朋友相处，人缘很好，获得许多人的好感与赞同。

如果你得到的总分为 9~14 分，那么你与朋友相处存在一定程度的困扰。你的人缘很一般，换句话说，你和朋友的关系并不牢固，时好时坏，经常处在一种起伏波动的状态之中。

如果你得到的总分为 15~28 分，那就表明你在同朋友相处的行为上困扰较严重。分数超过 20 分，则表明你的人际关系困扰程度很严重，而且在心理上出现较为明显的障碍。你可能不善于交谈，也可能是一个性格孤僻的人，不开朗，或者有明显的自高自大、讨人嫌的行为。

下面根据表 7-1 各个分项上的得分，具体说明受测者与朋友相处的困扰行为及其纠正方法。

（1）记分表 I 栏上的小计分数，显示出受测者在交谈方面的行为困扰程度。

如果得分在 6 分以上，说明受测者不善于交谈，只有在极需要的情况下才同别人交谈，总难以表达自己的感受，无论是愉快还是烦恼；受测者不是个很好的倾听者，往往无法专心听别人说话或只对单独的话题感兴趣。

如果得分为 3~5 分，说明受测者的交谈能力一般，能够诉说自己的感受，但不能讲得条理清晰。如果受测者与对方不太熟悉，开始时往往表现得比较拘谨与沉默，不太愿意与对方交谈。但这种状况一般不会持续太久。经过一段时间的接触，受测者可能会主动与人搭话，这方面的困扰也就会随之减轻或消除。

如果得分为 0~2 分，说明受测者有较高的交谈能力和技巧，善于利用恰当的说话方式来交流思想感情，因而在与别人建立友情方面，往往更容易获得成功。

（2）记分表 II 栏上的小计分数，显示出受测者在交际与交友方面的行为困扰程度。

如果得分在 6 分以上，说明受测者在社交活动与交友方面存在严重的行为困扰。例如，在正常集体活动与社交场合，比大多数同伴更为拘谨；在有陌生人或教师在场时，往往感到更加紧张；往往过多考虑自己的形象而使自己处于越来越被动和孤立的境地。

如果得分为 3~5 分，说明受测者在社交活动与交友方面存在一定的困扰。受测者不喜欢一个人待着，需要和朋友在一起，但却不善于创造条件并积极主动地寻找知心朋友。

如果得分为 0~2 分，说明受测者对人较为真诚和热情，不存在人际交往困扰。

（3）记分表 III 栏上的小计分数，显示出受测者在待人接物方面的困扰程度。

如果得分在 6 分以上，说明受测者缺乏待人接物的机智与技巧。在实际的人际交往中，受测者也许有意无意地伤害别人，或者过分羡慕别人以致在内心嫉妒别人。因此，可能受到别人的冷漠、排斥，甚至愚弄。

如果得分为 3~5 分，说明受测者是个多侧面的人，也许是一个较圆滑的人。对待不同的人，受测者有不同的态度，而不同的人对受测者也有不同的评价。受测者讨厌某人或者被某人讨厌,但却非常喜欢一个人或者被另一个人喜欢。受测者的朋友关系某些方面是和谐的、良好的,某些方面却是紧张的、恶劣的。因此,受测者的情绪很不稳定,内心极不平衡,常常处于矛盾状态中。

如果得分为0~2分,说明受测者较尊重别人,敢于承担责任,对环境的适应性强。受测者常常以自己的真诚、宽容、责任心强等个性特点,获得众人的好感与赞同。

(4) 记分表Ⅳ栏上的小计分数,显示出受测者同异性朋友交往的困扰程度。

如果得分在5分以上,说明受测者在与异性交往的过程中存在较为严重的困扰。也许受测者对异性存有过分的思慕,或者对异性持有偏见。这两种态度都有片面之处。也许受测者是不知如何把握好与异性同学交往的分寸而陷入困扰之中。

如果得分为3~4分,说明受测者与异性同学交往的行为困扰程度一般。有时受测者可能觉得与异性同学交往是一件愉快的事,有时又可能觉得这种交往似乎是一种负担,不知道如何与异性交往最适宜。

如果得分为0~2分,说明受测者知道如何正确处理与异性朋友之间的关系。受测者对异性同学持公正的态度,能大方自然地与他们交往,并且在与异性朋友交往中,得到了许多从同性朋友那里得不到的东西。受测者可能是一个比较受欢迎的人。无论是同性朋友还是异性朋友,多数人都比较喜欢和赞赏受测者。

【思考与讨论】

1. 怎样理解人际交往的内涵?其作用有哪些?
2. 人际交往原则及技巧有哪些?
3. 在人际交往方面,你自己需要完善哪些地方?

课后拓展活动记录表

班级		姓名		学号	
指导教师		活动时间		活动地点	
活动主题					
课后应用	将本模块所学知识应用在学习和生活中并进行简要记录。				
学习感想	结合教与学两方面,写写自己的收获,并提出自己的建议。(200～300字)				
备注					

模块八 成为情绪的主人——管控情绪

能控制好自己情绪的人,比能拿下一座城池的将军更伟大。

——[法]拿破仑

忧愁、顾虑和悲观,可以使人得病;积极、愉快和坚强的意志和乐观的情绪,可以战胜疾病,更可以使人强壮和长寿。

——[俄]巴甫洛夫

【教学目标】

(1) 素质目标

通过调整认知,正确看待情绪,培育理性平和的心态。

(2) 知识目标

① 知晓情绪与情商的内涵及作用。

② 认知大学生的情绪特点及健康标准。

③ 掌握情绪ABC理论。

(3) 能力目标

掌握不良情绪的调节方法。

【引言】

情绪是心理状态的晴雨表,反映着每个人内在的心理状态。在高兴、兴奋的时候,我们会感到精神焕发,干劲倍增;在失望、悲伤的时候,我们又会感到无精打采,萎靡不振。积极情绪给人带来积极、向上、肯定的感受,可以促使人积极行动;消极情绪会给人带来消极、停滞、否定的感受,削弱人的活动能力。愉快稳定的情绪是身心健康的重要心理条件,抑郁不安的情绪有可能导致身体疾病。大学生正处于青年期,情绪波动较大,情感体验复杂而丰富,经常会面临着各种各样的情绪困扰。那么,什么是情绪?情绪对大学生的身心健康有何影响?情绪的调控方法有哪些?这些正是本模块所要阐述的问题。

【案例导人】

小华和大强是一对恋人,可是相处不久小华就发现大强是一个脾气暴躁的人。如果小华有一点点违背他的意愿,他就会大发雷霆,非要小华跟他道歉不可。小华与大强相处越久越不能忍受他的坏脾气。一次小华不舒服,拒绝了大强的邀请,没想到大强违规冲进女生宿舍,推拉之间,竟然还给了小华一巴掌。小华非常伤心,也吓坏了,她开始慢慢地疏远大强,最后向他提出了分手。大强恼羞成怒,便在多个场合谩骂、威胁小华,教师和同学们提醒小华不要单独行动。但某天小华单独走进自习室时,跟踪在后的大强冲进自习室,拎起椅子就向小华砸去……

(资料来源：周蓓,周红玲.大学生心理健康案例教程[M].北京：人民邮电出版社,2009.)

想一想：案例中引发大强情绪失控的内外因素有哪些？应该如何避免类似事情发生？

一、情绪的内涵及作用

(一) 情绪的内涵

1. 情绪的定义

情绪是人们对客观事物是否符合自己的需要而产生的主观态度、内心体验及外在表现。它具有以下几种特点。

(1) 情绪以刺激为条件

情绪是由刺激所引发的,而不是自发的。引起情绪的刺激,有的是外在的,有的是内在的。内在刺激包括生理性和心理性两种,前者诸如饥饿、腺体的分泌、器官功能失常（疾病）等；后者诸如思维、记忆、联想、想象等。如一个人想到伤心往事,不觉心情低落,潸然泪下。外在刺激包括自然环境和社会环境两种,比内在刺激更多。前者诸如明媚的阳光、清凉的海风、辽阔的草原,令人赏心悦目、心旷神怡,忙碌的街道、拥挤的公共汽车、嘈杂的市场,使人目不暇接、心浮气躁；后者诸如繁忙的工作、考试前的复习、升官中奖、婚丧嫁娶、邻里纠纷等。这些引起情绪的外在刺激很多是我们无法回避的。

(2) 情绪以需要为中介

情绪的产生与个体的需要是密切相关的,其性质具有一定的主观性。各种刺激是否引起情绪体验以及产生何种情绪体验,都与需要及其变化密不可分。当客观事物符合并满足人的需要和愿望时,就会引起人的诸如满意、愉快、喜悦、爱慕等积极肯定的情绪体验；当客观事物不符合、不能满足人的需要时,就会引起人的诸如生气、厌恶、忧虑、憎恨等消极否定的情绪体验。

(3) 情绪以认知为主导

同样一种刺激,不同的人会出现不一样的情绪反应。危机状态下,有人胆战心惊,有人无动于衷,也有人幸灾乐祸。这些是与个人的知识经验相关并受其支配的。

(4) 情绪往往伴随着生理的变化

情绪作为心理现象的一种,其产生发展过程往往伴随着人的生理变化,包括内脏器官、内分泌腺和神经系统等生理变化,如血压、呼吸速率、肠胃运动、瞳孔大小等的变化。

2. 情绪的类型

(1) 情绪的基本分类

关于情绪的类别,长期以来说法不一。我国古代中医根据情绪的性质把情绪分为喜、怒、忧、思、悲、恐、惊,即"七情"。美国心理学家普拉切克将情绪分为悲痛、恐惧、惊奇、接受、狂喜、狂怒、警惕、憎恨8种类型,还有人将其分为9种类型。现代心理学一般认为快乐、愤怒、悲哀、恐惧4种情绪表现是人类情绪的基本形式。

快乐是人最基本、最原始的情绪,是人在需求得到满足时的情绪体验,它使人轻松、愉悦,有益于身心健康。愤怒是欲望和要求被阻抑时所产生的情绪,按照强度大小可以分为轻微不满、气恼、微愠、激怒、大怒、暴怒、狂怒等形态。愤怒的强度越大,情绪爆发性就越强烈,也就越容易使人失去理智的控制。悲哀是与喜欢、热爱的对象遗失、破裂或所盼望的东西幻灭相联系的情绪体验。根据其程度的不同,可分为遗憾、失望、难过、悲伤、极度悲痛等。恐惧是一种企图摆脱危险、逃避危险的情绪。从强度上看,恐惧可以从轻度的担忧、忧虑到惧怕、恐慌、恐怖。恐惧的强度越大,产生的消极作用就越大。

(2) 情绪的状态分类

按照情绪发生的强度、速度与持续时间的长短,可将情绪状态分为心境、激情和应激3类。

心境是一种比较微弱、缓和而持久的情绪状态。它不是对某一特定对象的体验,而是一种非定向的弥散性体验,是能够影响个体整体心理活动的背景性情绪状态。心境持续时间较长,可以是几个小时,也可以是数周、数月。

激情是一种强烈的、爆发式的、短暂的情绪状态,如狂喜、暴怒、悲痛欲绝、惊慌失措等都属于激情表现。激情的情境性十分明显,往往由对个体有重大意义的强烈刺激所诱发,而且是突然爆发,持续的时间往往不长。

应激是当出乎意料的紧张性或威胁性情境出现时,个体急速产生的高度紧张的情绪状态,是由突发的、出乎意料的或者需要通过较大的努力才能实现目的的情境所诱发。应激的持续时间大概在一周,但如果形成了创伤后应激障碍(post-traumatic stress disorder, PTSD),则会导致个体出现持续存在的精神障碍。

3. 情绪的表达

情绪是人的主观体验,除了可以通过直接的语言方式来表达之外,情绪还具有独特的外部表现形式——表情。表情是表达情绪状态的身体各部分的动作变化模式,它以有形的方式体现出情绪的内在体验,成为人际交往和信息传递的工具之一,也是了解情绪的主观体验的客观指标之一。表情包括面部表情、姿态表情和声调表情。

(1) 面部表情

人的面部表情最为丰富,它通过眼部肌肉、颜面肌肉和口部肌肉的运动来表现人的各种情绪状态,如图7-1所示。

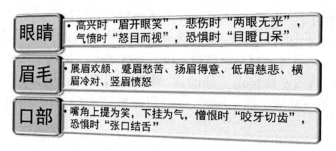

图 7-1 人的面部表情

(2) 姿势表情

通过四肢与躯体的变化来表现人的各种情绪状态,可分为身体表情和手势表情。

身体表情:高兴时"手舞足蹈",悔恨时"捶胸顿足",恐惧时"手足无措"。

手势表情:单独使用,表达开始、停止、同意、反对等情绪。

(3) 声调表情

通过音调、音速与音响的变化来表现各种情绪状态。如高兴时语调激昂,节奏轻快;悲哀时语调低沉,节奏缓慢,声音断续且高低差别很少;愤怒时语言生硬,态度凶狠。

在一场演出中一位女演员用悲调念 26 个英文字母,竟然使听众落泪;而一位喜剧演员用另一种语调念同样的 26 个字母,却把听众惹得哄堂大笑。

(二) 情绪的作用

1. 情绪的保健作用

积极情绪与身体健康、心理健康和社会适应有密切的关系。首先,积极情绪不仅能够降低传染性疾病的感染风险,能够影响非传染性疾病病情、病程及死亡率。其次,积极情绪能够降低个体的心理易感性,使个体更好地应对负性或压力事件。最后,现有的研究表明积极情绪和社会交往存在相互促进的关系。

2. 情绪对人际交往的作用

受欢迎的学生能多样化地使用问题解决、情绪表露、情感求助等多种情绪调节方式;被拒绝的学生的情绪调节方式单一,对情绪发泄这种消极的情绪调节方式使用最多。不良的情绪调节方式是导致学生人际关系不理想的最主要原因。

3. 情绪的动机作用

情绪对人的行为活动具有增力或减力的作用,对人的学习、生活和工作产生强大的影响。在我们每个人身上,良好的情绪以及调节能力,可以使人心情舒畅,精神愉快,工作效率高,容易发挥自己的潜能;负性情绪过多和情绪调节能力差,会使人处于消极的情绪状态之下,导致情绪低沉、没有激情、工作效率低。

4. 情绪对成功的影响

情绪对一个人能否取得成功有影响,其中 3 种情绪影响巨大。第一是感恩。一个感恩的人愿意等待更长的时间以获得更多的钱而不是立刻得到更少的钱,这就是行动中的耐心。由此得出成功的第一个公式:感恩→耐心→时机→成功。第二是决心。如果没有决心就永远不会拿出勇气,而勇气是采取某个长时间行动所必需的,所以得出第二个公式:决心→勇气→行动→成功。第三是同理心。同理心根植于每个成功的产品或服务的深处,同理心让你说正确的话,做正确的事,所以得出第三个公式:同理心→洞察力→关系→成功。综上所述,一个拥有感恩之心、决心和同理心的人更有可能取得成功。

二、大学生情绪特点及健康标准

（一）大学生情绪的特点

大学生属于成年早期，但是情绪仍然是丰富多变和不稳定的，带有鲜明的特征。具体表现在以下几方面。

1. 丰富性与多样性

大学生处于心理逐步走向成熟的过渡时期，正是多梦的年龄，既有儿童少年时期残留下来的天真幼稚，又有成年期的深思熟虑，这些使大学生的情绪表现得多姿多彩。有喜悦和悲伤、有失望和期待、有自负和自卑……人类所具有的几乎所有情绪，都可在大学生身上体现出来。

2. 稳定性与波动性

大学时期是人生面临多种选择的时期，学习、交友、恋爱、择业等人生大事基本在这一阶段完成。随着年龄的增长，大学生普遍具有一定的自我控制情绪的能力，能用理智约束冲动，对不良情绪进行自我调适。从总体上来看，大学生的情绪是比较稳定的，但仍有不稳定因素使他们的情绪经常在两极之间波动，平静与激动、积极与消极、肯定与否定，呈现出像波动曲线一样"忽高忽低、忽强忽弱"的特点。

3. 冲动性与爆发性

大学生情绪来得快，平息得也快。在许多情况下，情绪易被激发，犹如暴风骤雨，不计后果，带有很大的冲动性。事情或行为符合他们的观点，他们会产生积极热烈的情绪，有时甚至是盲目的狂热，否则迅速出现否定情绪、灰心丧气。

由于大学生年轻气盛而自制力又较弱，一旦出现某种强烈的刺激，情绪便会突然爆发，在语言、神态及动作等方面失去理智的控制，极易产生破坏性的行为和后果。一些冲突事件大多数是因小事或因开玩笑引起的，突然爆发情绪而向别人发起猛烈攻击。

4. 外显性与内隐性

大学生对外界刺激反应迅速敏感，喜、怒、哀、乐常常会写在脸上，很多情绪是一眼就能看出来的，具有外显性特点。老师的一句表扬会让他们高兴不已，而一句批评则会使他们垂头丧气。但随着自制力的增强和思维的成熟，逐渐能够根据特有条件、规范或目标来表达自己的情绪，隐藏或抑制自己的真实情感，使自己的外部表情与内部体验不一致，从而表现出内隐、含蓄的特点，甚至会深藏不露。

（二）大学生情绪健康的标准

健康的情绪，即良好的情绪状态，是指一个人情绪的发展、反应水平和自我控制的能力与其年龄和社会要求相适应。

1．马斯洛关于情绪健康的6个特征

（1）平和、稳定、愉悦和接纳自己。

（2）有清醒的理智。

（3）适度的欲望。

（4）对人类有深刻、诚挚的感情。

（5）富于哲理、善意的幽默感。

（6）有丰富、深刻的自我情感体验。

2．大学生健康情绪的特征

对大学生来说，情绪健康的具体表现如下。

（1）心态积极乐观，情绪稳定。

（2）情绪表现恰当，反应适度。

（3）善于控制并调节不良情绪。

（4）高级社会情感（如道德感、美感、理智感）完善。

三、大学生常见的情绪困扰

（一）焦虑

焦虑是个体主观上预料将会有某种不良后果产生或面临某种威胁时的一种不安全感，是紧张、害怕、担忧混合的情绪体验。焦虑作为一种情绪感受，可以通过肌肉紧张、出汗、嘴唇干裂和眩晕等身体特征体现出来。

当大学生在学习、工作、生活、择业各方面遭遇挫折，或担心需要付出巨大努力的事情来临时，便会产生这种焦虑的情绪体验。焦虑对大学生具有双重的影响，既有促进作用，也可以起阻碍作用。中等程度的焦虑能使学生维持适度的紧张状态，注意力高度集中，促进学习。但焦虑程度过高的大学生，常常会感到内心极度紧张不安、思维混乱、注意力不能集中，甚至记忆力下降，从而阻碍学习和正常水平的发挥。有的学生临考前失眠或考场上发挥失常，都是焦虑程度过高导致的结果。

（二）愤怒

愤怒是大学生常见的一种消极情绪，是因客观事物与人的主观愿望相违背，或因愿望无法实现，内心产生的一种激烈的情绪反应。大学生精力充沛、血气方刚，遇事缺乏冷静的分析与思考，图一时之快，逞一时之勇，好激动、易动怒。愤怒的原因也许只是一句刺耳的话或一件不顺心的小事、人际关系不良、别人的观点或意见与自己不同等。

心理学研究表明，愤怒可以导致人体心跳加快、心律失常、血压升高等躯体性反应，同时还会使人的自制力减弱甚至丧失，思维受阻、行为冲动，甚至会让人干出一些蠢事，造成不可挽回的损失，过后马上后悔不已。这种情绪对大学生的影响是极其有害的，因而有人说："愤怒是以愚蠢开始，以后悔结束。"

（三）冷漠

冷漠是对外界刺激缺乏相应的情感反应,对生活中的悲欢离合无动于衷,凡事漠不关心、冷淡、退让的消极情绪体验。如有的大学生独来独往,对周围的人和事漠不关心,对集体和同学态度冷淡,对自己的前途命运、国家大事等漠然置之,似乎自己已看破红尘、超凡脱俗。具有这种情绪的人从表面上看虽表现为平静、冷漠,但内心却往往有强烈的痛苦、孤寂和压抑感。如果大学生长时间地处于这种情绪状态下,巨大的心理能量无法释放,超过了一定限度时,就会以排山倒海的形式爆发出来,致使心理平衡遭到破坏,影响身心健康。

冷漠是一种消极情绪的内化而非外显的行为,会带来责任感的下降、生活意义的缺失与自我价值的放弃,可以说是有百害而无一利的消极情绪体验。冷漠的形成多数与人生重大生活事件与重要丧失有关,也与个体的生活经历有关。

四、情商及情绪的自我管理

（一）情商

1991年,美国耶鲁大学的彼得·沙络维教授正式提出"情感智商"(emotional quotient,EQ),也译为情绪智力、情绪智慧,简称情商。他们认为,情绪智力是指"个体监控自己及他人的情绪和情感,并识别、利用这些信息指导自己的思想和行为的能力"。1995年,哈佛大学心理学系教授丹尼尔·戈尔曼在《情感智力》一书中指出:"真正决定一个人成功与否的关键是情商而非智商。""情商"一词在全世界"爆发",成为人们交谈中的主流词汇。

所谓情商,也就是情绪智力或情绪智慧。情商是度量自我管理情绪的能力的指标。情商包括五大类基本能力。

1. 认知自身情绪的能力

认知情绪的本质是情商的基石,这种随时随刻认知感觉的能力,对了解自己非常重要。

情商

2. 管理自身情绪的能力

情绪管理必须建立在自我认知的基础上,即如何自我安慰,摆脱焦虑、沮丧或不安。

3. 自我激励的能力

无论是要集中注意力、自我激励或发挥创造力,将情绪专注于一项目标是绝对必要的。成就任何事情都要靠情感的自制力。

4. 认知他人情绪的能力

同理心也是基本的人际技巧,同样建立在自我认知的基础上。具有同理心的人较能从细微的信息察觉他人的需求。

5. 人际关系管理的能力

个人的人缘、领导能力、人际和谐程度都与处理人际关系能力有关，充分掌握这项能力的人常是社会上的佼佼者。

情商高低是决定人们事业成功和家庭幸福重要因素的思想正逐渐为人们所接受。大学生在重视开发自己智力的同时，要时刻拥有清醒和正确的"情绪认知"，在人际交往中快速地"识别情绪"，面对悲伤和困难知道"整理情绪"。

※延伸阅读※

毕淑敏的《爱怕什么？》一文中这样写道：一位妈妈，胸有成竹地低下头，做出一个表情。我和另一位女士愣愣地看着她，相互对视了一下，异口同声地说："你要自杀！"她愤怒地瞪着我们说："岂有此理！你们怎么那么笨？！"我此刻心头正充盈温情！愚笨的我俩感觉挺惭愧的，但没等我们道歉的话出口，那妈妈恍然大悟道："原来是这样！怪不得我每次这样看着儿子的时候，他会不安地说：'妈妈，我又做错了什么？你又在发什么愁？'"

（二）情绪的自我管理

1. 改变认知——情绪 ABC 理论

美国心理学家艾利斯于 20 世纪 50 年代创立了著名的合理情绪理论，也叫"情绪 ABC 理论"。他认为，人的情绪主要根源在于自己的信念以及对生活情境的评价与解释的不同。即对于诱发事件 A（activating event），通过当事人对该事件的评价与解释，以及对该事件所形成的信念 B（belief）这座桥梁，最终才决定产生什么样的情绪与行为后果 C（consequence）。在 A、B、C 三者关系中，A 对 C 只起间接作用，B 对 C 则起直接作用。

在情绪 ABC 理论的基础上，心理学家提出了合理性情绪 ABCDE 治疗模式。针对不合理的信念进行驳斥与对抗、争辩 D（disputing），从而改变不合理的信念，进而调整情绪和行为，产生有效的治疗效果 E（effect）。

以下为人们身上常常存在的 3 种不合理的信念。

- 绝对化要求：对人或事都有绝对化的期望与要求，如"应该""必须""绝对""一定"。
- 过分概括：对一件小事做出夸张、以偏概全的反应，如某人做一次坏事，就认为类似的事情都与他有关。
- 糟糕透顶：对一些挫折与困难做出强烈的反应，并产生严重的不良情绪体验，如一次考试失利，就认为自己已经彻底失败了。

当我们发现自己处于不良情绪之中时，不妨静下心来，分析一下导致自己情绪的一些认知，并加以改正，过程如下。

(1) 将引发不良情绪的事件和认知一一列出。

(2) 找出引发不良情绪的非理性观念。

(3) 通过对非理性观念的认知和纠正，找出合理的观念。

(4) 通过建立合理的信念，达到产生合理情绪感受的目的。

现实生活中的许多情绪困扰的确如此，从非理性的角度去认知某件事情，会使人们感到愤怒、沮丧；但换个角度去思考、去认知，便会减弱或消除愤怒或沮丧情绪。如某同学因票数不够落选，未当上班干部，失掉为大家服务和锻炼自己的机会，很是沮丧。但转念一想，没有当上班干部，正好省下许多精力专心学习，当一名学习尖子。转换角度，顿时柳暗花明，坏事变成好事。

2．转移注意力

转移注意力就是把注意力从引起不良情绪反应的刺激情境转移到其他事物上去或从事其他活动的一种自我调节方法。当出现情绪不佳的情况时，要把注意力转移到使自己感兴趣的事上去，如外出散步，看看电影、电视，读本书，打场球，下盘棋，找朋友聊天，换个环境等，都有助于使情绪平静下来，在活动中寻找到新的快乐。这种方法一方面终止了不良刺激源的作用，防止不良情绪的泛化、蔓延；另一方面可以通过参与新的活动特别是自己感兴趣的活动而达到增进积极的情绪体验的目的。

※延伸阅读※

老寿星长寿秘诀

一位老寿星讲到他长寿的秘诀，就是他和夫人婚前有约，婚后如果俩人争吵，谁无理就去屋外散步。"这么多年，我一直在外面散步。"老寿星幽默地说。这说明走出去既锻炼了身体，也分散了注意力，不把自己局限在不良的情绪中。

3．合理宣泄

过分压抑只会使情绪困扰加重，而适度宣泄则可以把不良情绪释放出来，从而使紧张情绪得以缓解、放松，因此，遇有不良情绪时，最简单的办法就是"宣泄"。一般可以通过读小说，看电影、电视，找朋友谈心诉说来宣泄自己不愉快的情绪，也可以找适当的场合喊叫或者痛快哭一场。有心理调查显示，爱哭的人不易患溃疡病。所以我们要在适当的场合，用适当的方式来排除心中不良情绪，调控好情绪。

必须指出，在采取宣泄法来调节自己的不良情绪时，必须增强自制力，不要随便发泄不满或者不愉快的情绪，要采取正确的方式，选择适当的场合和对象，以免引起不良后果。

4．情绪耳药水

情绪低落、忧郁时，多听听旋律优美、节奏欢快的乐曲，如《喜洋洋》《步步高》《欢乐的天山》等；情绪高涨、难以自制时可以听听节奏舒缓的乐曲，如《烛影摇曲》《平湖秋月》《春江花月夜》。

5．心情食谱

多吃牛奶、蛋、水果，补充蛋白质与钙质，能增强耐力与意志力；多吃莲藕、莲子、小麦、甘草、红枣、龙眼等，有养心安神的作用，对焦虑、抑郁很有帮助；核桃、鱼类等含有较多磷质,也能帮人们消除抑郁。维生素B有助于改善情绪,这样的食品有全麦面包、蔬菜、鸡蛋等。

6. 自我控制

人的情绪是受人的意识和意志控制的。因此,要主动地控制自己的情绪,善于驾驭自己的情绪。任意放纵消极情绪滋长,经常发怒,将导致情绪失调,引起疾病。

(1) 换位思考

站在对方的角度想问题,与他人互换角色、位置,这样有利于增强相互之间的理解和沟通,可以消除一些不良情绪。尤其是年轻人在考虑问题时往往认为自己的合理性要大于对方,更要设身处地地为别人多想一想,如果换了你自己,你感觉会怎样做?

(2) 积极的自我暗示

积极的自我暗示又称自我肯定,是对某种事物的有力、积极的叙述。通过这种做法,可以改变陈旧否定的思维模式,改变我们当前的情绪状态。肯定可以是任何积极的叙述,既可以是普通的又可以是特殊的方面,我们所能做的肯定在数量上是无限的,它可以涉及我们愿意改善自己的任何方面。如"我是一个明智的人""在我所从事的专业领域,我做得还不错""我具有强大的行动力""我能实现这个目标"等。

【案例启示】

有话好好说

小刚是个脾气暴躁的男生,经常因为一点儿小事发脾气。排队打饭时有人不小心碰到了他,舍友偶尔睡觉打呼噜,女朋友让他等的时间有点儿长……渐渐地,小刚周围的朋友变少了。女朋友也因此提出和他分手。小刚找到自己最好的朋友小明倾诉。小明是个脾气温和的人,有一套管理情绪的方法,其中最重要的就是有话好好说。小明把这套方法教给了小刚。第二天,女朋友发信息约小刚见面。到了约定的时间女朋友没有来,过了20分钟还没有来,小刚开始忍不了了,拿起电话拨过去,按照以前的性子一定是发一通脾气。小刚想起小明的方法。做了3个深呼吸,以我开头说话。"我到了20分钟了,你现在在哪里?"女朋友匆匆赶到,说起自己室友出了点状况。惊讶于小刚没有大发脾气,本来想提分手,现在打算再想想。小刚感受到了好好说话的好处,心情大好。去食堂打饭,正排队,前面端着餐盘的同学不注意把菜洒到小刚的衣服上了。小刚怒气往上冒,刚要发火,想起小明的话:"数10个数再开口,以我开头说话。""我刚换的新衣服呀!忒心疼!"对方连连道歉。看到对方满脸歉意的样子,小刚的怒气消了不少。对方提出帮他洗衣服,一来二往,还交到一个朋友,小刚周围的朋友又慢慢多起来了。

【知识拓展】

致力于研究身心成长的作家张德芬说过,天下能引发自己产生情绪的只有3件事:自己的事、别人的事、老天的事。关于这3件事,她有以下解释。

一件是"自己的事":诸如上不上班,吃什么东西,开不开心,结不结婚,要不要帮助别人……自己能安排的皆属于自己的事。

一件是"别人的事"：诸如小张好吃懒做，小陈婚姻不幸福，老陈对我不满意，我帮助别人却不被感激……别人在主导的事情皆属于别人的事。

一件是"老天的事"：诸如会不会下雨、地震、战争……人能力范围以外的事情，都不属于自己的管辖范围。

人的情绪烦恼就来自：忘了自己的事，爱管别人的事，担心老天的事……所以要轻松自在很简单：打理好"自己的事"，不去管"别人的事"，不操心"老天的事"。如果真能做到如此，人还会有什么烦恼的情绪吗？

（资料来源：庞丽娟.做情绪的主人[M].北京：中国华侨出版社，2012.）

【活动与体验】

体验感悟——情绪表演

活动目标：
学习表达情绪，通过他人反馈验证表达的准确性。

活动流程：
准备一些写有情绪词的卡片，如高兴、悲伤、震惊等。让参与活动的同学随机抽取卡片，并按照卡片表演对应的情绪。让其他成员猜猜动作及表情所反映的情绪是什么，表演者说明他人的猜测是否准确。

分享：
（1）你在活动中有何感受？
（2）你觉得自己的情绪表达与大家给你的反馈一致吗？

心理测验——焦虑自评量表（SAS）

指导语： 下面有20条内容，请仔细阅读每一条，把意思弄明白，然后根据你最近一星期的实际情况在适当的括号里打"√"。每一条内容后有4栏，其中，A表示没有或很少有时间；B表示有小部分时间；C表示有相当多的时间；D表示有绝大部分或全部时间。

	A	B	C	D
（1）我觉得比平常容易紧张或着急。	( )	( )	( )	( )
（2）我无缘无故感到害怕。	( )	( )	( )	( )
（3）我容易心里烦乱或觉得惊恐。	( )	( )	( )	( )
（4）我觉得我可能将要发疯。	( )	( )	( )	( )
（5）我觉得一切都很好，也不会发生什么不幸。	( )	( )	( )	( )
（6）我手脚发抖打战。	( )	( )	( )	( )
（7）我因为头痛、颈痛和背痛而苦恼。	( )	( )	( )	( )
（8）我感觉容易衰弱和疲乏。	( )	( )	( )	( )
（9）我觉得心平气和，并且容易安静坐着。	( )	( )	( )	( )
（10）我觉得心跳很快。	( )	( )	( )	( )
（11）我因为一阵阵头晕而苦恼。	( )	( )	( )	( )

	A	B	C	D
(12) 我曾经晕倒，或觉得要晕倒似的。	( )	( )	( )	( )
(13) 我吸气和呼气都感到很容易。	( )	( )	( )	( )
(14) 我感到手脚麻木和刺痛。	( )	( )	( )	( )
(15) 我因为胃痛和消化不良而苦恼。	( )	( )	( )	( )
(16) 我常常要小便。	( )	( )	( )	( )
(17) 我的手脚常常是干燥、温暖的。	( )	( )	( )	( )
(18) 我脸红发热。	( )	( )	( )	( )
(19) 我容易入睡并且睡得很好。	( )	( )	( )	( )
(20) 我常做噩梦。	( )	( )	( )	( )

计分办法：A、B、C、D 分别计 1、2、3、4 分。将所有题得分相加，再将总分乘以 1.25，取整数部分即可得到标准分。(5)(9)(13)(17)(19) 题为反向计分（得分 =5- 原始得分）。

判断：以 50～55 分为界，超过 55 分为异常，说明你的情绪处于焦虑状态。

心理测验——抑郁自评量表（SDS）

指导语：下面有 20 条内容，请仔细阅读每一条，把意思弄明白。然后根据你最近一星期的实际情况在适当的括号里打"√"。每一条内容后有 4 栏，其中，A 表示没有或很少有时间；B 表示有小部分时间；C 表示有相当多的时间；D 表示有绝大部分或全部时间。

	A	B	C	D
(1) 我觉得闷闷不乐，情绪低沉。	( )	( )	( )	( )
(2) 我觉得一天之中早晨最好。	( )	( )	( )	( )
(3) 我一阵阵哭出来或觉得想哭。	( )	( )	( )	( )
(4) 我晚上睡眠不好。	( )	( )	( )	( )
(5) 我吃得和平常一样多。	( )	( )	( )	( )
(6) 我与异性密切接触时和以往一样感到愉快。	( )	( )	( )	( )
(7) 我发觉体重在下降。	( )	( )	( )	( )
(8) 我有便秘的苦恼。	( )	( )	( )	( )
(9) 我心跳比平时快。	( )	( )	( )	( )
(10) 我无缘无故地感到疲乏。	( )	( )	( )	( )
(11) 我的头脑跟平常一样清楚。	( )	( )	( )	( )
(12) 我觉得经常做的事情并没有困难。	( )	( )	( )	( )
(13) 我觉得不安而平静不下来。	( )	( )	( )	( )
(14) 我对将来抱有希望。	( )	( )	( )	( )
(15) 我比平时容易生气激动。	( )	( )	( )	( )
(16) 我觉得很容易就能做出决定。	( )	( )	( )	( )
(17) 我觉得自己是个有用的人，有人需要我。	( )	( )	( )	( )
(18) 我的生活过得很有意思。	( )	( )	( )	( )

	A	B	C	D
(19) 我认为如果我死了,别人会生活得好些。	( )	( )	( )	( )
(20) 我平常感兴趣的事现在仍然感兴趣。	( )	( )	( )	( )

计分办法:A、B、C、D分别记1、2、3、4分。将所有题得分相加,再将总分乘以1.25,取整数部分即可得到标准分。(2)(5)(6)(11)(12)(14)(16)(17)(18)(20)题为反向计分(得分=5-原始得分)。

判断:以50～55分为界,超过55分为异常,说明你的情绪处于抑郁状态。

【思考与讨论】

1. 什么是情绪和情商?其作用各有哪些?
2. 大学生的情绪特点及健康标准如何?
3. 大学生常见的情绪问题有哪些?如何调节?

课后拓展活动记录表

班级		姓名		学号	
指导教师		活动时间		活动地点	
活动主题					
课后应用	将本模块所学知识应用在学习和生活中并进行简要记录。				
学习感想	结合教与学两方面，写写自己的收获，并提出自己的建议。（200～300字）				
备注					

模块九　成为不气馁的人——应对挫折

当你为错过太阳而流泪痛哭时,你便错过了满天繁星。也许在你为一次不起眼的失败而悔恨时,你便错过了拼搏的另一个机会。

——[印度]泰戈尔

世界上的事情永远不是绝对的,结果完全因人而异。苦难对于天才是一块垫脚石,对于弱者是一个万丈深渊。

——[法]巴尔扎克

【教学目标】

(1) 素质目标

锻炼应对和处理挫折能力,提高抗挫能力和耐受性。

(2) 知识目标

① 认知挫折的含义、构成。

② 了解挫折的双重性及类型。

③ 理解造成挫折的主要因素。

(3) 能力目标

掌握应对挫折的方法。

【引言】

每个人从来到这个世界到离开,与之相随的有成功的喜悦,也有失败的沮丧;有一帆风顺,也有坎坎坷坷。没有哪个人的一生会一直平安顺利,"心想事成""万事如意"也只是人们美好的祝愿罢了。挫折与失败是人生的十字路口,一边通向光明,另一边却通向了无尽的黑暗。在挫折与失败面前,只是痛哭、悔恨、怨天尤人,并不能解决问题;正确做法应该是沉着、冷静、临危不惧,积极寻找解决问题、战胜困难的办法,总结经验教训,为以后的路做铺垫。

【案例导入】

乌江自刎

秦朝末年,楚汉相争已到最后关头,项羽的军队在垓下安营扎寨,士兵越来越少,粮食也吃没了,刘邦的汉军和韩信、彭越的军队又层层包围上来。夜晚,听到四周都在唱着楚地的歌谣,项羽大惊失色说:"汉军把楚地都占领了吗? 不然,为什么汉军中楚人这么多呢?"回想过去,项羽慷慨悲歌,自己作诗道:"力拔山兮气盖世。时不利兮骓不逝。骓不逝兮可奈何! 虞兮虞兮奈若何!"唱了一遍又一遍,虞姬也同他一起唱。项羽泪流数行,身边侍卫也都哭了。项羽逃到乌江边上,乌江的亭长撑船靠岸等待项羽,他对项羽说:"江东虽小,也还有方圆千里的土地,几十万的民众,也足够称王的了,请大王急速过江。现在只有我有船,汉军即使追到这儿,也没有船只可渡。"项羽笑道:"上天要亡我,我还渡江干什么?况且我项羽当初带领江东的子弟八千人渡过乌江向西挺进,现在无一人生还,即使江东的父老兄弟怜爱我而拥我为王,我又有什么脸见他们呢?或者即使他们不说,我项羽难道不感到内心有愧吗?"接着对亭长说:"我知道您是忠厚的长者,我骑这匹马五年了,所向无敌,常常日行千里,我不忍心杀掉它,把它赏给你吧!"于是命令骑马的士兵都下马步行,手拿短小轻便的刀剑交战,项羽自己也负伤十多处。忽然回头看见了汉军骑兵司马吕马童,说:"你不是我的老朋友吗?我听说汉王悬赏千两黄金要买我的脑袋,并封为万户侯,我就送你这点好处吧!"说完就自杀身亡了。

想一想:请同学们帮忙分析一下项羽为什么自杀。如果他没有自杀,结果将会怎样。

一、挫折的含义及构成

(一)挫折的含义

在《现代汉语词典》中将"挫折"解释为:"压制,阻碍,使削弱或停顿;失败,失利。"在日常生活中,我们一般把它理解为挫败、阻挠、障碍。

心理学上的"挫折"有别于我们日常生活中所讲的"挫折",它并不是障碍、干扰等客观事实本身或情境,而是一种情绪状态,即个体从事有目的的活动过程中,遇到障碍或干扰,致使个人动机不能实现,需要不能满足时的一种焦急、沮丧或紧张、失意的情绪状态。

认识挫折的含义和构成

从心理学的角度分析,人的行为总是从一定的动机出发,通过努力达到一定的目标。如果在实现的过程中,碰到了困难、遇到了障碍,就产生了挫折。随之而来的紧张状态和失望、压抑、沮丧、忧郁、苦闷等情绪反应,就是人们常说的挫折感。

(二)挫折的构成

挫折由挫折情境、挫折认知、挫折反应共同组成。挫折情境是人们在有目的的活动中,使需要不能获得满足的障碍或干扰等,是客观的。构成挫折情境的可能是人或物,也可能是各种自然环境或社会环境。挫折认知是主体对挫折情境的知觉、认知和评价,是主观的。挫折反应则是指主体伴随着挫折认知,对于自己的需要不能得到满足而产生的情绪和反应。

通常情况下,挫折情境、挫折认知和挫折反应三者同时存在便构成了典型的心理挫折。其中,挫折情境通过挫折认知产生挫折反应,挫折认知决定了挫折反应的性质和程度。但是在日常生活中并不总是三者同时存在才构成心理挫折。只有挫折认知和挫折反应两个因素时,也可以构成心理挫折。原因就在于,挫折认知既可以是对实际遭遇到的挫折情境的认知,也可以是对想象中可能出现的挫折情境的认知。例如,一个人总是怀疑自己周围的同学议论自己,看不起自己,虽然事实并非如此,但他会因此而形成与同学关系上的挫折感,产生紧张、烦恼、焦虑不安等情绪反应。

二、挫折的类型及影响因素

（一）挫折的类型

根据挫折的定义,将挫折分为缺乏挫折、损失挫折和阻碍挫折。缺乏挫折是指个体无法拥有自己认为非常重要的东西时,所体验到的一种挫折感受。损失挫折是指失去了原来拥有的东西而引起的心理挫折。阻碍挫折是指个体在实现目标过程中出现了阻碍所带来的心理挫折。

根据挫折程度,将挫折分为一般性挫折和严重性挫折。根据挫折的准备情况,将挫折分为意料中的挫折和意料外的挫折。根据挫折的持续时间,将挫折分为暂时性挫折和持续性挫折。根据挫折的现实性,将挫折分为实质性挫折和想象性挫折。根据挫折的原因,将挫折分为外部挫折和内部挫折。

根据挫折的内容和性质,将挫折分为理想挫折、工作挫折、婚恋挫折、家庭挫折、交往挫折、学习挫折、健康挫折等。在当前高校毕业生严峻的就业形势下,大学生还会体验到严重的就业挫折。

挫折有多种分类,但在实际生活中,没有绝对、孤立、静止的某一种挫折,常常是各种挫折相互交叉、相互渗透的。

（二）造成挫折的因素

了解造成挫折的因素,才能真正找到原因,对症下药,更好地应对挫折。一般而言,导致挫折的因素主要包括以下几种。

1. 自然因素

自然因素主要是指各种自然灾害,如旱涝、台风、地震、雪崩等。自然界的构成非常复杂,万事万物都有其固有的存在和发展规律,人类不可能对所有事物都完全彻底的认知,即使认知了也不可能绝对征服自然。因此,其行为很难完全与自然界的变化同步而行,人类在自然环境中生存、发展,必然会遇到自然界所带来的种种困扰,挫折也就随之产生。

2. 社会因素

社会因素是指个体生存的社会环境,包括政治、经济、道德、风俗习惯、人际关系、恐怖事件、战争、社会动乱等方面。特别是现代社会竞争机制的引入、价值观念的变革、人际关系的日益复杂,使得多种社会刺激在短时间内连续不断地以激烈的方式作用于个体,极易引起心理与行为的严重失调,从而产生许多心理异常和行为偏差。

3. 家庭因素

家庭因素是不可忽视的,因为家庭是每个人出生后的第一个生活环境,是塑造情感、意志、性格、品德的场所。家庭成员间的关系、家庭经济状况、家长的教育方式以及和邻里关系,都会对人们的心理造成影响。其中,家庭的变故、亲人的去世、父母不当的教养方式等都可能会给青年学生带来强烈的挫折感。

4. 学校因素

传统的人才观非常注重学生的学习成绩,成绩好、有特长的学生往往被大家视为好学生,但这同时也为学生遭遇挫折埋下了溃败的祸根,为学生心理遭遇挫折提供了一条可能的途径。此外,当大学生的管理相对宽松,日常管理和教育一般由一名辅导员面对众多学生,导致有时候教育方式过于简单,而某些任课教师在教育教学管理过程中,由于心理学、教育学知识的不足,没有照顾到学生的心理特点,而这个时期的学生情感丰富而强烈,易于波动,自控力差,教师的一个小小的不理解或误会,都有可能成为一个巨大的挫折源。

5. 个人因素

除上述几种因素有可能导致挫折外,个人自身也是造成挫折的主要原因。

(1) 生理原因

生理原因包括生理缺陷、疾病以及身材、容貌等方面的不足。进入青春期以后,思维中再度出现自我中心现象,比如过多关注自己的容貌。无论男女都会花很长时间在镜子面前审视自己,对自己的容貌诸多挑剔,一些很小的缺陷都可能导致巨大的心理挫折。

(2) 心理原因

心理原因主要是指个人的自我抱负水平。心理学研究表明,有些人倾向于情境归因,即认为外部复杂且难以预料的力量是主宰行为的原因,这种做法被称为外控型归因;有些人更倾向于本性归因,即认为自身的努力、能力能够控制事情的发展与行为结果,这种做法被称为内控型归因。一般来说,与外控型相比,内控型的学生对自己的行为与学习有更多的自我责任定向与积极态度。但是当面临失败情境时,内控型的学生更倾向于把原因归于主观因素,过多地进行自我埋怨和谴责,这不但夸大了自我作用,而且过多的自责、悔恨往往会给个人带来挫折感和心理损伤。

三、挫折的双重影响

挫折的双重影响是指挫折的结果一般带有两种意义:一方面可能使人产生心理的痛苦,行为失措;另一方面它又可给人以教益与磨炼。

(一) 消极影响

在个体成长过程中,如果经常遭遇挫折,其心理发展和心理表现会受到较大的影响,甚至会影响到其个性特点。主要表现在:自我价值和自尊感降低;物质需要和精神需要水平降低;产生习得性无助感,失去对成功和失败的正确态度;影响个人能力的发展,个体变得遇事拘谨;害怕困难,缺乏积极性、主动性、创造性;个人的期望和抱负水平降低。

学者研究了挫折对个体心理的不利影响,归纳出 14 种由挫折导致的不良心理行为表现:抑郁、无力、过敏、强迫、自我否定、内向封闭、固执、意志薄弱、盲目、不安定、情绪易变、自我表现、爆发、浮躁。这些心理和行为特征,对身心的正常发展和适应社会、适应环境都是不利的,如果任其发展,有可能成为犯罪或心理变态的重要诱因。

对于大学生而言,遭遇挫折时可能会产生下列消极影响。

1. 学习效率下降

个体的学习效率与其智力水平、知识水平相关,同时还会受到个体的情绪、对自我认知等的制约。如果遭遇到挫折,首先会降低自信心,感觉自卑和无能;其次还会影响到情绪状态,变得焦虑不安,从而打乱原有的思维能力,导致学习效率极大地降低。在大学校园中,有些大学生在遇到挂科、失恋、家庭变故等挫折后,学习成绩明显下降,就是挫折产生的消极影响。

2. 身心健康受损

大学生受挫后,其整个身心状态呈现出紧张、压抑和焦虑不安。这种消极的心理能量如果长期得不到释放,食欲便会明显下降,睡眠障碍也会出现,就会损害大学生的身心健康,有时可能成为精神疾病的诱因。

(二)积极影响

挫折对个体的影响不仅有消极的一面,也有积极的一面。挫折对大学生具有下列积极有益的影响。

1. 可以磨炼人的意志,增强心理调节能力

一个从未经受过挫折打击的人,他的情感往往比较脆弱,一次微不足道的挫折也可能置其于死地。良好的意志品质是长期磨炼的结果,挫折的磨炼可以使强者意志坚强而通达,精神饱满而愉快,增强其抓住机遇获得成功的本领。因此,所经历的挫折多了,承受挫折的能力就会更强,就能更清醒、更深刻地认知所面对的问题,其意志也就得到锻炼和培养。

2. 可以增强情绪反应能力和解决实际问题能力

当大学生面临困难或挫折时,其神经中枢受到强烈的刺激,会引起情绪激奋、精力集中、适度紧张,必然使其精神焕发,思维加快,情绪反应能力大大提高。同时,在解决困难和对付挫折的过程中,可以促使个体认真理解挫折情境,分析造成挫折的原因,考虑排除挫折的主客观条件和方案,从中学习到经验与方法,提高分析问题和解决问题的能力。

3. 可以促使大学生正确地认知自我,提高生活适应能力

有些大学生对社会、对自我有一些不切实际的想法,当他们用这些想法来指导自己的行动时,就容易出现挫折。这时犹如吃下了一粒清醒丸,可以促使个体重新审视自己的行为和动机,思考预定目标的可行性和真实意义,对自己做出一个合乎实际的评价,使个体行为更好地适应自身条件和客观环境,从而增强其适应现实生活的能力。

四、应对挫折的方法

(一)正确认识挫折

要有效应对挫折,就要正确认识挫折,建立正确的挫折观。

1．认识到挫折的普遍性

挫折是无法逃避的,可以说,挫折也是生活的组成部分,是每个人人生道路上必然的经历。在人生旅途中,不是遇到这种不幸,就是遇到那种厄运;不是遇到大坎坷,就是遇到小麻烦。从某种意义上说,生活就是喜、怒、哀、乐的总和。有喜有乐,自然就会有怒有哀。挫折不仅使我们获得了宝贵的经验教训,还使我们的生活更加丰富多彩。要敢于正视面临的挫折,不灰心、不低头、不后退、坚韧不拔,敢于向挫折挑战,就能把挫折当作进步的阶石、成功的起点,从而不断取得进步。

2．认识到挫折的双重性

挫折给人以打击,带来损失和痛苦;但也能使人奋起、成熟,从中得到锻炼。挫折既有消极的一面,也有积极的一面。孟子曰:"故天将降大任于斯人也,必先苦其心志,劳其筋骨,饿其体肤,空乏其身,行拂乱其所为,所以动心忍性,曾益其所不能。"只有"天将降大任"的人,才有机会、有资格经历和体验生活给予的挫折与考验。要知道挫折欺软怕硬,对强者来说,挫折是成功的阶梯,对弱者来说,挫折是失败的泥沼。因此,辩证地看待挫折的两面性,就能够变不利因素为有利因素,化消极因素为积极因素,促使挫折向积极方面转化。

3．不做消极的联想

人在挫折的境况中,往往会看到不利的一面多,看到有利的一面少。这时要理智地分析不利和有利的情况,切不可做失败的联想,否则会越想越觉得自己无能,越想越陷入失败中无法自拔,形成习惯性思维更糟糕。要多想事物好的方面、有利的方面,想自己曾经的成功,想自己拥有的主观和客观优势,想自己拥有的潜能,慢慢就会导引心灵走出挫折的泥沼。

4．运用优势比较法

就是当你受挫后,尽量去想那些比自己受挫更大、困难更多、处境更差的人。通过挫折程度比较,将自己的失控情绪逐步转化为平心静气。然后再找出自己的优势,强化优势感,从而提高挫折承受能力。通过挫折的磨炼,你的意志将更坚强,这就是挫折蕴含着的力量。坚忍的意志将激发你的潜能,帮你想出办法,处理好面临的问题,最终战胜挫折。

（二）调节自我抱负水平

自我抱负水平是指个人对未来可能达到的成功标准的心理需求,是指人们在从事某种实际活动之前,对自己所要达到目标规定的标准。一般而言,自我抱负水平直接影响个人的学习和生活,一个抱负水平较高的人,往往对自己的要求也较高,因而其学习、工作的效率也就较好;一个抱负水平低的人,对自己的要求也较低,缺乏积极性、主动性,因而其学习、工作的效果也就较差。适度的抱负水平,能激发个人的进取心和自信心,使之保持较高的学习效率。

但是,自我抱负水平是自定的标准,仅仅是个人愿望,与个人的实际成就不一定相符合。因此,个人的自我抱负水平必须建立在对自己的实际能力正确认知的基础之上,如果一个人的自我抱负水平总是高于自己的实际能力,那就很难达到预期的目标,很容易遭受挫折。

在现实生活中,不少大学生在学习等方面感受到的压力挫折都与抱负水平的确立不当有关。如有些大学生对自己的学习制定了过高的目标,一旦难以达到,就感到灰心、失望,甚至引发自卑心理。因此,大学生必须学会根据自己的实际能力正确设定生活的目标,调整自我抱负水平,并懂得根据实际情况,在实施过程中及时调整:如果在目标实施过程中,发现自己设定的目标不切实际,前进受阻,就要及时调整目标,以便继续前进。对那些远大目标,要把它分解成中期、近期和当前目标。如对专升本,就可以由易到难给自己设定目标,当受到挫折后,及时调整目标。这样,就可以在成功中体验到愉快和满足,逐步提高自信心,又能在失败、挫折后不断总结经验教训,最终战胜挫折,取得最后的成功。

必须指出的是,大学生在确立抱负水平时,要力求把自己的目标与社会的客观环境条件、社会利益等因素综合加以考虑,这样才能制定出切合实际的目标。

(三)运用积极心理防御机制

心理防御机制是指人们为了应付心理压力或挫折、适应环境而使用的一种精神上的自我保护机制,也是个体维护身心健康不可缺少的独特的心理过程。人们利用这一机制去认知环境,选择与环境相适应的行为,减轻由于心理压力或挫折而引起的紧张不安、焦虑和痛苦,以谋求自我安全,恢复心理平衡,避免行为失常。

心理防御机制有积极与消极之别,后者可能导致退缩、逃避,甚至产生心理疾病。因此,大学生要学会合理运用积极心理防御机制。有利于大学生成长的积极心理防御机制表现为以下几个方面。

1.升华

个体由于各种原因无法达到原定目标或者个人的动机与行为不能为社会所接受时,可以用另一种更高尚、富于创造性和建设性、有社会价值的目标取而代之。这是最具有积极性和建设性的防御机制,运用这种防御机制,可以减轻挫折带来的精神痛苦,弥补因受到挫折而丧失的自尊与自信,把感情和精力投入有利于社会和他人的活动之中,在重大挫折面前重塑自己的人生价值。如司马迁在遭遇宫刑这样的奇耻大辱后,发奋努力,终于完成了《史记》这一鸿篇巨制,同时成就了一代史学家的伟大业绩而名垂青史。

2.补偿

个体企图用种种方法来弥补其因过错或某种缺陷而引起的痛苦和自卑感,以找回失去的东西或自尊的心理防御机制。所谓"失之东隅,收之桑榆"就是补偿的作用。补偿的防御机制运用得好,不仅可以弥补缺陷,并能转化为巨大的动力,成就一番事业。如盲人杨光,他8个月大时失明,世界在他眼里一片黑暗,但他却用敏锐的听觉,感知沸腾的运动场,为广播电台担任了球赛播报主持,并在歌唱方面不断努力,成为大家熟悉的明星。聋哑人邰丽华,2岁时一场高烧使她进入了无声世界,但是凭借努力和天赋,她用优雅的舞姿,演绎了自己的人生价值,成为大家喜欢的舞蹈家。这都是补偿作用的表现。

3. 幽默

当一个人身处困境或尴尬局面时，通过含蓄、双关、俏皮的语言或行为，来应付紧张的情境或表达潜意识的欲望，可以化险为夷，渡过难关，解脱困境。幽默是一种积极而高尚的、值得称道的一种应对挫折的成熟心理防御机制，它有益于健康，有利于和谐人际关系。爱尔兰著名剧作家萧伯纳是世界上出名的幽默大师。他有一次在大街上走路，一个骑自行车的人不小心撞倒了他。那个人连忙过来扶住萧伯纳正要道歉，萧伯纳说话了："你真不幸，你要是再用些劲撞死了我，你就会因为撞死了萧伯纳而成为名垂青史的人物了。"一场可能发生的尴尬纷争瞬间被友好风趣的场景所代替。

4. 合理化

合理化又称文饰作用，是指个人无法达成其追求的目标，或其表现出的行为不符合社会的价值标准时，给自己找出适当的理由来解释，以减轻痛苦的心理防御机制。"酸葡萄心理""甜柠檬心理"等都是合理化防御机制的体现。例如，某学生本来下决心要在考试中名列前茅，结果未能如愿，为了维护自尊，他便用不屑的口吻说："死读书有什么意思，我可不想做书呆子。"吃不着的葡萄就是酸的，达不到的目标就是不喜欢的或本来就没想要的，这就是酸葡萄心理。"甜柠檬心理"是夸大既得东西的好处，缩小不足之处，以减轻达不到目的时的失望。例如，某人很想参加舞会，但自己不会跳舞，又不好意思让别人知道他不会跳舞，便说自己喜欢安静不愿去闹哄哄的场合。

大学生适当地运用合理化作用，可以缓和心理紧张，消除心理压力，减少直接攻击行为的产生，具有一定的积极作用。但如果运用过度，就会产生"自欺"现象，妨碍人们去追求真正需要的东西。

总之，构建成熟的心理防御机制，不仅有助于大学生提高自身的心理健康水平，也有助于大学生自信心的培养与意志力的磨炼。

（四）提高自身承受能力

人应付挫折的能力是可以学习和锻炼的，有几种方法不妨试一试。

第一种是有意识地容忍和接受日常生活中的一些小挫折，以磨炼自己对挫折的耐受力。

第二种是创设一定的挫折情境，锻炼顽强的意志，提高对挫折的耐受力。

第三种是自觉参加志愿和公益活动，这些不仅是利他行善的行为，还是对自己应对挫折耐受力的很好锻炼。

此外，挫折承受力还与人格特征有关。性情急躁、心胸狭窄、意志薄弱、自我偏颇的人常常容易引起挫折感。为了提高挫折承受能力，每个人都应主动地培养自己良好的人格品质，重点培养自信乐观、自强不息、宽容豁达、开拓创新等品质。这样才能在面临挫折、困境时,不会被眼前的困难吓倒,而是能够透过表面的不利看到蕴藏在背后的希望,相信明天是美好的,从而信心十足地去战胜困难。

(五) 建立和谐的人际关系

俗话说:"一个篱笆三个桩,一个好汉三个帮。"当身处逆境、压力重重时,每个人都需要家人的关怀、朋友的支持、他人的援助。如果一个大学生善于与周围人保持良好关系,维持融洽、正常的感情交流,就会获得归属感和安全感。在这种交往中,可以使情感得以宣泄,郁闷得以排遣,精神得以升华,从而有助于身心健康。在人际关系中获得的社会支持就像是一个缓冲器,可以减轻各种应激性事件对身心健康所造成的消极影响。相反,如果人际关系不良,就会使一个人处于莫名的"不安"状态中,感到"无助"或"孤独",并会引发一系列的挫折反应。

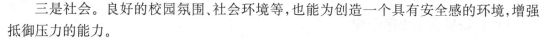

一个人的社会支持是多方面、多层次的。一般来说,人际交往系统包括以下几个组成部分。

一是亲人。即父母、爱人、兄弟、姐妹、子女等。家庭是人生避风的港湾,亲人是个体最基本、最重要的社会支持源泉,和睦的家庭、温暖的亲情足以帮助你消除心灵的疲倦,顶住外界的种种压力。

二是朋友。每个人都有一些知心的朋友,当个人遇到困难时,朋友会献计献策、帮助解决,与朋友进行倾诉也具有宣泄、减压作用。

三是社会。良好的校园氛围、社会环境等,也能为创造一个具有安全感的环境,增强抵御压力的能力。

大学生加强人际交往、融洽人际关系时,首先要掌握基本的礼节礼貌、良好的口头表达等交往技能,使自己与别人的交往得以顺利进行;其次要养成良好的交往品质,要自觉地择友而交,要相互理解、相互尊重,要对朋友真诚、宽容;最后要把握各种机会参与交往,并保持沟通畅通,以免误解,产生不愉快。

(六) 合理进行自我调控

学会自我调控、自我超越,及时疏导和排解心中的抑郁与不快,使自己处于轻松愉快的心境中,是提高抗挫折能力的重要条件。常用的自我调控方式主要有以下几种。

1. 想象脱敏法

想象脱敏法是一种消除紧张与焦虑的有效方法,其特点是通过想象对现实生活中的挫折情境和使自己感到紧张、焦虑的事件的预演,学会在想象的情境中放松自己,从而达到能在真实挫折情境和紧张场合下应对各种不良情绪反应的目的。其操作步骤大致分为3步:首先建立焦虑层次,即把使自己感到紧张焦虑的情境按频率、时间和反应程度依次排列;其次放松全身;最后预演挫折情境,即在肌肉松弛状态下,想象产生焦虑的情境,逐步升级,直至完全消除紧张和焦虑。

2. 自我暗示法

自我暗示法是通过言语或想象使自己的身心机能发生变化、缓解压力。如发怒时默念"一定要冷静""生气只会使事情变得更糟",也可以将有关暗示语写在日记上或贴在床边,经常提醒自己、鞭策自己。暗示的内容一般包括:①每个人都会面临挫折;②每次挫折都有转折点;③每次挫折都会过去;④只要坚持,光明就在前面。实践证明,良好的心理暗示是抵御挫折、增强挫折免疫力的有效方法。通过积极的心理暗示,可以将有益于成功的积极思想和感觉,传播到潜意识中,使人能够在活动过程中保持良性的心理状态。

3. 转移调节法

转移调节法是有意识地把自己的情绪转移到另一个方向上去,使紧张情绪得以缓解。当自己遇到挫折而使紧张情绪无法排解时,可以暂时离开情境,转移注意力去从事别的活动,使心情尽快平静下来,用新的生活淡化曾经遭受的挫折,以求得心理上的平衡。

4. 音乐调节法

音乐调节法是通过音乐引起人生理和心理上的反应,来改善人的情绪,消除因挫折造成的紧张、焦虑、忧郁、恐惧等不良心理状态。健康的曲调、富有美感的音乐,能启迪人的心灵,陶冶人的情操。如情绪紧张者可以欣赏轻盈流畅的轻音乐、优雅文静的小夜曲;忧郁者可以欣赏莫扎特的《第40交响曲》、格什文的《蓝色狂想曲》;心绪烦闷者可以欣赏肖邦、施特劳斯的圆舞曲等。

(七)积极寻求心理咨询

心理咨询是人们打开心扉的钥匙,自20世纪20年代心理咨询出现以来,在许多国家和地区,心理咨询已成为人们生活的一个重要内容。每当人们遭遇挫折、心情烦躁、紧张焦虑、矛盾冲突之时,都会去接受心理咨询。心理咨询由受过专门训练的咨询师,运用心理学的理论与技术,通过语言或非语言的交流,给来访者以帮助、启发和教育,使来访者改变其认知、情感和态度,解决其在生活、学习、工作等方面出现的问题,促进来访者人格的发展和社会适应能力的改变。大学生在遭遇挫折时,可以借助心理咨询的方法来帮助自己对抗挫折,增强抗挫折能力。有些同学在遭遇挫折时,自我封闭,不能进行合理宣泄,也不愿进行心理咨询,这是不可取的。其实,积极地寻求心理咨询是抗挫折的良方,心理咨询教师会针对受挫学生出现的心理失衡情况,以专业的知识和技术与受挫学生进行沟通与交流,帮助其分析挫折原因,提高对挫折的认知,鼓励受挫者树立信心,以积极的心态和有效的方法排除消极情绪,减轻心理压力,进而战胜挫折。

【案例启示】

1832年,有一个年轻人又失业了。他当然很难过,但他没有气馁,经过一番思考,他下定决心改行从政。糟糕的是,他在竞选中失败了。一年里遭受两次沉重的打击,但他没有灰心,着手兴办企业。可不到一年他的企业倒闭了,而且还负债累累。在此后的17年里,他不得不为偿还债务而到处奔波,可以说是历经磨难。他在连续11次较大的事件中只成功了2次,此后又是一连串的失败和碰壁。可贵的是,他一直没有颓萎,始终没有停止自己的追求,尽管屡战屡败,但他屡败屡战,一直精神抖擞,坚持做自己生活的主宰。29年以后,他终于成功了。1861年,他当选为美国总统。此人就是在美国历史上建立丰功伟绩的亚伯拉罕·林肯。

(资料来源:董兴文.战胜挑战 心理保健和调节艺术[M].北京:北京出版社,1994.)

【知识拓展】

像雪松一样学会抗压

在某个国家有一条南北走向的山谷,它的西坡满是松柏、女贞等树,而东坡则是清一色的雪松。这个奇异的自然之谜,在1993年的冬天终于有了一个答案。

这年冬天,有一对夫妇婚姻濒临破裂,为了找回昔日的幸福感,他们决定做一次长途旅行,如果能找回就继续生活,否则就此分手。当他们来到这个山谷时,天下起了大雪。他们望着漫天飞舞的大雪,发现由于风向不同,东坡的雪总比西坡的大且密。只一会儿,雪松上就落满了厚厚的一层雪。当雪的压力使雪松弯曲到一定程度后,那富有弹性的树枝就会抖落上面的雪。如此反反复复,雪松仍然挺立如初。而其他的树,却不堪雪的重压,树枝被压断了。妻子说:"东坡肯定也长过杂树,只是不会弯曲才被大雪压断了。"两人突然明白了什么,做出决定,共同面对遇到的难题。

(资料来源:黄群瑛.大学生心理素质训练[M].大连:大连理工大学出版社,2008.)

【活动与体验】

体验感悟——我的阳光海滩之旅

活动流程:让同学们找到一个舒服的姿势坐好,闭上眼睛按照教师描述的情境想象。

指导语:想象你现在站在一个充满阳光的海滩上,在这里每件东西都沉浸在阳光里,在你的面前就是一望无际的大海,碧蓝色的海水温柔而沉静。太阳从湛蓝的天空中洒下柔和的光芒,你看到远处有白色的海鸥在飞翔,它们的歌唱声和海浪声一起组成了自然的合唱。空气中充满了温暖的阳光,你可以听见海水在你脚边冲刷海岸的声音,一切是那么美好、安静、安详又充满生气,你就像是自然的一部分。当你在海滩漫步时,你能感觉到细小金黄的沙粒从你的脚趾缝间穿过,你甚至能闻到湿润的空气中有股淡淡的海咸味。你慢慢地沿着海滩走向一处宁静的港湾,你来到了这个港湾,阳光在海面闪闪发光,你整个人都融入了自然,感到自己很平静、安详。在海湾的一角海水清澈见底。暂停一下,看看自己在水中的倒影吧。在你的心中升起一股暖流,你的脸上浮现出微笑,因为你现在已经抛开了生活中的压力,它们已经不再把你压得喘不过气来,你现在是充分自由的、健康的,可以尽情地享受阳光。尽管你会在生活中遭遇障碍却再也没有外在的力量可以掌控你,你自己就拥有控制的力量。现在把自己的心灵想象为一个充满阳光的海滩,而你正在这个美丽的海滩上漫步……漫步……享受宁静与充实。

分享：

(1) 大家有什么感受？

(2) 日常生活中，在什么时候你心情最放松？

心理测验——抗挫折能力测试

阅读下列各题，请根据自己的实际情况做出选择，将选项填在括号里。

(1) 在过去一年里，你认为自己遭受挫折的次数为（　　）。

    A．2次或2次以下　　　　B．3～5次　　　　C．5次以上

(2) 对于每次遭受到的挫折，你通常（　　）。

    A．大部分能靠自己解决

    B．有一部分能靠自己解决

    C．大部分自己无法解决

(3) 与周围的人相比，你对自己的能力素质（　　）。

    A．十分自信　　　　B．比较自信　　　　C．不太自信

(4) 在面临困境时，你通常（　　）。

    A．知难而进　　　　B．找人帮忙　　　　C．放弃目标

(5) 如果有令你很担心的事发生时，你通常（　　）。

    A．无法安心工作　　　　B．工作照做不误　　　　C．介于A、B之间

(6) 碰到令人讨厌的竞争对手时，你通常（　　）。

    A．无法应付　　　　B．应付自如　　　　C．介于A、B之间

(7) 面临失败时，你通常（　　）。

    A．破罐子破摔　　　　B．把失败转化为成功

    C．介于A、B之间

(8) 当工作进展太慢时，你会（　　）。

    A．焦躁万分　　　　B．冷静地想办法

    C．介于A、B之间

(9) 碰到难题时，你通常会（　　）。

    A．失去信心　　　　B．为解决问题费尽心思

    C．介于A、B之间

(10) 在工作或学习中感到疲劳时，你通常会（　　）。

    A．总是想着疲劳，脑子也变得不好使了

    B．休息一段时间就会把疲劳淡忘

    C．介于A、B之间

(11) 当工作或学习条件恶劣时，你通常会（　　）。

    A．无法干好工作　　　　B．能克服困难干好工作

    C．介于A、B之间

(12) 当因工作或学习而产生自卑感时，你会（　　）。

    A．不想再干了

　　　　B．立即振奋精神去工作或学习

　　　　C．介于A、B之间

（13）当上级交给你很难完成的任务时,你会（　　）。

　　　　A．竭力把任务顶回去　　　B．千方百计去干好　　　C．介于A、B之间

（14）当困难落到自己头上时,你往往会（　　）。

　　　　A．厌恶至极　　　　　　　B．认为是个锻炼的机会　　C．介于A、B之间

评分标准：

第（1）~（4）题选A得3分,选B得2分,选C得1分；第（5）~（14）题选A得1分,选B得3分,选C得2分。

将各题的得分相加后即可获得总分。

结果分析：

总分在20分以下说明你抗挫折能力很弱。

总分为21~30分说明你有一定的抗挫折能力,但对某些挫折的抵抗力较弱。

总分在31分以上说明你的抗挫折能力很强。

【思考与讨论】

1．挫折的构成是什么？

2．造成挫折的因素有哪些？

3．谈谈在生活中遭遇挫折时会采取的心理防御机制。

课后拓展活动记录表

班级		姓名		学号	
指导教师		活动时间		活动地点	
活动主题					
课后应用	将本模块所学知识应用在学习和生活中并进行简要记录。					
学习感想	结合教与学两方面,写写自己的收获,并提出自己的建议。(200～300字)					
备注						

模块十　成为有魅力的人——完善人格

只有伟大的人格,才有伟大的风格。

——[德]歌德

把自己的私德健全起来,建筑起"人格长城"来。由私德的健全,而扩大公德的效用,来为集体谋利益。

——陶行知

【教学目标】

(1) 素质目标

培养良好心理品质,塑造健康完善人格。

(2) 知识目标

① 熟悉人格的含义。

② 认知健全人格的含义。

(3) 能力目标

① 能够辨别常见的人格障碍。

② 自觉改善和塑造健康人格。

【引言】

拥有健康人格是人一生最大的财富。有这样一句话:"命运如同湍急河流上的一叶扁舟,性格则是唯一的舵手,它既可使你抵达光辉的彼岸,也可使你随波逐流。"这段话道出了一个人的性格对其一生命运的影响。性格与气质、能力、兴趣、人生观、价值观等都是人格的重要组成部分,并且除气质以外的其他因素都是后天养成的。那么,健全人格包括哪些内涵?怎样才能塑造出健全人格呢?这些正是本模块所要探讨的内容。

【案例导入】

宋濂的高尚人格

宋濂小时候喜欢读书,但是家里很穷,也没钱买书,只好向人家借。每次借书,他都讲好期限,按时还书,从不超期归还,人们都乐意把书借给他。一次,他借到一本书,越读越爱不释手,便决定把它抄下来。可是还书的期限快到了,他只好连夜抄书。时值隆冬腊月,滴水成冰。他母亲说:"孩子,都半夜了,这么寒冷,天亮再抄吧。人家又不是等这本书看。"宋濂说:"不管人家等不等这本书看,到期限就要还,这是个信用问题,也是尊重别人的表现。如果说话做事不讲信用,失信于人,怎么可能得到别人的尊重。"又一次,宋濂要去远方向一位著名学者请教,并约好见面日期,谁知出发那天下起鹅毛大雪。当宋濂挑起行李准备上路时,母亲惊讶地说:"这样的天气怎能出远门呀?再说,老师那里早已大雪封山了。你这一件旧棉袄,也抵御不住深山的严寒啊!"宋濂说:"娘,今不出发就会错过了拜师的日子,这就失约了;失约,就是对老师不尊重啊。风雪再大,我都得上路。"当宋濂到达老师家里时,老师感动地称赞说道:"年轻人,守信好学,将来必有出息!"

(资料来源:李华伦.职教拾贝[M].昆明:云南大学出版社,2009.)

想一想:宋濂有哪些值得我们学习的优秀人格,并思考他是如何培养自己高尚人格的。

一、人格的含义及特征

(一)人格的含义

"人格"一词来源于拉丁文persona,原指戏剧表演时演员所戴的面具,而后引申为演员所扮演角色的特征。在我国的京剧表演中,各种不同的脸谱也是用来表现不同角色的性格特点的。"人格"一词在心理学中的广泛应用要追溯到20世纪30年代,当时主要作为性格(character)的替代概念而出现。因为在西方语境中,"性格"带有道德评价方面的含义,而"人格"则显得中性。

在心理学中,人格也称个性,是人们相对稳定的个性心理特征和独特的个性心理倾向的总和,它反映了一个人总的心理面貌,是在长期的社会生活实践中形成、发展起来的。个性心理特征是一个人身上经常表现出来的本质的、稳定的心理特点,它包括气质、性格和能力;个性心理倾向是指一个人所具有的意识倾向和对客观事物的稳定态度,它包括需要、动机、理想、兴趣、信念和价值观等。其中,个性心理特征是人格的重要组成部分。

一个人的人格,不是指某一方面的人格特点,而是多方面人格特点的有机整合。每个大学生的个性心理特征和个性心理倾向的诸多因素有机结合在一起,就构成了自己的人格。人与人之间显著的差别就在于人格。

(二)人格的特征

人格是构成一个人的思想、情感及行为的特有的统合模式,是稳定的、内部的、一致的、区别于他人的心理品质。人格具有以下特征。

1. 独特性

个体的人格是在遗传、环境和教育等因素的交互作用下形成的。不同的遗传、生存及教育环境,形成了各自独特的心理特点。俗话说"龙生九子,各有所好",即使是同卵双生子长得再像,人格上也是有差异的。所谓"人心不同,各如其面",人的心理差异就像人的面孔,千姿百态,千差万别,每一个人都是一个与众不同的个体。这就是人格的独特性。

2. 稳定性

人格的稳定性是指那些经常表现出来的特点,是一贯的行为方式的总和。个体在不同生活情境中表现出大体一致的心理品质,就是人格的稳定性。而在行为中偶然发生的、一时性的心理特征和心理倾向,并不能代表个体的人格特征。俗话说"江山易改,本性难移",就是指人格的稳定性。

人格是相对稳定的,但并不意味着它在人的一生中是一成不变的。每个人的人格都可能随着生理的成熟和现实环境的改变或多或少地发生变化,这是人格可塑性的一面,正因为人格具有可塑性,才能培养和发展人格。儿童的人格在形成过程中易受环境影响发生较大的变化,可塑性较大;成年人的人格比较稳定,可塑性较小,但也并非不能改变。因此,人格是稳定性和可塑性的统一。

3. 统合性

人是极其复杂的,人的行为表现出多元性、多层次的特点。人格的组合千变万化。包含在人格中的各种心理特征彼此交织,相互影响,构成了一个有机的整体,具有内在的一致性。人格统合性是心理健康的重要指标。当个体的人格结构在各方面彼此和谐统一时,他的人格就是健康的;反之,则可能出现适应困难,甚至出现人格分裂。

4. 功能性

人格决定着一个人的生活方式,甚至决定着一个人的命运和成败。当面对失败和挫折时,性格坚强的人能发奋拼搏,积极生活;性格懦弱的人会一蹶不振,消极生活。这就是人格功能性的表现。

5. 社会性

人是社会性生物,在人格发展的过程中不可避免地要经历社会化。社会化是指个体在社会环境中形成适应于社会的人格,掌握社会所认可的行为方式的过程。个体从自然人向社会人转变是一个系统的过程,它要求人必须在社会认可的行为标准中形成自身的行为模式,使之成为符合社会要求的社会一员。社会化贯穿于一个人的一生,一个人从出生到老年,个体无时无刻不在接受社会影响,不断进行社会化。在每个人一生中的不同时期,社会化的要求和内容都会有所不同。

二、健全人格的含义及塑造

(一)健全人格的含义

健全人格通常是指人格结构中的各个方面得到协调、充分的发展,能有效地适应变化着的社会生活环境以利于个体身心的发展,对身心健康、潜能发挥等诸多方面产生积极有效的影响,体现了人性与社会性的协调,并代表着人类社会发展的积极方向。

(二)健全人格的标准

1. 马斯洛关于健全人格的标准

美国心理学家马斯洛通过对数千名大学生和数十位著名历史人物的具体研究,归纳了人格健全、心理健康的15个特征:①对现实世界有敏锐的洞察力;②能接受自己、他人和现实；③言行坦率、自然和纯真；④不过分关注自己，而以问题为中心；⑤具有超然于世的品格和独处的需要；⑥独立自主；⑦时时常新的新鲜感；⑧常常能体会到狂喜、惊异和崇高等所谓高峰体验；⑨对人类充满深厚的爱；⑩其亲密朋友不多，但感情深厚；⑪具有民主态度；⑫具有很强的道德感；⑬有幽默感；⑭有创造性；⑮不盲从。

2．大学生健全人格的标准

根据大学生自身的具体情况，可归纳出切合当代大学生实际及符合社会发展需要的健全人格标准。

（1）能客观认知自我

首先是接纳自我，乐于接受一切属于自己的东西，对遭遇的坎坷和挫折持有积极的心态与看法；其次是了解自我，对自己的优势和不足了如指掌，知道如何看待自己同别人之间的差别；最后是完善自我，有明确的奋斗目标并为之不懈努力。

（2）具备合理的知识结构

知识结构科学完善，并拥有良好的观察力、记忆力、注意力、想象力和创造力，各种认知能力有机地结合并发挥应有的作用，服务于社会和人民。

（3）具有良好的思维习惯

善于独立思考问题，不做依赖他人的懒汉。善于灵活多变地思考问题，根据客观情况变化，适度调整原有方案。

（4）富于进取性、创新性和协调性

有拓荒者的胆识和气魄，有强烈的好奇心和旺盛的求知欲，敢于摆脱陈旧的观念，乐于改正自身错误。

（5）富有团队协作精神

现代社会中为了竞争获胜，就必须加强团队协作以形成合力。社会发展、成就事业要求大学生不仅要有一定的知识技能，更重要的是要求他们能把个人才智能力融入集体之中，有与他人合作创业的心境和欲望，有为团队发展壮大的协作互助能力。

（6）具有良好的心理品质

具有较强的适应能力和坚韧不拔的意志力，积极、愉快、乐观地面对生活，能及时化解心理挫折和困扰，对周围的客观世界有着较强的适应性；坦然面对竞争、失败和压力，社会活动范围广，与大多数人建立一种良好的人际关系，富有同情心和爱心。

（7）要有宽阔的胸怀

"己所不欲，勿施于人。"无论做什么事，都要推己及人，将心比心，设身处地地为别人着想，并在工作实践中刻苦历练自己，养成具有凝聚力、感召力、影响力的优秀人格，它是成就事业的基础和保证。

总之，具有健康人格的人是集感性与理性于一身，熔激情与理智于一炉，兼完整性与平衡性于一体的人。在这种人身上，既有情感的冲动，又有理性的导引；既富有蓬勃的生命，又富有充满智慧的光芒。

（三）健全人格的塑造

没有健全的人格,"有理想、有道德、有文化、有纪律"也就难以做到,当代大学生应努力寻找塑造健全人格之路。鉴于当代大学生在自我认知、自我控制方面的能力不断增强,在这里着重介绍塑造健全人格的几个基本途径,供大家参考。

1. 认知自我,优化人格

认知自我是改变自我的开始。为了有效地进行人格塑造,就应该充分了解自己的人格状况,认知自我的三观、能力、兴趣和需要,了解自己的气质类型和性格特征,只有准确把握自我的人格状况,才能为优化人格提供基础和条件。人格塑造是为了实现优化整合人格,以达到人格的健全。为此,就要在充分认知自我的基础上,明确人格塑造的目标、内容、途径、方法。优化整合人格就是要随着个体心理的成熟,人格的各个方面逐渐由最初的互不相关,发展到和谐一致状态的过程。

优化人格整合,一要择优;二要汰劣。择优即选择某些优良的人格特征作为自己努力的目标,如自信、勇敢、勤奋、坚毅、善良、正直等可作为人格塑造的依据。汰劣即针对自己人格上的缺点、弱点予以纠正,比如,自卑、胆怯、抑郁、冷漠、懒惰、任性、自我中心等。当然,择优与汰劣往往是同步进行的。只有在择优与汰劣中才可能使大学生的人格不断健全和发展。

2. 夯实基础,完善人格

人格健全需要智力基础,有了智力基础,人格发展的速度与质量才有保证。现实生活中,有不少人格发展缺陷是由于无知,无知容易使人自卑、粗鲁,而丰富的知识则使人自信、坚强、理智。因此可以说,学习科学文化知识,增长智慧的过程也是完善优化人格的过程。

英国科学家培根认为:"读史使人明智,读诗使人灵秀,数学使人周密,科学使人深刻,伦理学使人庄重,逻辑修辞之学使人善辩。凡有所学,皆成性格。"在当代中国,受应试教育的影响,许多理工科大学生缺乏人文知识,文科大学生缺乏科学精神,这对于人格的健全发展是不利的。因此,大学生应有意识地补充薄弱领域的知识,做到科学与人文并重,夯实知识基础,才能将学习成果最后转化为人格。

3. 积极实践,磨砺人格

除了努力学习科学文化知识之外,大学生还应该积极投身到各种实践当中去,在实践中锻炼能力,培养兴趣,满足需要,发展并完善价值观和人生观,同时还可以磨砺人格。可以说,实践是人格发展的必由之路。诸如一个人的勤奋、坚忍、乐观、细致等人格特征都是长期实践锻炼的结果。大学生应积极参加各种有益于身心健康的实践活动,如近年来校园内兴起的青年志愿者活动对于大学生人格的发展与塑造就很有意义。

4. 融入集体,发展人格

个体的发展与成熟就是不断社会化的过程。在这个过程中,通过与他人、集体和社会的相互作用,个体能检验出自己人格品质中被集体接受、欣赏的特质,从而有助于个体做出有针对性的调整,进一步适应集体生活,促进个体社会化进程。在与他人的交往和比较中,能够正确地认知自己,既能看到自己的长处,也能了解自己的不足,从而实现人格的优化与塑造。因此,要想塑造健全人格,必须发展良好的人际关系:尊重社会习俗、关心他人的需要、真诚地赞美、不做无建设性的批评、多与他人沟通意见、保持自尊和独立等。

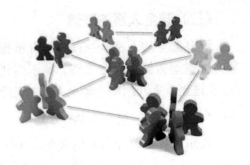

5. 锻炼身体,强健体魄

人格发展的过程是生理因素、心理因素与智力因素协同作用、相互促进的过程,健康的体质是人格健全发展的物质基础。只有身体健康,才可以有更充沛的精力学习科学文化知识,参加社会实践,增强自信,接受意志的考验,这些过程本身就优化完善了人格。一个人如果长期坚持体育锻炼,不仅有利于身体健康,同时也有利于培养坚强的意志品质,增强忍耐力。

6. 教育内化,健全人格

自身之外的教育、影响和引导有助于良好人格的形成,但最关键的还是把外在的要求内化为自我认同价值的观念,并形成自觉的行为习惯,才算真正完成了健全人格的塑造。这个过程就是自我修养的过程。要进行自我修养,应做到以下几点:一要自励。注意训练真实地表现自己,自觉地强化自己,不断地发现新的自我。二要自控。消除紧张、畏惧、焦虑等消极心理,保持乐观向上的积极心态。三要自省。切实克服自我中心心理、自卑心理、自负心理,训练培养自己的自觉性,树立良好的理想信念,主动培养健全的人格,勇于抛弃不良的人格特征,这样持之以恒,日积月累,就会逐渐形成健全的人格。

人格健全的过程,就是心理健康和心理成熟的过程。塑造健全人格,是一项系统的自我改造、自我实现的工程,要从小做起,贵在坚持。当代大学生应从塑造健全人格做起,努力将自己塑造成为符合时代要求的高素质人才。

三、大学生常见的人格障碍

人格障碍是在没有认知障碍的情况下,个体出现的情绪反应、动机和行为活动的异常。人格障碍不同于精神病,它是正常人格的一种变异,因此又称为病态人格、变态人格。它是介于精神病与正常人之间的一种状态。人格障碍者行为问题的程度不同,有的人在社会生活中与正常人一样生活,能够处理日常事务,在某些方面,如事业上,可能还挺出色,但他们与常人格格不入,只有他的家人才能感觉到他的怪癖与难以相处,我们习惯称这一类人"脾气古怪"。严重者表现为明显的社会适应障碍,不能正常地学习和生活。值得重视的是,人格障碍与精神病是相互转化的,严重的人格障碍如果得不到及时有效的矫正,会成为精神病的高发人群。

人格障碍在大学生中属于少数,比例大约在2.5%,因而常常不能引起高度重视,但具有人格障碍的大学生一旦滋事,绝对不会是小事。

（一）偏执型人格

偏执型人格是一种以猜疑和偏执为主要特点的人格障碍。其主要特点为看问题带有严重的偏见，且固执己见，喜欢议论他人的短处，吹毛求疵，不愿意夸奖他人的长处和肯定他人的成绩，注意事物的消极方面，看不到事物的积极方面，总认为他人不如自己；当他人尤其是周边的人受到重视、得到好评时，会产生强烈的妒忌心和严重的紧张不安感，心神不宁，似乎浑身上下都不舒服。这种人已形成的偏见难以改变。偏执型人格障碍患者往往在青少年时期就建立了一套比较完整的认知体系，这个认知体系在逻辑上并不荒谬，给人的印象是"爱钻牛角尖"，很少有自知之明，对自己的偏执行为和思维模式持否认态度，别人一般很难进行说服矫正。

【案例】来访者，男，某高职院校一年级学生，经常要求调换宿舍而被辅导员介绍来咨询。该生来自农村，排行最小，上面有3个哥哥，爸爸和三哥的脾气都很暴躁，从小经常打骂他。高考落榜后到某地区一所学校复读，一位教师经常在课堂上对他冷嘲热讽，他认为教师经常借课堂的内容来影射他，而同学们都跟着嘲笑他，使他心理受到创伤。上大学后刚好与来自该地区的同学分在同一宿舍，让他感到难受，辅导员已几次为他调换宿舍，但他仍与同学相处不好，他认为同学们都在排斥自己，因此常与舍友发生矛盾，晚上不回宿舍而选择睡到宿舍楼的电梯口。上大学后他很希望能学到真正的知识，但上课后却总认为教师所讲的内容是在讽刺他，和其他同学也相处不好，总觉得同学把他当成怪物，不喜欢自己。

（二）分裂型人格

分裂型人格是指这类人的人格在认知、情感、意志、行为上不一致。其主要特点为有离奇的信念或与文化背景不相称的行为，如相信透视力、心灵感应、特异功能和第六感官等；奇怪的、反常的或特殊的行为或外貌，如穿着服饰奇异、不修边幅、行为不合时宜、习惯或目的不明确；言语怪异，如离题、用词不当、繁简失当、表达意见不清，并非文化程度或智能障碍所引起；不寻常的知觉体验，如暂时性错觉、幻觉；对人冷淡，对亲戚也不例外，缺少温暖体贴；表情淡漠，缺乏深刻或生动的情感体验；多单独活动、社交被动、缺乏朋友。

具有这种人格障碍的大学生，在孤独的环境中尚可适应，甚至可以在学业上取得突出成就；但在人多的场合，在带有合作性质的任务中，由于与其他人完全不能相容，因此，往往很难适应，从而导致极度适应不良。有些后来患精神分裂症的患者一部分原来就是分裂型人格者，说明两者有某种程度的联系。对于分裂型人格，由于其与精神分裂症的相关，仅凭自我疗法是不够的，家属必须提供必要的帮助和支持。

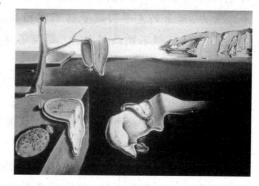

【案例】来访者在家里排行老大，初一时学习成绩优异，在校排名为前两名，还曾代表学校参加过数学竞赛等，虽然性格内向，寡言少语，独来独往，但对于同学主动找她玩并不排斥，她能融入集体，初二时家里出了变故，最疼爱的弟弟突然病逝，这对于她打击非常大，由于妹妹无心上学，妈妈就对她寄予厚望。她觉得压力过重，于是变得孤僻、冷漠、害羞、敏感，很少理会同学，导致成绩下滑，初三时只考入普通高中。

进入高中后，她从不主动和宿舍同学聊天，只有少数同学知晓她的情况，还会主动关心她。但是她对于同学们的关心不做任何反应，同学问一句，她才开口回一句，甚至是缄口不言。有时她虽然坐在同学旁边，但好像和她的同学是两个世界的人。后来她终日离群独处，冥思苦想，有时躺在床上一动不动，睁着眼睛盯着一个地方，同学叫她也没反应。在一段时间内无故旷课，背着书包在校园瞎逛，还自言自语，一路痴笑，令人莫名其妙。关心她的同学曾带她去看心理咨询师，建议她找一种方式发泄出来，比如跑步。但是她去到操场，没跑几步就停下来，说是听到另一个声音叫她不要跑。五一期间她留宿在校，一夜之间把宿舍同学的水桶衣架全都打烂折断，无奈之下，只能休学被父母领回去治疗。

（三）表演型人格

表演型人格主要是指以过分感情用事或夸张言行以吸引他人注意为主要表现的人格障碍，又称歇斯底里型人格，这种人格的最大特点是做作，情绪表露过分，总希望自己成为他人的注意中心。其主要特点为表情夸张像演戏一样，情感体验肤浅；暗示性高，很容易受他人的影响；自我中心，强求别人符合他的需要和意志，不如意就让别人难堪；经常渴望表扬和同情，感情易波动；寻求刺激，过多地参加各种社交活动；十分关心自己是否引人注目，言行方面竭力表现自己以吸引他人；情感易变，完全按个人情感判断好坏；说话夸大其词，掺杂幻想情节。

【案例】来访者，女。从初一开始，经常感觉紧张、恐惧、头晕、肌肉紧绷、颤抖。要求自己走路的姿势要潇洒大方，感觉自己不是在走路，而是在舞台上表演。害怕碰见同学、教师，担心表现不好，心里害怕，总是躲着他们。不断提醒自己走路要小心，不能把脏东西弄到鞋、脚或身上，看到脏东西心里就紧张，如果必须处于脏的环境中，就浑身不舒服。平时洗澡、洗衣服很费劲，耗时很长，老是担心哪里没洗干净，一提到洗澡就提不起精神，因为觉得麻烦经常不愿洗。跟母亲一起居住，俩人经常发生争吵，她动不动就打骂母亲，下手很大力，母亲的左手因此受伤不能抬高。打过以后患者又觉得内疚，但一受到刺激又反复。几乎每天都不能高兴起来，郁闷不堪，觉得生活没意义，度日如年，对未来感觉一片迷茫。

（四）强迫型人格

强迫型人格是一种以过分追求完美为主要特点的人格障碍，在人群中的患病率为1.7%。男大学生较多见，男女比例约为2：1。其主要特点为做任何事情都要求完美无缺、按部就班；不合理地坚持别人也要严格地按照他的方式做事，否则心里很不痛快，对别人做事很不放心；犹豫不决，常推迟或避免做出决定；常有不安全感，反复考虑计划是否得当，反复核对检查，唯恐疏忽和差错；拘泥细节，甚至生活小节也要"程序化"，不遵照一定的规矩就感到不安或要重做；完成一件工作之后常缺乏愉快和满足的体验，相反容易悔恨和内疚；对自己要求严格，过分沉溺于职责义务与道德规范。

如果一个人在生活和工作中不能容忍任何过错或者失误，不允许有丝毫的杂乱和污秽，讲究整洁和秩序，一切都要仔细检查，反复核实，这实际上可以算是一种优点，这样的人一般来说做事认真可靠，遵时守信，井井有条，只不过灵活性有些逊色而已。但这些固定刻板的行为对他们而言已经习以为常，不会给本人带来任何痛苦，并且可以通过注意力的转移或外界的影响而中断，也不会伴有焦虑的心态。这属于正常的心理现象。其实在每个正常人身上，都会或多或少地出现一定程度的强迫现象。比如，全神贯注地思考某个名词、韵律或典故，一遍遍认真推敲写好的文稿，废寝忘食地探索某个公式、假说或定理，一丝不苟地按顺序起床、进食、上班和入睡。但是，当一个人总是被强迫思考或行为纠缠着，欲罢不能，无从回避时，就有可能演变成为强迫型人格障碍。

（五）依赖型人格

依赖型人格障碍在日常生活中较为常见。其主要特点为缺乏独立性，经常感到自己无助、无能和缺乏精力，害怕被他人遗弃；将自己的需求依赖于他人，过分顺从他人的意志；要求和容忍他人安排自己的生活；当与他人的亲密关系终结时有被毁灭的体验；有一种将责任推给他人来对付逆境的倾向。

在幼儿园里，我们通常可以发现有那么几个孩子，每次家长带他们到幼儿园时总要哭闹一场，痛苦得犹如生离死别。在学校里，也有恋家特别严重以至于无法住集体宿舍的学生。这些孩子对家长有着过分地依赖。许多家长过分迁就孩子，孩子也乐得完全依赖父母，父母一不在身边，便会手足无措，大哭大闹一场。久而久之，这样的孩子就会形成依赖型人格。

依赖型人格对亲近与归属有过分的渴求，这种渴求是强迫的、盲目的、非理性的，与其真实的感情无关。依赖型的人宁愿放弃自己的个人趣味、人生观，只要他能找到一座靠山，时刻得到别人对他的温情就心满意足了。依赖型人格的这种处世方式使得他越来越懒惰、脆弱，缺乏自主性和创造性。由于处处委曲求全，依赖型人格者会产生越来越多的压抑感。这种压抑感阻止他为自己干点什么或有什么个人爱好。

【案例】 来访者是一名刚上大学一年级的女孩子，今年19岁。她这样诉说自己的状态：由于从小到大都是爸妈陪着我，一切事情都是爸妈帮我照料，甚至衣服、鞋、袜都是妈妈帮我洗。现在进入大学，由于生活中缺少了爸妈的帮助，我很多事情都不会办，甚至看到同学们异样的眼光，我经常做梦梦到和爸妈生活的日子，梦到和中学同学们一起的快乐生活，醒来后的现实让我黯然流泪，日日夜夜都在想家。晚上一上床就想家，很难入眠，梦中常常梦到爸妈，醒来就感到心酸。一听到广播里放的音乐有"妈妈"的内容就会哭。在街上、在校园里听到的都是外地口音，就觉得自己是被抛弃到异地的游子，真是孤独极了。对班上组织的活动毫无兴趣，只想转回家乡的大学上学。

【案例启示】

一位老教授昔日培养的3个得意门生，都是事业有成，一个在官场上春风得意，一个在商场上捷报频传,一个埋头做学问如今也苦尽甘来,成了学术明星。于是有人问老教授:你以为3人中哪个会更有出息? 老教授说:现在还看不出来。人生的较量有3个层次,最低层次是技巧的较量;其次是智慧的较量,他们现在正处于这一层次;而最高层次的较量则是人格的较量。在人的素质结构中,人格起着近乎决定性的作用,而人格塑造过程中的影响因素是多种复杂的。首先是生物遗传因素。生物遗传因素是人格形成和发展的必要条件;其次是环境因素。环境因素是人格形成的决定因素,包含家庭环境、学校环境、社会文化环境等。

(资料来源:陈淑萍,张宏.大学生心理素质教育[M].东营:中国石油大学出版社,2007.)

【知识拓展】

精神分析学派的人格理论

精神分析学派创始人弗洛伊德认为,人格结构由本我 (id)、自我 (ego) 和超我 (superego) 3部分组成,如图 10-1 所示。

本我即原我,是指原始的自己,包含生存所需的基本欲望、冲动和生命力。本我是一切心理能量之源,本我按快乐原则行事,它不理会社会道德、外在的行为规范,它唯一的要求是获得快乐,避免痛苦。本我的目标是求得个体的生存,它是无意识的,不被个体所觉察的。

自我是指"自己",是自己可意识到的执行思考、感觉、判断或记忆的部分,自我是寻求"本我"冲动得以满足,又同时保护整个机体不受伤害,它遵循的是"现实原则",为本我服务。

超我是人格结构中代表理想的部分,它是个体在成长过程中通过内化道德规范、文化环境的价值观念而形成的,主要是监督、管束自己的行为。超我的特点是追求完美,所以它与本我一样是非现实的。超我大部分也是无意识的,超我要求自我按社会可接受的方式去满足本我,它所遵循的是"道德原则"。

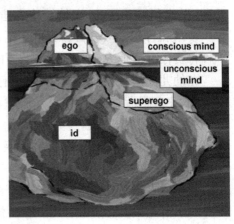

图 10-1 人格结构的组成

具体来说,自我大部分处于意识部分,是人脑对客观事物的主观反映。本我全部处于"潜意识",弗洛伊德曾用冰山比喻。意识只是冰山浮出水面的尖峰,而潜意识则是潜藏于海底的冰体,蕴藏深厚,但不被自己和别人看到。人格的形成是企图满足潜意识中的本能欲望和努力争取符合社会道德标准两者长期冲突的结果,当冲突加剧难以达到平衡时就会出现精神和行为改变。

(资料来源:孔炳耀.中西医临床心理学指南[M].北京:人民卫生出版社,2007.)

模块十 成为有魅力的人——完善人格

【活动与体验】

体验感悟——价值大拍卖

活动流程：

发给每个人一块投标用的牌，说明竞拍规则如下。

(1) 初始状态下假设每个人有资本 5 万元。

(2) 拍卖品起拍底价为 1000 元，出价最高的组将最终购买到拍卖品。

(3) "拍卖师"按顺序轮流拍卖各个项目。

(4) "竞拍者"有意购买则举牌表示，并口头报出初价。初价的加价必须是 1000 元的整数倍。

注：选出一位同学或由另一位教师负责记录每样拍卖品以什么样的价格、由谁获得，以及记录同学们拍下拍卖品后钱数的余额等，同时，要把握讨论的深入程度。

分享：

(1) 你是否买到了自己认为最重要的拍卖品？如果买到了，买到时的心情如何？如果没有买到，则因何故没有买到？没有买到的心情如何？你最想买的拍卖品是什么？

(2) 有些人什么都没有买到，为什么？

(3) 参与拍卖活动时，你的心态是什么样的？

价值拍卖单如表 10-1 所示。

表 10-1 价值拍卖单（实际操作中可修改）

序号	1	2	3	4	5	6	7	8	9	10
价值	健康	责任	积极	人际关系	婚姻家庭	知心朋友	财富	信心	智慧	气质
序号	11	12	13	14	15	16	17	18	19	20
价值	表达能力	活泼开朗	运气	幽默	坚强勇气	信仰	爱情	独立自主	平安	快乐
序号	21	22	23	24	25	26	27	28	29	30
价值	缘分	理智	创造力	亲和力	权力	美貌	名望地位	多才多艺	学问	学业成就
序号	31	32	33	34	35	36	37	38	39	40
价值	生活品位	国家繁荣	恒心毅力	判断力	完美	领导能力	多彩多姿	公平	尊重	事业
序号	41	42	43	44	45	46	47	48	49	50
价值	希望	真诚	孝心	敏锐	爱心	一次美餐	信用	正义感	体贴	名垂青史

心理测验——自尊量表

如表 10-2 所示，这个量表是用来了解你是怎样看待自己的。请仔细阅读下面的句子，选择最符合你情况的选项。请注意，这里要回答的是自己实际上怎样，而不是回答自己认为应该怎样。答案无正确与错误或好与坏之分，请按照真实情况来描述自己。

表 10-2　自尊量表

测试内容	非常符合	符合	不符合	很不符合
(1) 我感到我是一个有价值的人,至少与其他人在同一水平上	4	3	2	1
(2) 我感到我有许多好的品质	4	3	2	1
(3) 归根结底,我倾向于觉得自己是一个失败者	1	2	3	4
(4) 我能像大多数人一样把事情做好	4	3	2	1
(5) 我感到自己值得自豪的地方不多	1	2	3	4
(6) 我对自己持肯定态度	4	3	2	1
(7) 总的来说,我对自己是满意的	4	3	2	1
(8) 我希望能为自己赢得更多尊重	4	3	2	1
(9) 我确实时常感到自己毫无用处	1	2	3	4
(10) 我时常认为自己全是缺点	1	2	3	4

评分规则：

表10-2十分简明,易于评分,是对自己的积极或消极感受的直接评估。对于(1)(2)(4)(6)(7)(8)题（正向计分题）,"很不符合"计1分,"不符合"计2分,"符合"计3分,"非常符合"计4分；对于(3)(5)(9)(10)题（反向计分题）,"很不符合"计4分,"不符合"计3分,"符合"计2分,"非常符合"计1分。总分范围是10～40分,分值越高,自尊程度越高。

【思考与讨论】

1. 你认为目前大学生存在哪些人格发展障碍？它们对我们的生活、学习有什么影响？

2. 结合自己的实际谈谈对健康人格塑造的理解。

课后拓展活动记录表

班级		姓名		学号	
指导教师		活动时间		活动地点	
活动主题					
课后应用	将本模块所学知识应用在学习和生活中并进行简要记录。 				
学习感想	结合教与学两方面,写写自己的收获,并提出自己的建议。(200～300字) 				
备注					

模块十一　洞察网络世界——网络心理

人们活动的结果转化为一种人们不能驾驭反而受其控制的异己的力量。

——［英］马克思

结成真正的友谊,不能靠网络里虚拟的头像闪动,而应靠在现实中的真情付出。

——佚名

【教学目标】

(1) 素质目标

培养正确网络观,科学使用网络,提升网络心理品质。

(2) 知识目标

① 了解网络的产生、发展及利与弊。

② 掌握网络成瘾、手机成瘾的界定及其应对措施。

(3) 能力目标

① 能够辨识网络成瘾、手机成瘾。

② 学会合理地使用网络和手机。

【引言】

互联网(Internet)的出现,宣告着人类信息时代的真正到来。它深刻地改变着人与人、人与社会的关系,使人类的生活方式发生着深刻的变革。然而,任何事物都是一分为二的,网络除了带给人们便利外,还产生了一些负面影响。过分依赖网络,不但影响身心健康,而且会导致对周围人的不信任和紧张的人际关系,更为严重的是网络道德失范、网络安全问题和网络犯罪现象愈演愈烈,导致了很多负性事件。青年大学生要注意合理使用网络,趋利避害,为我所用。

【案例导入】

小凯同学性格偏于内向,不善于和同学交流。进入大学之后缺乏主动性,没有加入任何学生社团和组织,且和家里人关系紧张,加上对自己要求不严格,于是寄情于网络,用来逃避和缓解现实痛苦。他大多数业余时间都躲在寝室玩游戏,并且一玩就是三四个小时。白天上课的时候,他也是拿着自己的手机刷微博、看朋友圈,对于教师的讲课内容根本听不进去,自己的心理和精神状态越来越差。尽管每天晚上睡觉时他都会责怪自己不应该这样虚度时光,并下定决心明天不再不加控制地上网,但第二天情况总是事与愿违,反而更加严重。只要不上网,他就会感觉到百无聊赖,情绪低落。

想一想: 如何帮助小凯走出困境?你有没有类似的情况?

一、互联网的产生及利弊得失

Internet 根据音译被叫作因特网、英特网,也称为互联网,是网络与网络之间所串联成的庞大网络。这些网络以一组通用的协议互联,形成逻辑上的单一且巨大的全球化网络。网络世界浩瀚无际,对于分辨与自控能力较差而追求新奇、刺激的青年学生来说,网络是天使也是魔鬼。那么网络是怎么出现的?又有何特点呢?

(一)互联网的产生

1969 年,美国高级研究计划署(ARPA)建设了一个军用网,叫作"阿帕网"(ARPANET),当时仅连接了 4 台计算机,供科学家们进行计算机联网实验用。这就是 Internet 的前身。

到 20 世纪 70 年代,ARPANET 已经有了几十个计算机网络,但是每个网络只能在网络内部的计算机之间互联通信,不同计算机网络之间仍然不能互通。为此,ARPA 又设立了新的研究项目,支持学术界和工业界进行有关的研究。研究的主要内容就是想用一种新的方法将不同的计算机局域网互联,形成"互联网"。研究人员称为 internetwork,简称 Internet。这个名词就一直沿用到现在。

(二)互联网与中国

中国正式接入互联网是在 1994 年。显然,中国互联网的起步晚了许多。但正应了"后来者居上"这句话,中国这个后起之秀已经走上了快速发展的道路。

截至 2019 年 6 月,我国网民规模达 8.54 亿,较 2018 年年底增长了 2598 万,互联网普及率达 61.2%,较 2018 年年底提升了 1.6 个百分点;我国手机网民规模达 8.47 亿,较 2018 年年底增长了 2983 万,网民使用手机上网的比例达 99.1%(见图 11-1),较 2018 年年底提升了 0.5 个百分点,用户月均使用移动流量达 7.2GB,为全球平均水平的 1.2 倍;我国网络视频用户规模达 7.59 亿,较 2018 年年底增长了 3391 万,占网民整体的 88.8%;移动互联网接入流量消费达 553.9 亿 GB,同比增长 107.3%。

图 11-1 手机网民规模及其占网民比例

（三）网络带来的便利

1．网络教育功能

截至 2019 年 6 月，我国在线教育用户规模达 2.32 亿，较 2018 年年底增长了 3122 万，占网民整体的 27.2%，其中，2016.6—2019.6 手机在线教育用户规模及使用率如图 11-2 所示。2019 年《政府工作报告》明确提出发展"互联网＋教育"，促进优质资源共享。

图 11-2　2016.6—2019.6 手机在线教育用户规模及使用率

2．网络交流功能

网络交流平台就是以互联网作为交流分享的平台；综合利用网络载体，达到双方思想交流。运用微信、QQ（群）、微博等网络交流载体，提高交流的广泛性，最大限度地实现社会化网络信息的可选择性、平等性。

3．网络转账、汇款功能

相对银行柜台、ATM 机这种传统的汇款、转账方式，网上银行、手机银行的汇款、转账方式更方便，用户可足不出户，随时随地用网银轻松转账，也能更省钱。有些银行的网银可以提供收款人名册、电子回单、收付款明细查询和向收款人发送短信通知等特色功能，让汇款人更放心。

4．网上交易功能

网上交易主要是在网络的虚拟环境上进行的交易，类似于现实世界中的商店，差别是利用电子商务的各种手段，达成从买到卖的虚拟交易过程。

5．网络娱乐休闲功能

网络时代的游戏品种之多、门类之齐、花样之新是任何以前的时代都无法比拟的。截至 2019 年 6 月，我国网络音乐用户规模达 6.08 亿，较 2018 年年底增长了 3229 万，占网民整体的 71.1%；手机网络音乐用户规模达 5.85 亿，较 2018 年年底增长了 3201 万，占手机网民的 69.1%；我国网络游戏用户规模达 4.94 亿，较 2018 年年底增长了 972 万，占网民整体的 57.8%；手机网络游戏用户规模达 4.68 亿，较 2018 年年底增长了 877 万，占手机网民的 55.2%；我国网络视频用户规模达 7.59 亿，较 2018 年年底增长了 3391 万，占网民整体的 88.8%。网络视频用户中，长视频用户规模为 6.39 亿，占网民整体的 74.7%；短视频用户规模为 6.48 亿，占网民整体的 75.8%。网络各类应用的时长占比如图 11-3 所示。

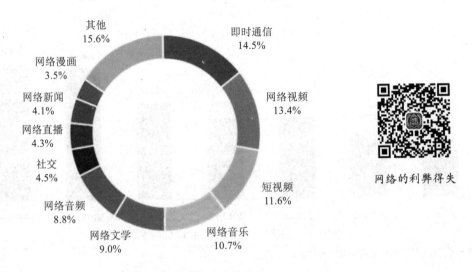

图 11-3 网络各类应用的使用时长占比

（四）网络带来的不利

1. 网络对大学生身体健康的影响

青少年上网通常都以娱乐为主，且自制能力较差，网络会给其身体带来伤害。例如，肌紧张性头痛（久坐不动，头部显得沉重）、干眼症（长时间盯着屏幕眼睛干涩）、鼠标手（肩肘负担重，手指不听使唤）、脊椎病（玩计算机坐姿不正确压迫脊椎）等。有些人长时间上网打游戏，大脑高度集中，特别兴奋，心跳也会加快，时间长了大脑长期处于高度紧张状态，心脏负荷加重，容易发生猝死。

【案例】某地一 18 岁男子在连续上网打游戏 20 多个小时后，因疲劳过度昏厥倒地，面色苍白，呼吸微弱，两腿还在微微颤抖。据目击者称，小伙子在毫无征兆的情况下突然倒地，此前已连续上网打游戏超过 20 个小时，仅吃了一小包方便面。

网络还可能影响男性的生育功能。阿根廷科尔多瓦生殖医学中心的负责人康拉多·埃芬达诺说："我们的数据显示，如果把连通无线网络的笔记本放在靠近男性生殖器的地方，会损害精子质量。"

2. 网络对大学生心理健康的影响

（1）网络对大学生思维的不良影响

《浅薄：互联网如何毒化了我们的大脑》的作者尼古拉斯·卡尔提出了一个问题："谷

歌会把我们变傻吗？"他认为，线上世界的存在使得人类难以接触到思想的深处："我曾经是词汇海洋的潜水员，而现在我像一个驾驶水上摩托艇的人快速地在水面滑行。"我们在尽情享受互联网上海量信息时，我们的大脑正在牺牲深度阅读和思考能力。搜索引擎已经使我们的知识支离破碎："当我们在网络上展开搜索的时候，我们是看不到森林的。我们甚至看不到树木，我们只能看到细枝和树叶。"网络绑架了我们的思维，而网络上形形色色的新闻，真假难辨，也严重影响了我们的判断力。

(2) 网络对大学生人际交往的不利影响

第一，网络交往疏远了现实社会中的人际交往，使得与社会、家庭沟通的机会大大减少，从而导致与家人及其他人情感的日趋淡漠。

热衷于网络交往的人中，有一部分是逃避现实，不愿与人交往，对他人漠不关心，个人主义流行。斯坦福大学学者诺曼尼进而认为：人们花在网上的时间和他们现实人际交往的时间成反比。非工作和学习的上网会浪费大量的时间，除去必要的学习、生活用时，必定会减少与身边亲人、朋友之间面对面相处的机会，其结果必然是现实中人际交往的疏远和心理距离的扩大。

第二，网络交往致使人与人之间缺乏信任感、安全感，难以形成深入稳定的人际关系，危害个体心理健康。

网络的匿名性和网络交往中选择的随意性，也造成了网络人际关系的不稳定和肤浅化。特别是在处理异性间的关系上，部分大学生出现了网络交友成瘾，或者利用网络发展虚拟情人、游戏伴侣的现象。不稳定、肤浅化的人际关系也直接危害大学生个体在现实生活中健康心理状况的获得与正常人际关系的建立。

(3) 网络对大学生情绪的负面影响

如今的人们缺乏安全感却又渴望亲密关系，因此才求助于科技，以寻求一种可以让人们处于某种人际关系中又可以自我保护的方法。技术是极具诱惑力的，因为它能弥补人性中脆弱的一面。而人的确是非常脆弱、敏感的生物。人们时常感到孤独，却又害怕被亲密关系束缚。数字化的社交关系恰恰为人们创造了一种幻觉：有人陪伴，却无须付出友谊，在网络社会中人们彼此连接，同时也可以互相隐身。比起面对面交流，一些大学生更习惯于发短信、微信交流。而长此以往下去，他们对他人情绪的觉察、对他人情绪的敏感性都会降低，而手机的陪伴最终也解决不了内在孤独感受，最后会导致消极情绪的累积。网络过度使用的大学生常常体验到孤独、抑郁、焦虑等消极感受，而过度的消极情绪体验可能造成其对消极情绪的警觉和关注。同时网络的过度使用还可能会造成使用者的述情障碍，这与使用者长期缺乏面对面人际交流是分不开的。

(4) 网络造成不良的时间管理

专业的统计数据指出：人们一般每8分钟会受到1次打扰，每小时大约7次，或者说每天50～60次。平均每次打扰大约是5分钟，总共每天大约4小时，也就是约50%的工作时间（按每日工作8小时计），其中80%（约3小时）的打扰是没有意义或者极少有价值的。同时人被打扰后重拾起原来的思路平均需要3分钟，总共每天大约就是2.5小时。根据以上的统计数据，可以发现，每天因打扰而产生的时间损失约为5.5小时，按8小时工作制算，这占了工作时间的68.7%。打扰是第一时间大盗，周围众多干扰因素，是时间流逝的致命杀手。

而互联网正摧毁着我们将注意力集中于重要事情上的力量。人们游走于网站之间而无法集中注意力,其原因可能仅仅是因为人类一直渴望新鲜信息带来的短暂愉悦。还有社交媒体随时在线,有人呼唤的时候随时有声音"提醒"我们去关注,这都影响我们有效地进行时间管理。但是这并不是互联网的过错,网络世界只是暴露了人类注意力的弱点。

所以有必要进行时间管理,有效地运用时间。根据重要性和紧迫性,所有的事件可以分成4类(即建立一个二维四象限的指标体系),有效的时间管理应该对第三象限进行收缩和对第四象限进行舍弃,见表11-1。

表11-1　时间管理——四象限法则

类　别	特　征	相　关　事　宜
第一象限	"重要紧迫"的事件	处理危机、完成有期限压力的工作等
第二象限	"重要但不紧迫"的事件	防患于未然的改善、建立人际关系网络、发展新机会、长期工作规划
第三象限	"不重要但紧迫"的事件	不速之客,某些电话、会议、信件
第四象限	"不重要且不紧迫"的事件或者是"浪费时间"的事件	阅读令人上瘾的无聊小说、收看毫无价值的电视节目等

二、"网瘾"的界定及应对措施

学界和公众对于"网瘾"的概念和认知以及对"网瘾"的干预和处理方面存在很多的误区,且概念并不统一。"网瘾"的医学定义一直未有公认,大部分学者认为应该把"网瘾"称为网络的过度使用,或者网络的滥用,也有人把它称为网络的病理性使用或过度的使用。在此,延续使用"网瘾"这个概念。

(一)网络成瘾的概念及界定

1. 网络成瘾的概念

网络成瘾综合征(Internet addiction disorder,IAD)最早由美国心理学家I.Goldberg于1991年提出的,是指由于过度使用互联网而导致明显的社会、心理损害的一种现象。根据国家卫生健康委员会发布的《中国青少年健康教育核心信息及释义(2018版)》,网络成瘾是指在无成瘾物质作用下对互联网使用冲动的失控行为,表现为过度使用互联网后导致明显的学业、职业和社会功能损伤。其中,持续时间是诊断网络成瘾障碍的重要标准,一般情况下,相关行为需至少持续12个月才能确诊。潜在网瘾青少年及成年网瘾者数量十分惊人,辍学的大学生多为网络成瘾者,网络成瘾不仅影响个人学业和事业的发展,还严重危害到家庭和社会关系的稳定。

2. 网络成瘾的诊断标准

(1)美国心理学家制定的网络成瘾诊断标准

如果以下9项问题中有5项或5项以上答案是肯定的,可以诊断为网络成瘾。

① 每月上网超过 144 小时,也就是一天 4 小时以上。
② 头脑中一直浮现和网络有关的事。
③ 无法抑制上网冲动。
④ 不敢和亲友说明上网的时间。
⑤ 可能因上网造成课业及人际关系的问题。
⑥ 上网比自己预期的时间还久。
⑦ 花许多钱更新网络设备或用于上网。
⑧ 要花更多时间上网才能满足。
⑨ 上网是为了逃避现实、解除焦虑。

(2) 根据《美国精神疾病分类与诊断手册》(DSM-IV) 中病态赌博的诊断标准,心理学家提出了网络成瘾的诊断标准

如果以下 10 项问题中有 5 项答案是肯定的,即可定为网络成瘾。
① 过去 7 天内每天上网多于 4 小时。
② 不上网时仍想网络内容。
③ 因不能上网而感到无聊和焦虑。
④ 企望上网时间长于目前。
⑤ 上网时间经常超出预期。
⑥ 想不上网但无法自控。
⑦ 因上网不能完成作业或逃学。
⑧ 向家长、教师和同学隐瞒上网事实。
⑨ 因上网与家长、教师发生冲突。
⑩ 上网以摆脱困境、抑郁、无助和焦虑。

3. 网络成瘾的界定

(1) 出现戒断症状。如果有一段时间(从几小时到几天不等)不上网,就会明显地焦躁不安,不可抑制地想上网,时刻担心自己错过了什么。这是诊断网络成瘾的必备标准。

(2) 耐受性增强。每天要不断增加上网时间才能达到同样的满足程度。一般每天 6 小时以上还不够。(学习、工作需要上网除外)

(3) 上网状态要持续 3 个月以上。有些学生趁放暑假两个月疯狂上网,但是开学后能自我控制上网时间就不能算是网络成瘾。

(4) 个人社交、职业和家庭生活受到严重影响。长期沉迷于网络可能导致对自己的学业及工作前途感到悲观,自我评价过低,情绪低落,做事情没有兴趣,愉快感下降,与人交流过少甚至害怕与人交往,这就是网络成瘾。

※延伸阅读※

网络成瘾的种类

网络成瘾至少包括 5 种类型:网络色情成瘾、网络交际成瘾、网络强迫行为(包括强

迫性地参加网上赌博、网上拍卖或网上交易）、强迫信息收集（包括强迫性地从网上收集无用的、无关的或者不迫切需要的信息）和网络游戏成瘾（即不可抑制地长时间玩计算机游戏）。

（二）手机成瘾的概念及界定

随着移动电话和智能手机的出现，网络成瘾也有新的表现形式，"手机成瘾"这个概念应运而生，关于手机成瘾的概念界定和明确的筛选标准世界各国的研究者至今没有达成一致的意见，但国外学者多将手机成瘾看作技术成瘾的一种，国内学者更多的侧重于手机过度使用和产生的消极影响对手机成瘾加以界定。

1．手机成瘾的概念

手机成瘾（mobile phone addiction，MPA）是指个体存在过度使用手机，对于手机的使用时间无法进行控制的行为，并且一段时间不使用手机就会产生焦虑、抑郁等负面情绪，同时对于个体的人际交往、学习能力、行为表现都产生负面影响的问题行为，在相关研究中也将其称为问题性手机使用或手机依赖。

2．手机成瘾的表现特征

（1）存在耐受性。对手机的性能有更高的要求，如觉得自己需要一部更好、价格更高的手机，需要下载更多的APP来满足自己的需求，手机的使用时间远远不够，需要更多的时间等。

（2）出现戒断症状。在网络中断或信号不佳时个体会感觉到焦虑与愤怒，在手机快没电的情况下个体会产生持续的担忧与焦急。

（3）个体功能和行为的失调。学习和生活受到影响，工作效率下降，学习成绩下滑，人际问题增多等。

我们不难发现手机成瘾更多地表现在网络功能的使用上，与网络成瘾相比，是网络使用工具的改变，体现了移动互联网时代手机使用的特征，因此两者密不可分。

【案例】王强（化名）以优异成绩考入大学学习。在刚到大学学习之初，他充满了抱负和希冀，但是后来才发现达不到自己预期的期望。虽然学习不顺利，但在手机游戏技术上进步很快，在游戏中他找到成就感和满足感。在与同学和教师的交往中，也失去了中学时期的中心位置，感觉受到了冷落。在网络中他却交到了很多的朋友，网络让他摆脱了现实的孤独、寂寞。一段时间之后，他对手机的使用和游戏有强烈的渴求与冲动感，与同学交流渐渐减少，性格变得内向，时有自卑感，情绪低落，甚至与家长对抗，对专业学习、体育运动和其他事物兴趣下降，出现一系列的心理问题，并经常逃课，彻夜不归。经同学和班主任劝告，一段时间内停止手机游戏，但出现周身不适、心烦意乱、易激动、上课注意力不集中、睡眠障碍等现象，后来他再次沉迷于手机和游戏，手机已经成为其逃避问题或缓解不良情绪的途径。

（三）网络成瘾的原因

1．网络方面的原因

（1）网络的虚拟性。使得爱幻想的大学生在网络里产生了虚幻感，以为真的是另一个世界，在这个世界中，可以拥有想要的任何东西，如在现实生活中，教师、家长禁止的所谓的"爱情"，甚至是"网络同居""网络结婚"，对于一些渴望友情和家庭温暖的大学生来说，这种网络的虚拟性正好满足了自己的渴望和诉求，而且避免了相见的尴尬。

（2）网络的平等性。网民没有三六九等，没有出身的高低贵贱，没有长相的俊美丑陋，没有成绩的优良中差，没有教师和学生的区别，没有班长和普通同学之分，每个人都可以发号施令，每个人都可以成为焦点，消除了一些现实所带来的自卑。

（3）网络的随意性。网络视频和网络新闻上的一些有趣的人与事物能让人们大开眼界，并进行调侃，这给现代在快节奏、高压力下生活的人们带来了很多的快乐和无拘无束。现实中法律、伦理和道德我们必须遵守，防止自己的行为越轨，然而在网络社会中，有人感觉不到相应的约束机制，一旦外界的"火"点燃了身体内的"炸药库"，就可以开始在网络上为所欲为，爆粗口、搞破坏、伤害他人、发泄情绪。

2．大学生自身原因

（1）大学生拥有强烈的好奇心、好胜心和表现欲望，在面对纷繁缭乱的网络世界时，难免产生贪玩、想一探究竟的心理。例如，网络对战游戏画面逼真，使人身临其境，而且类似的游戏需要反应速度和作战策略，大大激发了玩者的欲望，同时游戏带来的愉悦感和满足感会让人不停地去尝试和体验。近年来，随着网络直播和短视频手机应用的兴起，网民足不出户就可以在智能手机上随时看到世界各地的风土人情，更是大大激发了大学生探索世界、发现世界的好奇心。

（2）大学生刚刚"摆脱"了沉重的中学生活，没有了父母的耳提面命，没有了教师的监督鞭策，突然失去了目标，一些自我控制能力差的同学就在网络上打发课余时间，一旦沉迷于网络游戏或色情、暴力等不健康内容，常常难以自拔，荒废学业，懊悔终生。

（3）具有不同特质的网络使用者，会被不同的网络功能所吸引。如内向敏感、人际交往困难的人，容易网络交友成瘾或网恋。还有一些同学将人际关系困扰转向了网络，或者通过游戏中的"枪杀""暴力"等发泄内心的不满，或者通过社交媒体等结交"好友"，获得友谊。现在新兴的网络直播购物和明星带货，更让很多自制力比较差的大学生因为从众心理和虚荣心理而沉迷其中，难以自拔。

3．家庭原因

大学生网络成瘾现象与家庭环境也有关系。不少的网络成瘾者都经历了家庭的变故，甚至是在单亲家庭里长大的，没有安全感，总想在网络中补偿现实中无法获得的东西。有的家庭中夫妻关系不和，两人经常吵架、打架、冷战。在这种环境里孩子得不到父母的关爱，在家里得不到亲情的呵护，就到网络空间里面寻求安慰。

家长不当的教养方式也成为网络成瘾的潜在危险因素。如家长的漠不关心或过度关注，家长对孩子的过多干涉、过多批评，使得孩子在现实生活中缺乏自信，从而去网络中寻找避风港,通过网络游戏、网络交友等实现自身的"目标和抱负",获得成就感,以慰藉缺失的心理关爱。这也是逃避现实、麻痹自己的表现,使得自己慢慢"退出周围的社会"。

(四)网络成瘾的对策解决

网络过度使用者主要表现为一种不自主的长期强迫性使用网络的行为。当过度的使用网络对身体造成伤害,对工作、学习和社会交往带来了痛苦,甚至正常的生活交往和社会活动都受到了影响,就是属于过度使用,应该进行矫正。现代心理学研究认为,网瘾形成机理如同烟瘾、酒瘾、毒瘾一样,同样是操作条件反射形成、巩固、习惯化的过程。上网是操作过程,网上尝到的"甜头"是强化物,上网操作和"甜头"强化物的结合称为强化,多次强化后,便形成了"网瘾"操作条件反射。网瘾是一种逃避现实的方式,因为在现实中受挫或觉得现实生活无聊,而在虚拟世界寻求心理满足,克服网瘾就是要让人重拾现实生活中的美好和多彩。下面是克服网瘾的一些方法。

1. 自我约束上网时间

上网之前建议制订一个粗略的计划和目标,有意识地给自己限定时间,不断培养自制力。在上网之前"三思而后行",每次花上几分钟时间仔细想一想"我要上网干什么""我准备上网多久"等问题,估计一下大概需要多长时间,甚至可以把具体要完成的任务、上网时间等列在一张小纸片上。不要认为这几分钟是多余的,养成这种良好的习惯,可以让你进入网络后有一个明确的目标,也可以有效地控制上网时间,不断培养自制能力,抵制网络上的各种诱惑。

2. 经常参加体育运动

第一,从时间上,体育运动"占用"了人们的闲暇时间,也就减少了上网的时间,而且经常参加体育运动的人一般交际比较广泛,参加的社会活动也比较多,这样就不容易身陷网络的泥潭之中,不但有益于身体健康,而且能建立和谐的人际关系。

第二,从空间上,人们在运动场所中可以畅快地释放自己身体和心理的能量,享受运动的快乐,宣泄不良情绪,达到消除心理紧张,放松身心,调节心理状态的目的,从而直接给人带来愉快和喜悦,调控人的情绪。蜷缩在计算机前那种逼仄的室内环境以及网络的虚拟环境与学生阳光的个性是格格不入的。

第三,从人体运动的生理学角度看,体育活动是一种应激刺激,对人的生理和心理都有非常重要的作用,能使学生们在活动过程中,品尝到体育锻炼带来的愉快、竞争的刺激、合作的欢乐,体验到勇敢与顽强、胜利与失败、挫折与勇气、拼搏与成功所带来的兴奋与快乐。

3. 手机成瘾的解决对策

美国作家普赖斯(Catherine Price)曾经公开7个方法,并表示可以在30天内有效地戒除手机成瘾。

(1)发现自己手机成瘾的问题。为什么会出现手机成瘾,有研究发现手机使用会刺激脑部释放令人兴奋的多巴胺,产生愉快感,令人不能自拔。普赖斯指出,要想知道自己是否已对手机成瘾,可在手机安装一些记录使用手机次数及时间长短的手机APP。同时,也可以使用相应的量表进行测试。普赖斯认为发现问题是戒除成瘾的好开始。

（2）不用手机当闹钟用。普赖斯表示，很多人把手机当闹钟，以至于每天起床第一件事就是开始玩手机，增加手机使用的时间。她建议买个闹钟，可大大改善这个坏习惯。

（3）制定"不用手机的时间"。普赖斯建议每天设定30～60分钟的时间不用手机，或是在某段时间将手机设置成静音，从而减少手机使用时间。

（4）设定"无手机地带"。在家中制定某些绝不允许手机出现的范围，如卧室、餐厅等，通过这个方法可令自己减少使用手机。

（5）拿回主动权。不少人在手机APP弹出通知时，就立刻查看。普赖斯建议关掉手机的通知功能，降低手机使用频率。

（6）删除娱乐交友类APP。普赖斯建议删掉一些只会浪费你时间，而无助改善你生活的手机APP，如删掉社交APP，改为在计算机上查看，降低对于手机的依赖程度。

（7）减少便利性。将必须用的手机APP以文件夹的方式放在文件夹的第一页，次要的APP放在第二页，其他或一些系统APP放在第三页或以后，这样做的目的是要使自己因为觉得没那么方便打开APP而减少用手机。

三、网络暴力的危害及应对策略

（一）什么是网络暴力

网络暴力是网民在网络上的暴力行为，是社会暴力在网络上的延伸。它是一类在网上发表具有伤害性、侮辱性和煽动性的言论、图片、视频的行为现象。网络暴力能对当事人造成名誉损害，而且它已经打破了道德底线，往往也伴随着侵权行为和违法犯罪行为，亟待运用教育、道德约束、法律等手段进行规范。

（二）网络暴力的危害

不知从何时开始，网络上开始出现一些"爆料帖"，很多不正常的社会现象被公布于网络上。刚开始，人们还在为网络时代"正义舆论力量"的强大欣喜不已。但是，随后"网上通缉令"越来越频繁，"人肉搜索"所涉及的领域越来越私密。网上还发生了歪曲真相造成的"冤假错案"，造成对公民

人权的践踏。甚至有些人为了攻击他人，在网络上随意泄露别人隐私，使得"人肉"这个词，一度引起了社会和人们的广泛关注。

良好的动机一般情况下会引发正面的行为，但在一些情况下，动机和行为结果却会出现偏差甚至相悖的情况。一些参与者对事件本身并没有真实全面地了解，通常只是根据自己单一甚至片面的信息来源，夹杂着主观臆断，对信息进行复制、改变和传播。这种行为很可能会侵害当事人的隐私权、名誉权甚至健康权，给当事人造成较大的精神损害。假

如不遏制这种打破道德底线的"网络暴力"现象,也许有一天,可能诱发群体性恐慌,会使人减弱对网络的信任感,还可能导致价值观和道德的混乱。与现实社会的暴力行为相比,网络暴力参与的群体更广,传播速度更快,因此某些意义上说,可能比现实社会的暴力产生的危害更大。

※延伸阅读※

最早的网络暴力事件是发生在2007年年底的"很黄很暴力"事件,让很多人开始反思"网络暴力"现象。仅仅因为在接受电视台采访时说了一句"很黄很暴力",北京一名13岁的中学生成为"人肉搜索"的受害者之一,她的出生年月、所在学校、家庭电话、住址等个人信息在极短时间内被全部曝光,网上还出现了大量恶搞的视频、图片、漫画、帖子……尚未成年的孩子身心严重受伤,以至于她的父母发表文章,声泪俱下地谴责这种行为。

(三) 大学生如何远离网络暴力

青年学生接触新东西多,上网时间多,受网络语言"暴力"影响也大。不少同学坦言,有时候在网络上使用过激语言其实是自己不良情绪的发泄。因此,青年学生要树立文明的上网观,远离网络暴力,学会健康的情绪宣泄方式。专家指出,网络语言"暴力"是一种通俗的说法,它是一种表达强烈感情色彩的语言,严格来讲,并没有构成现实的暴力。大学生使用网络暴力语言,一方面是因为自我感觉成熟,自认为有一定的社会责任;另一方面又因为社会阅历不够丰富,处于探索理想的人生阶段,面临一些不满意的社会现象,或碰到一些激愤的事情,总是想把这种情绪表达出来。

但作为成年的、具备独立思考辨别能力的青年学生,网络减压不能以伤害他人为代价,同时也不能过分夸大网络的效果。有些人发泄后情绪会好很多,但有些人发泄后情绪会更加激动。总的来说,发表言论时要有所克制,否则就会越过道德底线甚至触犯法律。当然有看法也必须表达出来。以时下流行的微博为例,微博本身是一个聚拢言论,并将之高速传播的平台,青年学生面对这种新鲜的空间和平台,要明确在互联网平台上应该做什么,不应该做什么,做事情达到什么适当的程度。如果一条微博是辱骂别人的、侮辱别人的,这件事情无论真假都不能传播。

【案例启示】

什么是压垮他的最后一根稻草

2016年中秋节假期期间,某演员在上海意外身亡,年仅28岁,令本该阖家欢乐的中秋节蒙上一层阴霾。经纪公司发表声明,对该演员的死因做出了声明,声明中称,该演员从去年罹患抑郁症,备受折磨,最终"他用最决绝的方式摆脱不可承受之病痛,与世诀别"。

针对多方渠道传出的公开信息,有媒体进行了梳理和整理,发现从2013年起,该演员已经开始出现失眠的迹象。时至2015年,在高强度的工作压力和网络暴力的连环打击之下,该演员的病情明显加重,抑郁症开始严重地影响他的工作和生活:被频繁投诉、换角,该演员甚至还一度险被行业封杀——作为外人的我们很难想象,这个镜头前阳光开朗的大男孩,背后到底经历了怎样的黑暗与绝望。

该演员的离开让我们更加认识到网络暴力。众所周知,他曾遭遇两次十分严重的暴力事件。一次是在接受采访时说自己和××在情感上"没可能",微博上一片评论都在骂他"炒作""玩弄××感情""骗子"……还有一次是在某次突发事故期间,他发了一条微博,因用词欠妥被网友们吐槽。后来该演员删了这条微博,并且向牺牲的烈士家属捐款100万元,但是这条微博下依然是骂声不止。"从来没有卸下的眼线"以及偏爱粉红色、"布置得像一个女孩子的闺房"也一直是群众喜欢围攻他的话题。

该演员走了,可网络暴力仍在继续。某女艺人过生日被网友骂:人家去世了,你还有心思过生日?同样,工作完了吃碗面,并配图发微博的另外一位女艺人也被网友们骂了:别人都去世了,你还有心思吃面?

那么你从中得到了什么启发?你打算以后怎么样做呢?

【知识拓展】

如何合理使用网络

(1) 以健康的心态把网络作为生活的补充,这样我们就可以享受网络交往的诸多益处。

(2) 在网络交往中,我们要注意浏览、寻找与学习、工作有关的信息,学会"信息节食",学会抵御不良诱惑。

(3) 我们要善于利用网络技术解决工作、学习和生活中的问题;帮助他人解决一些困难,利用网络做一些对他人和社会有用的事情。

【活动与体验】

体验感悟——你是如何分配每天24小时的

活动流程:

(1) 以小组为单位,讨论并在黑板上展示每天用以吃饭、睡觉、娱乐、学习、上网时间分配饼状图。

(2) 小组讨论你们组的时间分配是否合理,不合理应该如何调整。

分享:

(1) 看了各组24小时时间分配饼状图有何感想?

(2) 今后你应该如何合理安排24小时?

心理测验1——大学生网络成瘾量表

亲爱的同学,请根据你的实际情况如实填写,在每题后面填上合适的数字:没有填1;偶尔有填2;有时有填3;经常有填4;总是有填5。

(1) 你觉得上网的时间比你预期的要长吗? ( )

(2) 你会因为上网忽略自己要做的事情吗? ( )

(3) 你更愿意上网而不是和亲密的朋友待在一起吗? ( )

(4) 你经常在网上结交新朋友吗? ( )

(5) 生活中朋友、家人会抱怨你上网的时间太长吗? ( )

(6) 你因为上网影响学习了吗？　　　　　　　　　　　　　　　　　　（　　）

(7) 你是否会不顾身边需要解决的一些问题而上网查 E-mail 或看留言？（　　）

(8) 你因为上网影响到你的日常生活了吗？　　　　　　　　　　　　（　　）

(9) 你是否担心网上的隐私被人知道？　　　　　　　　　　　　　　（　　）

(10) 你会因为心情不好去上网吗？　　　　　　　　　　　　　　　　（　　）

(11) 你在一次上网后会渴望下一次上网吗？　　　　　　　　　　　　（　　）

(12) 如果无法上网你会觉得生活空虚、无聊吗？　　　　　　　　　　（　　）

(13) 你会因为别人打搅你上网发脾气吗？　　　　　　　　　　　　　（　　）

(14) 你会上网到深夜不去睡觉吗？　　　　　　　　　　　　　　　　（　　）

(15) 你在离开网络后会想着网上的事情吗？　　　　　　　　　　　　（　　）

(16) 你在上网时会对自己说"就再玩一会儿"吗？　　　　　　　　　（　　）

(17) 你会想方法减少上网时间而最终失败吗？　　　　　　　　　　　（　　）

(18) 你会对人隐瞒你上网的时间吗？　　　　　　　　　　　　　　　（　　）

(19) 你宁愿上网而不愿意和朋友们出去玩吗？　　　　　　　　　　　（　　）

(20) 你会因为不能上网变得烦躁不安、喜怒无常，而一旦能上网就不会这样吗？
　　　　　　　　　　　　　　　　　　　　　　　　　　　　　　　（　　）

计分细则：

将每题得分相加，即得总分。

结果分析：

40～59 分表示轻度网络成瘾。

60～79 分表示中度网络成瘾。

80～100 分表示重度网络成瘾。

心理测验 2——大学生手机成瘾量表

亲爱的同学，请根据你的实际情况如实填写，在每题后面填上合适的数字：非常不符填 1；不太符合填 2；一般填 3；比较符合填 4；非常符合填 5。

(1) 一段时间没有带手机我会马上去查阅是否有未接来电或短信。　　（　　）

(2) 我宁愿选择手机聊天，不愿直接面对面交流。　　　　　　　　　（　　）

(3) 在等人的时候我总是频繁打手机问对方身在何处，如果不打就焦急难耐。（　　）

(4) 如果很长时间没用手机，我会觉得难受。　　　　　　　　　　　（　　）

(5) 课堂上，我会因为电话或短信而不能专心听讲。　　　　　　　　（　　）

(6) 如果没有手机我会感到孤独。　　　　　　　　　　　　　　　　（　　）

(7) 用手机与他人交流时，我感到更自信。　　　　　　　　　　　　（　　）

(8) 一段时间手机铃声不响，我会感到不适应，并下意识看一下手机是否有未接电话或短信。　　　　　　　　　　　　　　　　　　　　　　　　　　（　　）

(9) 我经常有"我的手机铃声响了/我的手机在振动"的幻觉。　　　（　　）

(10) 电话多短信多我会觉得生活更充实。　　　　　　　　　　　　（　　）

(11) 我经常害怕手机自动关机。　　　　　　　　　　　　　　　　（　　）

（12）手机是我的一部分，一旦减少，就觉得失去了什么似的。　　（　　）
（13）同学朋友常说我太过依赖手机。　　　　　　　　　　　　　（　　）
（14）当手机经常连不上线、收不到信号时，我会焦虑并且脾气变得暴躁起来。（　　）
（15）课堂上，我会经常主动把注意力集中在手机上而影响听课。　（　　）
（16）我觉得用手机跟他人交流更舒适。　　　　　　　　　　　　（　　）

计分细则：
将每题得分相加，即得总分。

结果分析：
48～59分表示轻度手机成瘾。
60～69分表示中度手机成瘾。
70～80分表示重度手机成瘾。

【思考与讨论】
1. 你身边是否有网络成瘾的同学或朋友？如果有，你将怎么帮助他？
2. 你的网络使用是否合理？如果不合理，你将如何调整？

课后拓展活动记录表

班级		姓名		学号	
指导教师		活动时间		活动地点	
活动主题					
课后应用	将本模块所学知识应用在学习和生活中并进行简要记录。 				
学习感想	结合教与学两方面,写写自己的收获,并提出自己的建议。(200~300字) 				
备注					

模块十二 解密爱情真谛——爱情心理

爱情的意义在于帮助对方提高,同时也提高自己。

——[俄]车尔尼·雪夫斯基

当我们毫无阻碍地便可获得性满足时,例如在古文明的衰落时期,爱便变得毫无价值,生命也呈现一片空虚。

——[奥地利]弗洛伊德

【教学目标】

(1) 素质目标

树立正确的恋爱观,培养健康的恋爱心理。

(2) 知识目标

① 掌握爱情的定义及特征。

② 学会有效应对恋爱问题。

③ 懂得维护性心理健康。

(3) 能力目标

培养爱的能力,自主处理恋爱中的各种问题。

【引言】

爱情与人类的历史一样长,它是人类最美好的感情之一。古今中外的人们常常借助诗词歌赋表达对美好爱情的歌颂和向往。"关关雎鸠,在河之洲。窈窕淑女,君子好逑。"这是《诗经》中描写爱情的经典话语,表达了青年男子对心仪女子的仰慕和渴望,展现了男女之情的率真与灵动。德国著名诗人歌德也在《少年维特之烦恼》一书中对爱情进行了细腻地描述和剖析,他说:"青年男子哪个不善钟情?妙龄女子哪个不善怀春?爱情,最让人向往,最耐人琢磨,也最令人困惑。"正值花样年华的高职学生,爱情在不经意间悄悄生长,他们的爱情如同夏日里的太阳雨,美丽却又有些伤感。随着性生理的成熟和性心理的发展,渴望爱情,想谈恋爱已成为高职学生中较为普遍的心理现象。如何正确对待自己的生理变化、如何培养健全的性心理,是大学生保持身心健康的重要方面。

【案例导入】

女大学生李某,21岁。从小父母就在外地打工,每年仅回家一次。她平时与父母沟通联系较少,由爷爷奶奶在老家抚养长大。高中同学王某很关心李某,而李某也很依恋他,于是两人确立恋爱关系。在两人进入同一所大学后,李某对男友更是言听计从。远离家人,男友提出同居,李某开始不同意,但男友以分手相威胁,李某妥协了。为了男友,她曾做过两次人工流产,学习成绩也受到很大影响,迟到、早退、旷课现象增多,造成多门课程不及格。李某很担心男友如果哪一天离开自己,自己就没有活路了,她感觉小时候父母不够关心自己,爷爷奶奶已经年迈,而男友才是自己唯一的倾诉对象。大二下学期,男友和另一名女生来往密切,对李某逐渐冷淡,尽管李某委曲求全,但男友还是提出了分手。李某曾给男友写过十几封信、打过无数电话,承诺自己可以为男友做一切事情,但男友还是没有回头。李某失眠、健忘、学习无兴趣,一度曾想过自杀。

(资料来源:王春辉,刘海华.走出失恋误区的女大学生的个案研究[J].长春金融高等专科学校学报,2009(3).)

想一想:如何鉴别你遇到的是否为真正的爱情?女生如何在恋爱中保护自己?如果你是李某,应如何面对男友提出的不合理要求?

一、爱情的内涵及特征

(一)爱情是什么

"爱"有广义和狭义之分,广义的"爱"包含了父子、母女、夫妻、国家、民族、爱侣等各方面的感情形式。而狭义的"爱"即是一般意义上的情爱——专指男女之间的爱情。在中国文化里,爱就是网住对方的心,具有亲密、情欲和承诺的属性,并且对这种关系的长久性持有信心,也能够与对方分享私生活。

爱情是人际吸引最强烈的形式,是身心成熟到一定程度的个体对异性个体产生的有浪漫色彩的高级情感。爱情是人性的组成部分,在爱的情感基础上,爱情在不同的文化中发展出不同的特征。马克思主义认为"爱情是男女双方之间基于共同的生活理想,在各自内心形成的相互倾慕,并渴望对方成为自己终身伴侣的一种强烈的、纯真的、专一的感情"。

(二)爱情的特征

(1)相异性。爱情一般是在异性之间产生的。狭义的爱情专指异性恋,不包含同性恋。

(2)成熟性。爱情是在个体身心发展到相对成熟阶段时产生的情感体验,幼儿没有爱情体验。爱情是个体自我意识和性心理发展到相对成熟时自然而然产生的,而在未成年异性之间所产生的相互吸引现象,只能算是爱情前期的性心理发展。

(3)高级性。爱情是一种高级情感,不是低级情绪。爱情是一种以异性之间感情为基础,具有强烈的相互吸引力和愉悦体验的高级情感,人的爱情不是动物性的低级情绪。

(4)生理性。爱情有生理基础,包括性爱因素,不是纯粹的精神上的依恋。正如英国哲学家罗素所说:"爱情源于性,又高于性。"丧失了性基础的爱情固然是不真实的爱情,但狂热的激情、生理的欲望则更不是爱情的本身,因为它蕴含着思想、道德、文化等丰富的社会因素。

(5)社会性。爱情是一种社会感情,既受到社会法律和道德的约束,也包含经济利益和价值利益的交换。

（6）利他性。爱情的基本倾向是奉献。衡量一个人对异性有无爱情、强度如何，可以通过"是否发自内心，帮助所爱的人做其期待的所有事情"这个指标来衡量。

（7）排他性。自私与排他是爱情的本质，这是由爱情所固有的一对一的感情结构所决定的，是社会文明的必然产物，也是其区别于友情最基本的方面。然而，在现代社会，自由的社会交往是一个人最基本的权利，如果过分强调爱情上的排他性，则势必会使它成为爱情中难以消除的桎梏。所以，相爱的双方应各自独善其身，承担起爱情和婚姻的责任，给对方多一些空间和尊重，这才是完美的爱情之路。

爱情虽然是以人的性生理发育成熟为前提，但却是以人的具有社会内容的思想感情为基础，脱离包含一定的社会地位、物质条件和体现一定社会利益的道德情感与思想愿望，也就没有真正的爱情可言。在恋爱对象选择上虽然离不开经济、地位等外部条件，但是爱情的深厚基础主要还是在于人的内在素质，受到人的理想志趣、道德品质、价值观念等因素的影响。

（三）爱情三角理论

美国著名心理学家罗伯特·斯滕伯格运用定量分析与定性分析相结合的研究方法，在进行大量文献综述和实证研究的基础上提出了爱情三角理论。斯滕伯格认为，爱情是由亲密（重视彼此的喜欢、理解与期待）、激情（魅力与性吸引）以及承诺（决定发展稳定的关系）三因素组成的三角形。

亲密是指伴侣间心灵接近、相互契合、相互归属的感觉，属于爱情的情感成分。激情是指强烈地渴望与伴侣结合，促使关系产生浪漫和外在吸引力的驱动力，是与"性"相关的动机驱力，属于爱情的动机成分。承诺包括短期和长期两个部分，短期的部分是指个体决定去爱一个人，长期的部分是指为维持亲密关系所做的持久性承诺，属于爱情的认知成分。

斯滕伯格这里所用的"成分"一词并非指代心理过程，而是说人类的爱情可以从上述3个方面来加以描述和区分，或者干脆称为3个维度似乎更为恰当。根据这3个成分在爱情中的多寡情况，可以把人类的爱情关系区分为8种类型（见表12-1的归纳，其中正号代表成分的存在，负号代表成分的缺乏）。

表12-1　人类的爱情关系区分为8种类型

爱情类型	亲密	激情	承诺
无爱	－	－	－
喜爱	＋	－	－
痴迷的爱	－	＋	－
空洞的爱	－	－	＋
浪漫的爱	＋	＋	－
伴侣的爱	＋	－	＋
愚昧的爱	－	＋	＋
完美的爱	＋	＋	＋

不同的爱情可以用不同形状、不同大小的三角形来描述，即三角形的面积表示爱情的多少，三角形的形状表示爱情的3种成分之间的相对关系。等边三角形表示平衡的爱情，因为代表各个成分的顶点到三角形重心的距离相等。不等边三角形代表不平衡的爱情，哪个顶点到三角形重心的距离最长，就表明哪个是主导成分；哪个顶点到三角形重心的距离最短，就表明该成分的不足或缺少。这就是该理论的基本三角形原理，如图12-1所示。

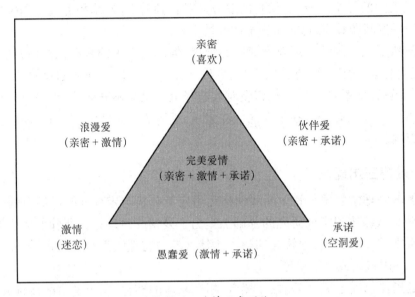

图 12-1　爱情三角理论

有人说，激情是爱情的发动机，没有激情，爱情就缺少了生存和发展的原动力；亲密是爱情的加油站，没有了亲密，爱情就容易枯竭；承诺是爱情的安全气囊，没有了承诺，爱情就多了几分危险，时刻有崩溃的可能。激情、亲密和承诺共同构成了爱情，缺少其中任何一个要素都不能称为爱情，正如三点确立一个平面，缺少任何一个点，这个唯一的平面就不存在。斯滕伯格之所以把具备3个基本要素的爱情称为完美爱情，是因为建立一段稳定、持续的爱情需要恋爱双方耗尽毕生的精力去认真培育、呵护，那是一项贯穿人生的浩大工程。

※延伸阅读※

恋爱中的心理定律——罗密欧与朱丽叶效应

美国社会心理学家布莱姆在一个实验中，让一名被测试人员面临A与B两个选择，在低压力条件下，另一个人告诉他"我选择的是A"，在高压力条件下，另一个人告诉他"我认为我们两个人都应该选择A"。结果，低压力条件下被测试人员实际选择A的比例为70%，而在高压力条件下，只有40%的被测试人员选择A。可见对于一种选择，如果选择是自愿的，人们会倾向于增加对所选择对象的喜欢程度，而当选择是被强迫时，便会降低对选择对象的好感。

因此，当恋爱双方被强迫做出某种选择时，会产生高度的心理抗拒，这种心态会促使他们做出相反的选择，甚至会增加对自己所选择的事物的喜欢程度。生活中我们常能听到这样的事例：某对恋爱的青年，尽管遭到父母的竭力反对、亲友的百般阻挠，两人不但不中止恋爱关系，反而更亲密、更大胆，有时甚至以自杀来对抗。

另外，一般情况下人们对自己行为的解释都是从内外两方面去寻找理由，当外在理由消失后，人们就会从内部去寻找依托；反之亦然。恋爱双方渴望接近对方等行为原因，可以解释为，由于双方内在的情感因素和外在亲人朋友的支持。当亲人采取简单否定的态度时，便削弱了恋爱的外在理由，这导致恋爱者的认知出现了不平衡，于是，他们只好把内在的情感因素升级，以解释自己爱恋对方的行为，使自己的认知重新处于平衡状态。这就使交往者把满足感解释为双方的依恋，从而误认为自己已经坠入爱河。

二、恋爱问题应对策略

（一）恋爱中会出现的问题

大学生在追求爱情过程中会面临各种问题。

1. 爱情至上

有些大学生把爱情放在人生的第一位，把爱和被爱视为人生目标，成天沉溺于爱情之中，一旦失恋就痛不欲生，甚至以宝贵的生命为代价殉情。这是对人本身的价值缺乏了解和对人生的意义缺乏认知的结果。

有些大学生不是根据自己的条件和实际情况客观地确定择偶标准，而是根据自己的兴趣、爱好、期望和想象等，在自己的脑海里勾画出一个理想的恋爱偶像，他们用理想化、抽象化的模式在现实生活中寻觅着这种偶像。这种择偶观是不实际的，最终是会失败的。

2. 单相思

单相思又叫单恋，是一方倾慕另一方，且不被对方了解和接受，而造成的一厢情愿或对恋爱的渴望。单恋的对象既可以是自己生活中熟识的同学、朋友等，也可能是萍水相逢、仅有一面之缘的陌生人，甚至某些影视、文学作品中的人物。单相思通常包括两种形式：一种是由内心爱慕对方并无法表示出来或已被对方拒绝仍痴情不改的单恋；另一种是把与对方交往和友谊错认为是"有意"或"暗示"而产生的"爱情错觉"。不论是哪种单恋形式，都使单相思的人想入非非，且充满焦虑、不安或渴望等情绪，影响正常的学习和生活。

某女生性格内向，不愿表白，暗恋上一位男同学，每天都定时坐在校园内的花坛旁，手拿着书却无心看书，因为她知道这个同学每天从这里经过去食堂吃饭，每当这个同学从她身边经过，她就非常欣喜，然后编织出美丽的梦，却从来不敢说出口。

单相思是每个人都可能经历的一种心理状态。单相思本身并不是心理障碍，但盲目的、非理性的单相思，如果得不到合理疏导与调适，就会导致心理失调。单相思的人渴望爱情而得不到它，在情绪上自然是郁郁寡欢，他们的视野和情感世界变得狭隘，生活失去乐趣，神情恍惚。值得庆幸的是，"单相思"大多"寿命"不长。据统计，平均每次"单相思"的持续时间仅为36天，可以说十分"短命"。

　　单恋较多地出现在性格内向、敏感、富于幻想、自卑感强的人身上。首先是自己爱上了对方，于是也希望得到对方的爱，在这种弥散心理的作用下，就会把对方的亲切和蔼、热情大方当作爱的表示并深信不疑，从而陷入单恋的深渊不能自拔。单恋者固然能体验到一种深刻的快乐，但更多体验到的是情感的压抑，因为他们无法正常地向自己所钟爱的异性倾诉柔情，更不能感受到对方爱意的温馨。

　　要克服单恋，首先是要能避免"恋爱错觉"，学会准确地观察和分析对方表情，用心明辨；其次，一旦单恋已然发生，要鼓足勇气，克服羞怯的心理，大胆地表达自己的感情，如果被接纳，爱的快乐就取代了等待的痛苦，如果是"落花有意，流水无情"，则应该面对现实，勇敢地抛弃幻想，用理智主宰感情进行转移，通过思想感情的转换和升华来获取心理平衡。

3．感情纠结

　　这里讲的感情纠结，是指恋爱过程中因某些主客观原因而引发的，欲爱不能、欲罢不忍的强烈内心矛盾与感情冲突。比如，陷入多角恋、爱情遭遇阻力、爱情中的误解。

　　所谓多角恋，是指一个人同时被两个或两个以上的异性所追求，或自己同时追求两个或两个以上的异性并建立了爱情关系。

　　多角恋是感情纠结的主要原因之一，实质上是比单恋更为复杂、更为严重的异常现象。由于爱情具有排他性、冲动性，因此任何一种多角恋都潜伏着极大的危险性，一旦理智失控，就会给对方及社会带来恶果。

　　导致多角恋的原因主要有以下几个方面。

　　（1）择偶标准不明确。由于个性不成熟，生活经验不足，择偶前没有一个较为明确的标准，不知如何才能断定与自己关系密切的异性中哪一位更合适，因此只好颇费心思地多方应付，多头追逐，从而出现了选择性多角恋。

　　（2）择偶动机不良。有的人一开始和异性交往就出现了动机冲突，既想要追求美丽或英俊，浪漫感性，又想要满足物质欲求等。为了满足不同欲求，只好在不同角色中周旋以寻求快乐，有的甚至发展到玩弄异性的程度。

　　（3）虚荣心强。有些大学生认为，追求者越多，身份就越高，若退出竞争，就是承认失败，承认自己比别人差，这是导致恋爱上的自私自利，对别人和自己感情不负责任的多角恋的主要原因。

　　（4）盲目追求。明知对方已有对象，但由于嫉妒好强，固执任性，从而导致冲动性、竞争性的多角恋。

4．失恋

　　失恋是指一方否认或中止恋爱关系后给另一方造成的一种严重的心理挫折。从心理角度来看，失恋可以说是大学生最严重的挫折之一，会引起一系列的心理反应，如难堪、羞辱、失落、悲伤、孤独、虚无、绝望和报复等。这些不良情绪如果得不到及时的疏导转移，容易导致失恋者忧郁、自卑的情怀，严重者甚至采取报复他人乃至自残、自杀等方式来排解心中的郁结。

失恋的痛苦是可以理解的,要尽快摆脱精神痛苦而达到心理平衡,必须注意从以下方面调节。

(1) 冷静分析失恋的原因。冷静分析一下失恋原因,可以帮助摆脱"恋"的苦恼。

(2) 及时疏导心中的郁闷。可以找密友倾诉,疏解痛苦;也可以痛哭一场、跑上几圈、看场电影、买点零食,发泄一下。当然,释放要有"度",否则,会陷入消极情绪之中。

(3) 寻找新的生活和学习目标,努力把精力投入事业和学习中去。

※延伸阅读※

苏格拉底与失恋者的对话

苏格拉底(以下简称苏):孩子,为什么悲伤?

失恋者(以下简称失):我失恋了。

苏:哦,这很正常。如果失恋了没有悲伤,恋爱大概就没有什么味道。可是,年轻人,我怎么发现你对失恋的投入甚至比对恋爱的投入还要倾心呢?

失:到手的葡萄给丢了,这份遗憾,这份失落,您非个中人,怎知其中的酸楚啊?

苏:丢了就是丢了,何不继续向前走去?鲜美的葡萄还有很多。

失:等待,等到海枯石烂,直到她回心转意向我走来。

苏:但这一天也许永远不会到来。你最后会眼睁睁地看着她和另一个人走了。

失:那我就用自杀来表示我的诚心。

苏:但如果这样,你不但失去了你的恋人,同时还失去了你自己,你会蒙受双倍的损失。

失:踩上她一脚如何?我得不到的别人也别想得到。

苏:可这只能使你离她更远,而你本来是想与她更接近的。

失:您说我该怎么办?可我真的很爱她。

苏:真的很爱?

失:是的。

苏:那你当然希望你所爱的人幸福?

失:那是自然。

苏:如果她认为离开你是一种幸福呢?

失:不会的!她曾经跟我说,只有跟我在一起的时候她才感到幸福!

苏:那是曾经,是过去,可她现在并不这么认为。

失:这就是说,她一直在骗我?

苏:不,她一直对你很忠诚。当她爱你的时候,她和你在一起,现在她不爱你,她就离去了,世界上再没有比这更大的忠诚。如果她不再爱你,却还装得对你很有情谊,甚至跟你结婚、生子,那才是真正的欺骗呢。

失:可我为她所投入的感情不是白白浪费了吗?谁来补偿我?

苏:不,你的感情从来没有浪费,根本不存在补偿的问题,因为在你付出感情的同时,她也对你付出了感情,在你给她快乐的时候,她也给了你快乐。

失：可是，她现在不爱我了，我却还苦苦地爱着她，这多不公平啊！

苏：的确不公平，我是说你对所爱的那个人不公平。本来，爱她是你的权利，但爱不爱你则是她的权利，而你却想在自己行使权利的时候剥夺别人行使权利的自由。这是何等的不公平！

失：可是您看得明明白白，现在痛苦的是我而不是她，是我在为她痛苦。

苏：为她而痛苦？她的日子可能过得很好，不如说是你为自己而痛苦吧。明明是为自己，却还打着别人的旗号。年轻人，德行可不能丢哟。

失：依您的说法，这一切倒成了我的错？

苏：是的，从一开始你就犯了错。如果你能给她带来幸福，她是不会从你的生活中离开的，要知道，没有人会逃避幸福。

失：什么是幸福？难道我把我的整个身心都给了她还不够吗？您知道她为什么离开我吗？仅仅因为我没有钱！

苏：你也有健全的双手，为什么不去挣钱呢？

失：可她连机会都不给我，您说可恶不可恶？

苏：当然可恶。好在你现在已经摆脱了这个可恶的人，你应该感到高兴，孩子。

失：高兴？怎么可能呢，不管怎么说，我是被人给抛弃了，这总是叫人感到自卑的。

苏：不，年轻人的身上只能有自豪，不可自卑。要记住，被抛弃的并不就是不好的。

失：此话怎讲？

苏：有一次，我在商店看中一套高贵的衣服，可谓爱不释手，店主问我要不要。你猜我怎么说，我说质地太差，不要！其实，我口袋里没有钱。年轻人，也许你就是这件被遗弃的衣服。

失：您可真会安慰人，可惜您还是不能把我从失恋的痛苦中引出。

苏：是的，我很遗憾自己没有这个能力。但，我可以向你推荐一位有能力的朋友。

失：谁？

苏：时间，时间是最伟大的导师，我见过无数被失恋折磨得死去活来的人，是时间帮助他们抚平了心灵的创伤，并重新为他们选择了梦中情人，最后他们都享受到了本该属于自己的那份人间快乐。

失：但愿我也有这一天，可我的第一步该从哪里做起呢？

苏：去感谢那个抛弃你的人，为她祝福。

失：为什么？

苏：因为她给了你这份忠诚，给了你寻找幸福的新的机会。

（二）培养健康的恋爱心理行为

人在社会中始终不是孤立的存在，而且在人生的不同阶段，对心理健康产生重要影响的人际关系的侧重点也是不同的。对大学生而言，曾经产生过重要影响的亲子关系、师生关系、同学关系，正让位于两性间的恋爱关系。恋爱关系对大学生的意义，事实上已超出了这种关系本身，而成为其自我认定和确立自我价值感的基础。所以，大学生恋爱是身心发展的需要，对其心理健康也有积极的促进作用，但必须是建立在真正的、健康的爱情基础之上的。反之,不但不利于心理健康,而且由于大学生的身心发展并未完全成熟,可能对其身心健康造成很大的危害。

爱情就像玫瑰花,虽美丽却带刺,它给大学生带来馨香的同时,也会刺伤某些脆弱的心灵。大学生要培养正确的爱情观,培养健康的恋爱心理,才能避免被爱情的玫瑰花刺伤。

1. 发展健全的理智感

(1) 理智的爱情首先意味着将学业和爱情分开

爱情不是生活的全部,还需要学习、工作以及承担责任。如果陷入爱情而荒废学业,毕业后无立足社会的一技之长,则爱情将由于失去"面包"而褪色、夭折。

(2) 理智的爱情还要避免狂热

大学生要学会审视自己的感情,避免陷入狂热。一时的狂热迷恋使双方毫无信任感,当一方不在身边时,就会猜疑他/她是否变心,而且挖空心思去证实自己的推想;真正的爱情是以相互信任为基础的,它使人平静,让人放心。

(3) 理智的爱情也意味着平等和尊重

一味地付出或一味地索取,都难以使爱情保持久远。所以,双方都要坦诚相待,相互尊重,任何一方都不能强迫或诱骗另一方接受自己的爱,不能强求对方违心地接受。特别值得注意的是,恋爱中产生性冲动时,男性要尊重女性,保护和爱护女性。

2. 培养恋爱道德意志

受多种因素的影响,大学生在恋爱的过程中不可避免地会产生各种挫折,如失恋、单相思等。爱情挫折是对大学生恋爱道德意志的一种考验,意志力强的学生对自己的目标和行动具有明确的认知,对庸俗的东西有较强的抵制力,对恋爱中遇到的挫折能自觉控制自己的情绪,用理智战胜情感;而意志力薄弱的学生思想盲目性大,在自我发展中,没有明确的方向,是非分辨能力差,很容易被感情挫折击倒,或因外部不良诱惑而误入歧途。

因此,要加强大学生的道德情操和意志力。当爱情受挫后,用理智来驾驭感情,通过增强理智感,分析原因,总结经验教训,寻找解决问题的方法和途径,在新的追求中确认和实现自己的价值,从而提高自己的心理承受能力和思想水平。一个人如果能够理智地从恋爱挫折中解脱出来,就往往会使自己变得更加成熟起来。

3. 保持健康的恋爱行为

大学生恋爱言谈要文雅,讲究语言美。交谈中要诚恳、坦率、自然,不要为了显示自己而装腔作势、矫揉造作;不能出言不逊、污言秽语、举止粗鲁;相互了解,不要无休止地盘问对方,使对方自尊心受损,否则只会使之厌恶,伤害感情。

大学生的恋爱行为要大方。一般来说,男女双方初次恋爱,在开始时常感到羞涩与紧张,随着交往的增加会逐渐自然与大方。这个时期要注意行为举止的检点。有的人感情冲动,过早地做出亲昵动作,使对方反感,影响感情的正常发展。

另外,恋爱过程中,亲昵动作要高雅,避免粗俗化。高雅的亲昵动作发挥爱情的愉悦感和心理效应,而粗俗的亲昵动作往往引起情感分离的消极心理效果。

4．培养爱的能力

爱，不只是一种情感，也是一种能力。爱的能力实际是一种综合的素质，表现为在爱的过程中许多方面的能力。

心理学家弗洛姆认为，爱是人的一种主动的能力，一个突破把人和其他同伴分离之围墙的能力，一种使人和他人相联合的能力；爱使人克服了孤独和分离的感觉，但他允许他成为他自己，允许他保持他的完整性。爱的能力首先看内心储存了多少爱可以给予，如果一个人内心是干枯的，没有爱可以付出，也就缺乏爱的能力的基础。

培养爱的能力

（1）鉴别爱的能力

鉴别爱是指能较好地分清什么是好感、喜欢和爱情。有鉴别爱的能力的人，是个自信也尊重别人的人。有鉴别爱的能力的人，会自然地与别人交往，主动扩展交往的范围，珍惜友谊，会尽量多地体验他人的感受。会过于自我孤立，会过于站在自我的角度考虑问题，往往会对他人和自我感受的认知发生偏离。

当期望的爱来到身边，能否勇敢地接受也是爱的能力的表现。有的大学生在别人向自己示爱后，内心挺高兴，但又不敢接受别人的爱，或者对爱缺乏心理准备，或者觉得自己不配，不值得爱，因此失去发展爱的机会。

（2）表达爱的能力

当你爱上一个人时，能否用恰当的方式和语言向对方表达出来呢？表达爱需要勇气，需要信心。表达爱是在表明爱一个人也是幸福，即使可能得不到回报，也要让对方知道被一个人爱着。

（3）拒绝爱的能力

有爱的能力的人不是对爱来者不拒，或者将认为不是自己的爱就简单地拒之门外。当然也有不少大学生当别人向自己示爱时有些优柔寡断，既怕伤害对方，又怕对方误会。拒绝爱的能力，一是表现为对他人的尊重，要感谢对方对自己的欣赏和感情；二是要态度明确，表达清楚，即和对方只能是什么样的关系，同学还是一般朋友，或者什么都不是；三是行动与语言要一致，可能有些同学怕对方受伤害，虽然语言上拒绝了对方，但是行动上还与对方有较亲密的接触，如单独去看电影、吃饭等，这就容易使对方误解，对方会认为还有机会，还纠缠在与自己的情感中。

拒绝别人追求必须选择适当的地方，如对方性格刚烈、占有欲强，必须在不偏僻的地方，首先肯定对方对自己的爱护与关怀，否则如采取诅咒、谩骂的方法，会激起对方的仇恨，使矛盾激化。切忌优柔寡断，给对方留有幻想，那是对对方的折磨，也会给自己留下隐患，所谓"当断不断，反受其乱"，这一点尤为重要。也可以通过书信表达态度，此方法有更大的缓冲余地，措辞也能更冷静、得体。还可以寻求中间人的帮助，采用此方式需注意：中间人是对方也认识、了解的，最好是对方信得过又非常尊重的人，可以顺势对其进行开导、安慰。切勿给对方造成的感觉是你在到处损害他的尊严、败坏他的名声。

（4）解决爱的冲突的能力

爱的冲突一方面来自日常生活中的不一致，或不协调；另一方面可能来自性格的差异。相爱的人不是寻求两人的一致而是看如何协调、合作。爱需要包容、理解、体谅，并且要学会用建设性的方式去解决冲突。沟通是一种非常有效的方式,恋人间需要有效的沟通,表达清楚自己的思想、感受。伤害性的争吵或者冷战都不利于问题的解决。

（5）保持爱情长久的能力

保持爱情长久的能力,需要上面多种能力的综合。爱需要两个人真正地关心对方,走进对方的内心世界,以对方的快乐为自己的快乐。要保持爱情的常新,需要智慧、耐力、持之以恒及付出心血。

※延伸阅读※

这是爱情吗

1. 寂寞与爱情

大学生活中,由于种种原因,如离开父母和朋友来到新的环境、对学习没有兴趣或不适应等,常会使大学生陷入孤独、寂寞之中。一些同学为了弥补内心空虚,会不自觉地希望寻求异性知已,以恋爱的形式来打发时光,驱除内心烦闷。试图以"爱情"来抚慰自己,消愁解闷,寻求寄托,即所谓"寂寞期的恋爱"。一旦寂寞感消失,恋爱关系也就中断。既不考虑责任,也不承担义务。这种无感情基础的异性关系是极不稳定的"恋爱"关系,是双方当事人不负责任的表现。

2. 好感与爱情

好感与爱情是大学生异性交往中经常遇到又难以区分的两种感情。青年人在性发育成熟时,便开始被异性所吸引,对异性产生好感,开始有寻求恋人的需要。这是人生理上的自然本能。但生活中,一些大学生容易将这种男女之间相互对异性的吸引、好感等同于爱情。其实并非异性之间凡有好感便可产生爱情;异性之间的好感一般来讲是广泛的、无排他性的,而爱情则是专一的、排他性的、具有性爱的因素。好感常常表现为人们一时出现的情绪感受;而爱情则是在长时间的相互了解中形成的。

有些大学生在与异性的交往中,不能区分异性之间好感与爱情两种性质不同的体验,出现判断失误。好感是属于友谊的范畴,是爱情的先决条件,而异性之间产生好感的友谊并不一定都能发展为爱情。错把好感当爱情,会使自己和对方平添许多烦恼。

3. 虚荣与爱情

美国心理学家马斯洛需要层次理论认为,需要是人的心理活动的基本动因,人的需要有各种不同的层次和广泛的内容,其中包括受他人尊重的需要。虚荣心理是一些人试图以追求名誉、荣耀等表面的光彩,来满足自尊需要的心理。谈恋爱,有一个令人美慕的男朋友或女朋友,似乎便满足了这种需要。有些大学生谈恋爱并非因为遇到了知音,或是恋爱时机已成熟,而是因为周边的同学在谈恋爱,思想和情绪受到影响,于是在"随大流"的从众心理驱使下,匆忙择偶。其结果,或是择偶不满意,或是出现短暂罗曼史后分手。

4. 友谊与爱情

现实中确实有不少大学生把一般的友谊误解为爱情,常有同学讲:那个男同学为什么总是帮我们送报纸、送信? 为什么在一些活动中那个女生总是对我特别地关心。大学生异性相处中,一个眼神,一个动作,常常都会赋予很特别的意义。确实友谊与爱情有时很难严格划分。

5. 婚姻与爱情

恋爱的归宿是通过婚姻形式建立家庭,这是恋爱心理成熟的特征之一。有些异性同学似乎产生了相互仰慕,但并不打算结为终身伴侣。他们把恋爱看成是积累经验的过程,把恋爱与婚姻分开,这其实就是把真诚的感情当儿戏。其结果,不仅在感情上伤害了对方,也在自己的心里留下了挥之不去的阴影。

6. 外貌与爱情

爱美之心人皆有之,追求美是人的天性,希望自己心爱的人像天使般美丽或如王子般英俊本身无可厚非。但是,有些学生择偶时过分注重外表形象,对内在美不够重视。大学生在恋爱时应客观综合地考虑问题,把人的内在素质放在突出的位置。因为外表美只是表面的、短暂的,内在美才会经久不衰。

三、维护性心理健康

(一) 什么是性

什么是性呢?性的定义,从生物学角度理解是有关生物的生殖或性欲,以及雌性和雄性个体差异及生殖繁衍。对于人类来说,是指男女在生理构造上的差异以及性的欲望和本能,它是人类生存和繁衍后代的必要条件。

随着人类文明的发展,性除了纯生物学的意义外,还涉及社会学、伦理学、心理学等多方面的意义。因此,"性"的科学含义应概括为人类的性是指以物种繁衍的机能为基础,受特定的社会关系和伦理价值观念的影响以及人的心理因素支配的性行为。

性是人的生理本能之一,人发育到一定的时候就会自然生出性的需求,即性的欲望。所谓性的欲望就是对与性内容直接相关之行为的期盼与要求。当这一要求较为强烈时就会形成性冲动。性欲的产生依赖于一定的生理因素与心理因素,性激素是产生性欲的生理基础,与性有关的感觉、情感、记忆、想象是引起性欲的心理基础。青年学生只要生理心理正常,大都会产生一定的性的欲求,只是强弱不等罢了。不过,由于人不仅具有自然性,更具有社会性,人的一切自然属性都在社会规定中以曲折的方式表现出来。因此,人能够根据一定的社会道德法律规范,运用理智和意志的力量调节欲念与行为,从而将性心理和性行为限制在适度的范围内。

(二) 常见性心理现象

1. 体像烦恼

一些大学生对自己的形体不满意,比如,有些男生认为自己不够高大、魁梧;有些女生则认为自己不够苗条、漂亮。这些大学生常常会为自己形体上的缺憾感到自卑、苦恼。还有一些大学生对自身的第二体征非常关注、敏感,并希望自己对异性更有吸引力。另外,有一小部分学生会担心自己的性功能是否正常,尤其是看到某些书刊上谈到的性功能障碍时,便会疑神疑鬼。

2．性身份障碍

性身份障碍是指从心理上对自己承担的性别角色不满意，甚至否认自己的生理性别和服饰，强烈希望转换成异性。性身份障碍产生的原因有生物学因素和环境因素。

（1）生物学因素。哺乳类的早期胚胎是雌的，只是后来附加雄激素的影响而形成雄性器官。

（2）环境因素。比如，不当的家庭教育，父母或祖父母从小把男孩当女孩抚养。

由于"重男轻女"的封建传统观念、现代生活压力、生理焦虑等因素的影响，男生不喜欢自己性别的占 2.6%；女生不喜欢自己性别的占 15.6%，是男生的 6 倍。性别自贱的心理在女大学生中较为普遍。

3．性取向障碍

性取向障碍也即同性恋，是指对同性产生性爱的思想、感情和性爱行为。20 世纪 80 年代以前，同性恋被视为变态，80 年代后才被视为心理障碍。调查发现，大学生中的同性恋日渐增多。尽管是否属于疾病尚未最后定论，但同性恋的人面临巨大的心理压力和社会压力，可能产生严重的焦虑和抑郁。值得注意的是，同性恋者已成为艾滋病的易感人群。

4．性偏好障碍

性偏好障碍也就是性欲倒错。表现为性爱对象和性欲满足方式的变异，如异装癖、露阴癖、窥阴癖、恋物癖等。性偏好障碍不是精神病，因为他们除了取得性满足的方式偏离正常外，情感、理智、智能等其他方面均表现正常，只是性心理不正常而已，他们往往在特定情境下不能控制自己的行为。

5．性冲动

所谓性冲动，是指在性激素和外界有关刺激的作用下，使性中枢神经系统处于兴奋状态，而对性行为产生渴望或者冲动。大学生在智能、体能、性机能等方面的发展已趋成熟，他们常将性意识和爱情紧紧结合在一起，有比较强的性冲动。

有些大学生难以接受自己的性欲、性冲动，对此感到羞愧、自责、厌恶和恐惧。实际上，性意识活动是从性启蒙后开始的，其内容的丰富和活动频率的增加在青少年时期达到高峰。因此，大学生容易性冲动是正常的现象，符合人的性生理、性心理发展的自然规律，不必为此过于担心、焦虑。

性冲动既受社会环境的影响，又受个人心理素质、思想道德的约束。心理素质差，意志力薄弱，法制观念淡薄的人，易产生较强烈的性冲动和性紧张反应，有可能导致某些性越轨行为的发生，甚至出现性犯罪。因此，大学生应学会用理智和道德约束自己，保持理性的头脑，学会心理及注意力的转移和调节，应考虑超过一定限度的性冲动给对方和自己所带来的后果，考虑自己能否承担这个责任。

6．性幻想和性梦

随着生理的日臻成熟，大学生对异性交往的愿望越来越强烈，当这种愿望不能顺利实现时，性幻想和性梦就时有发生。

性幻想又叫性白日梦，是指在清醒状态下，想象与异性发生性行为。性幻想是在某种特定因素诱导下,自编、自导、自演与性交往的内容有关的心理活动过程。性幻想的内容虽然是虚构的,但也可以引起生理上的性兴奋,甚至产生性高潮。据统计,大学生中经常有性幻想的占5.7%,偶尔有性幻想的占64.1%。性幻想是一种普遍的心理现象,但性幻想不能过度,否则,沉溺其中,甚至把幻想当成现实,就会导致病态心理。

性梦是指在睡梦中发生的性行为。异性间的性吸引力——爱慕、倾心,有时会导致性冲动,但在清醒的意识状态下,理智和道德可以抑制这种冲动。然而,在进入梦乡后,这种被压抑的意识就被释放出来,使大脑皮层出现非常活跃的兴奋灶,这种性梦能够释放白天被社会规范限制的性冲动,缓解性紧张,有利于性器官的完善和成熟。值得注意的是,尽管性梦是正常的心理生理现象,但若性梦频繁出现就要加以注意,可能是劳累过度、内裤太紧、性自慰过于频繁、情绪亢奋等原因引起的。

7. 性自慰

性自慰也称为手淫,是指在性冲动时用手或工具自我发泄性欲的行为,它是青春期最常见的一种性行为。

传统的观念认为,手淫是不道德的,因此,很多青少年常为自己的手淫行为感到自责、懊悔,并为此背上沉重的心理负担。1991年6月,在第10届世界性科学大会上,提出了"手淫无害论",认为手淫是一种自然的、正常的性行为,对解除性紧张、缓解心理压力有所帮助。但过度手淫就属于一种心理障碍,并会造成一些泌尿生殖系统疾病、性神经衰弱等。

据统计,20岁以上的年轻人有手淫经历的高达90%,而我国青少年自慰焦虑的发病率普遍高于西方国家,除了因为性教育的普及程度低外,还与"手淫"被赋予的贬义色彩有很大关系,所以,现在已将"手淫"代之以"性自慰",借以克服偏见,消除心理压力。

(三)维护性心理健康

性生理、性心理的正常发展是大学生走向人格成熟的重要方面,也是大学生心理健康的重要标志。因此,大学生要正视自己的性需要和性欲望,掌握科学的性知识,培养完善的性道德,保持理性的性行为。

1. 正视自己的性需要和性欲望

伴随着性生理的成熟,青年大学生会自然地开始思慕异性,希望获得异性的注意力;还会悄悄进行自我欣赏,与别人进行比较,可是一旦出现不如意,就会出现各种各样的烦恼和焦虑。另外,因为缺乏性知识,很多大学生会对自己出现的性需要、性欲望,感到紧张、怀疑、自责、懊悔等。

事实上,大学生产生性需要和性欲望是正常的,既不应"谈性色变",把"性"看成下流、肮脏的事情,也不要强迫自己否认、回避性需要,以免引发紧张、焦虑情绪,形成性压抑。性是每个正常人到一定年龄都要具备的生理欲求,这是人类繁衍后代的必要手段,也是个人顺利成长的必要条件。大学生要接纳、欣赏自己的性别角色,正视自己的性需要,并能通过合适的途径释放它、升华它。

2. 掌握科学的性知识

性是成长和学习的结果,即使没有有意识地进行性教育,性教育也会在潜移默化中发生。但对于学生来讲,他们一方面渴望了解性知识;另一方面又很难从父母、教师那儿得到满意的答案,所以,有些学生会通过朋友、低级书刊、色情网站等了解性。现代化的网络、书刊等传媒系统成了大学生了解性知识、进行性教育的基本途径,但值得注意的是,媒体的宣讲门类复杂、良莠不齐,大学生如果不加以辨别地吸收,就会受到误导,尤其是那些低级的影视书刊等,特别容易引发性冲动,导致性沉迷,使性意识庸俗化。

大学生应借助正规的渠道学习和了解科学的性知识。清华大学樊富珉教授认为:"性"是一门综合性的科学,它包括性生理学、性心理学、性社会学、性伦理学和性美学等。这就是说,大学生不仅要了解两性在生理构造上的差异、知道如何保持安全健康的性行为,还要培养科学的性观念,形成健全的人格,使性行为符合文明的需要、审美的需要。

3．培养完善的性价值观

大学生已经到了身体发育成熟的年龄,性的需要是非常自然的事,然而,人类的"性"却不纯粹是生理的问题,它还包含丰富的社会内容,比如,情感、价值观、道德规范。只有将生理需要和社会内容有机地结合起来,形成完善的性价值观,才能保持健康的性心理。

在法国,人们对孩子进行性教育时,特别强度3R原则,即权益(right)、责任(responsible)、尊重(respect),这3项原则成为法国青少年性健康教育的社会基石,对我们也有一定的借鉴意义。

(1) 权益

法国社会对年轻人在婚前有亲密性关系持坦率和接受的态度,并且认识到这些关系是自然产生的,是一个人成长过程中的正常组成部分。所以,年轻人要坦然接受自己的性需要,保护自己的性权益。

(2) 责任

权益和责任是相辅相成的。年轻人在享受权益的同时,要承担自己应该承担的个人责任和社会责任,既保护自己,也爱护他人。因为,性行为不仅影响着自己的生活,也影响着对方的生活。

(3) 尊重

每个成熟的大学生都应了解个人性行为对他人、自我和社会带来的后果,要尊重他人、尊重自我,对自我的行为负责。

4．保持理性的性行为

性欲是正常的,也是可控制的。大学生要通过积极的方式进行自我调节。

(1) 缓解性冲动

大学生要积极投入学习、工作和各种文体活动,以及正常的异性交往中,以此取代或转移性欲。要尽量避免影视、报刊、网络上过强的性信息刺激,抵制低级宣传的不健康影响。

(2) 调节性心理问题的困扰

大学生要通过对性知识的学习,消除对手淫、性幻想、性梦的困扰,既不要为此感到恐慌,也不要过分沉溺其中,而应通过丰富多彩的文体活动和恰当的异性交往来平衡自己的性心理。

(3) 正确把握异性交往

人与人之间的异性交往,是建立在生理需要和社会规范双重标准下的,因此,大学生在异性交往中要把握文明、适度原则。要注意场合,适当限制亲密行为,尤其要避免性行为带来的不良后果,保持身心健康。

(4) 懂得寻求专业帮助

一旦感觉自己无法独立解决面临的性问题时,要及时向心理咨询和心理治疗机构寻求帮助,具有一定心理学知识和咨询技能的心理咨询师与治疗师,将会给予有益的指导和建议,帮助求助者调适、缓解心理问题。

5. 婚前性行为问题

性爱是情爱的重要生理基础,是爱情发展到一定程度的自然而然的流露,然而,它又是一股强大的力量,如果脱离控制,也有可能会变成一场灾难。

(1) 大学生婚前性行为的特点

在一项有关大学生婚前性行为的全国性调查中,有10.6%的男生和5.6%的女生承认发生过性关系。其婚前性行为往往有以下几个特点。

① 具有突发性,往往在无心理准备的情况下突然发生。

② 是自愿性而又非理智性,大学生已是青年,较少为别人胁迫,大多在双方自愿而非理智的情况下发生性行为。

③ 反复性,由于年龄和观念的影响,一旦冲破这道防线,便不再过多顾虑,还会多次反复发生。

(2) 对性行为认知的误区

在传统观念与西方"性解放"思潮相互交织的矛盾影响下,大学生对性行为的认知也往往充满了困惑,以至于会产生以下几个认知误区。

① 爱他,就给他。在西方思想的影响下,大学生对婚前性行为越来越宽容,认为如果双方关系稳定、相爱,就可以发生性行为。然而,有些学生,尤其是女生在发生性行为时并非自愿,而是在对方的一再要求下,为取悦对方,不得已而为之。这部分学生会由此产生矛盾心理,引发心理困扰和心理障碍。

② 贞操已不重要。受现代思潮的影响,很多大学生已经不再看重"贞操"。但事实上,人们对婚前性行为还远没达到"毫不介意"的地步。"偷食禁果"依然会给双方,尤其是女生带来沉重的心理负担。另外,婚前性行为有可能带来未婚先孕,这不但会带来巨大的心理压力与精神负担,而且可能成为有损身心健康的诱因。

③ 失去童贞就不纯洁了。受传统思想的影响,有些大学生认为一旦失去了"童贞",就不纯洁了,不会被人爱了,就会自怨自艾、自暴自弃。实际上,尽管失身可能会给未来的选择产生某些影响,但并不意味着与幸福无缘,也不意味着道德败坏。

(3) 简单的避孕知识

① 安全期避孕。正常育龄女性每个月来1次月经,从本次月经来潮开始到下次月经来潮第1天,称为1个月经周期。如从避孕方面考虑,可以将女性的每个月经周期分为月经期、排卵期和安全期。安全期避孕就是在排卵期内停止性生活的一种避孕方法,但要注

意此方法存在不确定性。

② 口服避孕药。服用避孕药进行避孕,是一种比较安全、有效的避孕方法,坚持使用,能达到99%的避孕率。避孕药有女性口服避孕药和男性口服避孕药,又分为短期口服避孕药、长效口服避孕药、速效口服避孕药、紧急事后避孕药,可针对不同的避孕需求,有针对性地服用。但避孕药必须按规定服用,而且可能有一定的副作用。

③ 避孕套。避孕套又称安全套,是一种男用避孕工具。只要掌握了正确的方法,避孕有效率达93%以上。避孕套还可以预防性传播疾病,尤其是艾滋病。

(4) 预防性传播疾病

① 性病。性病全名为性传播疾病。性病是由性接触而传播的传染病。性病有20多种,常见的性病有淋病、梅毒、尖锐湿疣、沙眼衣原体、软下疳、生殖器疱疹、滴虫病、乙型肝炎和艾滋病等。其中,梅毒、淋病、生殖器疱疹、非淋菌性尿道炎、尖锐湿疣、软下疳、性病性淋巴肉芽肿和艾滋病8种性病被列为我国重点防治的性病。性病可由病毒、细菌和寄生虫引起。由病毒引起的性病有尖锐湿疣、乙型肝炎和生殖器疱疹等。由细菌引起的性病有淋病和梅毒等。疥疮、滴虫病和阴虱是由寄生虫引起的性病。

② 性病的危害。性病是危害人类最严重、发病最广泛的一种传染病。性病对人体健康的损害是多方面的。感染性病后如果不能及时发现并彻底治疗,不仅可损害人的生殖器官,导致不育,有些性病还可损害心脏、脑等人体的重要器官,甚至导致死亡。有些性病一旦染上是难以治愈的,如尖锐湿疣、生殖器疱疹。

有相当一部分的性病患者症状较轻或没有任何明显的症状,但却可以通过各种性病传播途径传给其他健康人,尤其是家人。

③ 艾滋病。艾滋病是英文名称AIDS的译音,全名是获得性免疫缺陷综合征,缩写为AIDS。它是由人类免疫缺陷病毒(HIV)感染引起的以T细胞免疫功能缺陷为主的一种混合免疫缺陷病。它把人体免疫系统中最重要的T4淋巴细胞作为攻击目标,大量吞噬、破坏T4淋巴细胞,从而使整个人体免疫系统遭到破坏,最终人体丧失对各种疾病的抵抗能力而导致死亡。

人不容易得艾滋病,因为艾滋病病毒只能在人体外存活几秒钟时间,而且只从一个活细胞传到另一个活细胞。已经证实的艾滋病传染途径主要有三条,即性传播、血液传播和母婴传播,其核心是通过性传播和血液传播,一般的接触并不能传染艾滋病,所以艾滋病患者在生活当中不应受到歧视,如共同进餐、握手等都不会传染艾滋病。

④ 避免感染性病的方法。据全国性病控制中心提供的数据表明,性病已经取代结核病成为继痢疾和肝炎之后我国第三大传染病。性病,不仅是个人健康的大敌,也关乎社会的公共卫生事业,大学生应积极参加性病、艾滋病的预防工作。

大学生要预防性病,首先要培养健康的人格,自尊、自信、自爱,保持积极的人生态度和健康的生活方式;要洁身自爱,减少婚前性行为的发生;还要积极参与性病、艾滋病的宣传教育活动,传播文明健康的性知识。

【案例启示】

杨绛与钱钟书令人羡慕的爱情故事

杨绛和钱钟书是中国文坛上一段金玉良缘,两个人从一见钟情到相伴终生的爱情故事曾经美煞世人。门当户对,举案齐眉,相濡以沫,白头偕老,所有美好的词对于他们夫妻来说都适用。他们两个人的爱情故事,读起来是一种美好的享受,也会让我们体会到什么是幸福的婚姻。他们向世人诠释了爱情的浪漫与温馨、婚姻的相濡以沫。

杨绛与钱钟书一生相伴60余年,从学生时代一直携手走向生命的终点。钱钟书离世时留给杨绛的最后一句话是:"好好活。"这句话支撑了杨绛往后的18年。

对于现代婚姻,杨绛曾给出这样的建议:

我是一位老人,净说些老话。对于时代,我是落伍者,没有什么良言贡献给现代婚姻。只是在物质至上的时代潮流下,想提醒年轻的朋友,男女结合最最重要的是感情,双方互相理解的程度。理解深才能互相欣赏、吸引、支持和鼓励,两情相悦。门当户对及其他,并不重要。

钱钟书曾形容杨绛是"绝无仅有的结合了各不相容的三者:妻子、情人、朋友"。而杨绛在钱钟书去世后在书中写下下面的话:"我们仨失散了,留下我独自打扫现场,我一个人思念我们仨。"就是这样一份从相识、相爱到相守的感情,惊艳了时光,温柔了岁月。

钱钟书曾写给杨绛一句这样的话:"没遇到你之前,我没想过结婚;遇见你,结婚这事我没想过和别人。"

人生不可能一直快乐,有欢乐就有痛苦。他们也经历过一段痛苦的岁月,就像杨绛在《五七干校》中写的那样,相互扶持着走过来了,一直过着平淡而温馨的生活。他们一起读书,一起写文章,一起品茶散步,直到"我们俩"都老了。

在如今这样一个什么都追求速度的快节奏的社会中,就连爱情也追求快,就像一阵龙卷风来得快、来得猛烈,退却后只剩下一片狼藉的萧条,这样的世界似乎越来越不懂爱。反而更加让人开始怀念从前那种日色消退的慢,车、马、邮件都很慢,一生只够爱一个人的浪漫。

希望大家都能遇到一份可像钱钟书和杨绛一样的持久绵长的爱情、幸福而温馨的婚姻。

【知识拓展】

异性交往的原则和艺术

异性同学间的正常交往,有利于破除对异性的无知和好奇,增进对异性的了解,有利于丰富情感体验,有利于社交能力的培养,可以使性能量在合适的人际渠道中以升华的方式得以合理宣泄。

1. 异性交往的原则

(1) 健康、文明的原则。异性同学之间说话要文明,切忌粗话、脏话;举止要大方,对待异性不可拍拍肩膀、打打闹闹、随便轻浮;尊重对方,不可拿对方开心取乐,甚至不尊重异性感情。

(2) 选择场所与时间适当的原则。与异性同学交往,不可在阴暗、偏僻的场所,而应在公共场所;不可在晚上单独交往,以防止各种性意向的幻想发生;到异性宿舍,应得到准许,且不应停留过长时间。

(3) 保持一定距离的原则。男女异性交往本身有一种自然吸引力。因此,若男女同学交往距离太近,且身体接触,人的性器官会感受到刺激而产生条件反射,出现性冲动甚至越轨行为。因此,男女学生接触,应注意保持一定距离,这也是一种礼貌。遵循这些原则就能使男女异性同学之间的交往保持文明、积极的氛围,并能避免一些不当行为的出现。

(4) 严于律己、宽以待人的原则。人与人之间时时刻刻都需要宽容,人类社会的发展离不开宽容。宽容不是无原则的忍让,不是无能的表现,更不是窝囊废。但在无原则问题的纠纷中,需要彼此宽容一点,一旦出现问题和矛盾时,多进行自我批评。

(5) 己所不欲、勿施于人的原则。人人都有被爱和受人尊重的需要。你不希望别人伤害你,你就不要去伤害别人,要做到推己及人、仁爱待人。

2. 异性正常交往的艺术

(1) 在异性交往中,不能带有实用主义和功利主义的目的,或带有性攻击的动机和强制性。

(2) 异性之间交往要保持一定的距离,因为距离产生美。

(3) 异性之间交往还应具有自己独特的风度,这是自己在与异性交往中保持永恒魅力的法宝。

(4) 异性之间交往还应自信而坦诚。坦诚是异性交往的最佳艺术。

(5) 要克服异性交往的心理障碍。

(6) 异性之间交往要讲究礼仪和注意小节。

【活动与体验】

体验感悟——其实你不懂我的心(心理情境剧)

活动流程:

场景1:一名女生比较活泼开朗,喜欢与同学们打成一片。班里有一名男生比较内向,在与这名女生的交往过程中,误认为女生喜欢他……

场景2:小张对学校里的一名女孩有了爱慕之心,无奈落花有意流水无情,女孩并不喜欢他,多次表示这不可能,但小张一直坚持认为这是考验,感到很痛苦……

心理调查——男生眼中的女生和女生眼中的男生

(1) 在纸上写出你认为异性的3项好的特质。
(2) 简单描述你讨厌什么样的异性。
(3) 把写好的纸放进一个盒子里面,不注姓名,但是要注明性别。
(4) 根据安排,随机从盒子里面取出一张纸,展示内容,并进行讨论。

【思考与讨论】

1. 爱情有哪些特征?如何处理失恋和单相思?
2. 恋爱中如何保护自己不受伤害?
3. 你如何看待婚前同居?

课后拓展活动记录表

班级		姓名		学号	
指导教师		活动时间		活动地点	
活动主题					
课后应用	将本模块所学知识应用在学习和生活中并进行简要记录。 				
学习感想	结合教与学两方面,写写自己的收获,并提出自己的建议。(200~300字) 				
备注					

模块十三　拨开心灵迷雾——咨询心理

如果你把快乐告诉一个朋友,你将得到两个快乐;而如果你把忧愁向一个朋友倾吐,你将被分掉一半忧愁。

——[英]弗朗西斯·培根

雾气弥漫的清晨,并不意味着是一个阴霾的白天。

——[法]罗曼·罗兰

【教学目标】

(1) 素质目标

正确认知心理咨询,能对自我心理状况进行正确判断并适时求助。

(2) 知识目标

① 了解心理咨询的基本概念和内容。

② 了解心理咨询的过程和原则。

(3) 能力目标

掌握心理助人的简要方法。

【引言】

大学生是新时代年轻的追梦人,由于经历相对简单,生活阅历相对较少,面对学习压力、生存压力、经济压力、就业压力与社会竞争的冲突,同时也要面对大学校园的诸多难题,包括生活环境的改变（由家庭到学校）、生活能力的考验（由依赖到独立）、人际关系的调适（由中心人物到普通一员）、学习方式的改变（由陪伴模式到自主学习）、社会就业的紧迫（由琅琅书声的世外桃源到残酷竞争的现实）等,这些都使大学生们感到了个体适应任务的艰巨。不仅如此,在每一个适应阶段中,适应的相对平衡期缩短,动态的调整期变长。也就是说,当大学生们刚刚建立起了一个适应模式,有可能会出现新的变动之后又出现不适。而经常处于这样或那样的应激状态,以及成长中面临的种种心理困惑,都是诱发心理问题的原因。因此,对于大学生尤其是一年级的新生来说,了解心理咨询方面的相关知识至关重要。

【案例导入】

失恋是人生中的一次成长

小雨,女,19岁,某高职院校学生。自述近一个月以来内心非常痛苦,有时候难受得用头撞墙,甚至想到了自杀,但没有勇气那样做。寒假里,男友突然向她提出了分手,并历数了她的众多缺点,她一直无法接受,感到很伤心、很无助、很不甘心,同时又很压抑和自卑。心里总是想着以前两人在一起时开心快乐的时光，现在面对他冷漠无情而又决绝的态度，她总是不能相信那是真的，幻想着两个人还能和好。心里很苦、很累，无法专注地学习，最近更是感觉自己快要崩溃了，承受不起了。万分痛苦之际，小雨来到学院心理咨询室求助。

经过心理教师帮助，经过一段时间咨询，小雨开始面对现实，接受分手的事实，走出过去的回忆，在咨询过程中，教师积极引导她进行自我心理调适并合理运用社会支持体系走出了情绪的"阴霾"，比如找亲人或知心好友倾诉、适当地把情感转移到学习或者自己擅长和喜爱的其他事物上，努力提高自己，树立自信。学会辩证地看待问题，用成才的心态消除心灵的创伤，恢复心理的平衡与健康。

小雨逐渐走出了痛苦，恢复了往日的快乐，开始了新的学习生活。

情感问题是大学心理咨询中遇到较为普遍的问题之一，突然的恋爱终止会让失恋的一方感觉痛苦不堪，如果任由负面情绪扩散，在痛苦中往往伴随着自我否定、抑郁、焦虑甚至敌对，失恋所引起的消极情绪若不及时化解，会导致身心疾病。

（资料来源：李文霞. 大学生心理健康教育[M]. 北京：北京师范大学出版社，2013.）

想一想：自己在日常学习生活和工作中曾经遭遇过什么样的重大打击和挫折？你是如何从痛苦中走出来的？你在什么情况下会想到进行心理咨询呢？

一、心理咨询的概念及特点

（一）心理咨询的概念

心理咨询是指心理咨询师运用心理学的原理和方法，帮助求助者发现自身的问题和根源，从而挖掘求助者本身潜在的能力，来改变原有的认知结构和行为模式，以提高其对生活的适应性和调节周围环境的能力。简单地说，心理咨询就是心理咨询师运用心理学方法，为咨询对象提供帮助与劝导的过程。

（二）心理咨询的特点

1. 心理咨询是一种人际帮助活动

咨询总是在双方中展开：一方是接受帮助的当事人（求助者），一方是提供帮助的咨询者（咨询师）。心理咨询是助人自助的过程，咨询者不代替当事人解决现实问题，而是依据一定的理论，运用某些技术来影响求助者自己改变自己。

2. 心理咨询是一个人际互动过程

互动是指两个主体相互产生影响的过程。人际互动是一个咨询双方——咨询者与求助者之间信息双向交流的过程，包括语言的与非语言的沟通方式。心理咨询是一种良性互动，是双向的信息交流而非单向交流。咨询通过人际互动过程产生影响或效果，而不是依靠医学或药物手段。

3. 心理咨询具有"心理性"

心理咨询不同于其他领域咨询。许多心理困难与生活事件（诉讼、离婚、金钱等）有直接联系，此时咨询者关注的是人在面临这些问题时的心理适应问题，而不是告诉来访者如何具体处理（离婚程序、如何打官司、如何赚钱）。

心理咨询目标是促成来访者在心理、行为方面的积极改变。例如，消除紧张反应，获得客观的自我认知，提高各种能力等。心理咨询所依据的理论、使用的方法来自心理学的基础研究。例如，基础心理学的学习原理、需要—动机理论、情绪理论、心理测量学理论等就是许多具体的咨询策略、方法和技术的基础。这意味着心理咨询所要解决问题的性质、所要达到的目标和依据的理论与方法都属于"心理性"的，而不是思想教育或德育工作。

【案例启示】

去心理咨询的人一定有问题吗

在大学校园里，仍然有些同学认为，去心理咨询的人一定有心理问题，甚至有人极端地认为，去心理咨询的人都有病。真是如此吗？

诚然，帮助来访者预防或识别心理疾病，的确是心理咨询的重要工作。但是，心理咨询或心理卫生工作的工作范围远非仅此一项，心理咨询有3级功能：初级功能（即防治心理疾病功能），旨在及时发现心理异常者并及时采取相应措施，避免发生恶性事件。中级功能（即完善心理调节功能），旨在帮助大学生加强对自己、他人和社会的了解，学会自我调节，增强挫折承受能力和社会适应能力，保持积极乐观的情绪。高级功能（即发展、健全个体和社会功能），旨在帮助大学生认清自己的潜力所在及影响因素，保持良好的心理状态和积极的生活方式，从而保持充沛的精力，有效率地工作，全面而充分地发展自己，幸福而创造性地工作和生活。高校开展心理健康教育与服务工作的主要内容是中高级功能。服务对象是追求心理健康的有心理困惑的大学生，进行心理健康教育，提供心理支持和心理服务，筛查和识别心理问题，转介超出心理咨询范围的案例等工作。那些认为只有心理疾病患者才需要心理咨询的误解，是对心理咨询和心理服务功能缺乏了解。

在我国香港、台湾地区或在国外，心理咨询是一项很普遍同时也很受欢迎的工作，并认为辅导的最终目的是协助当事人认知自己、接纳自己，尽量发挥自己的潜能，使人生统合并丰富地发展，迈向自我实现。可见，他们的工作重点也在于人的心理保健与发展。在海外，接受心理咨询者一般都是有身份和地位的人，因为这些人有经济基础，能够支付得起咨询费用，也具有心理保健的意识。现代社会造成人的心理失衡的因素增多，心理问题日益突出，处在心理不很成熟时期的大学生，学习一点心理健康知识，接受一点心理健康指导是很有必要的。

二、心理咨询的内容和方式

（一）心理咨询的内容

心理咨询的内容包括家庭教育心理咨询、学校心理咨询、职业发展心理咨询、恋爱婚姻心理咨询等。

1．家庭教育心理咨询

现代社会的家庭发生了许多变化，诸如代际冲突的突出，独生子女的比例越来越大，离异家庭的增多，家庭结构的变化等，这些都对孩子的发展产生一定的影响。除此之外，社会上存在的各种价值观和行为模式以及各种风气也都在影响着成长中的孩子。由于家长的文化程度差异较大，因此，在家庭教育中或多或少地存在着问题，于是很多家长前来进行这方面的心理咨询。

2．学校心理咨询

学校心理咨询是由学校心理咨询人员进行的，主要是针对在校学生的学习、适应、发展择业等问题进行的。从教育模式出发，学校心理咨询重点是发展性咨询，同时辅之以障碍性咨询。

关于发展性咨询，主要有以下4点。

一是需要咨询。引导学生满足正确的社会需要和良好的精神需要，解决学生中无理想、无动力、无兴趣的问题。

二是成长咨询。学生在不同的年龄发展阶段，会产生一些相应的心理问题，需要对其进行针对性的辅导。

三是成功咨询。指导学生如何发挥自己的潜能获取学业和成才的成功，在这里，学校不能简单地凭"智商"取人，要看到非智力因素，比如，严谨的学风、务实的作风、乐观的态度、灵活的沟通协调能力、严密的逻辑思维及语言表达等能力，这些对学生成长成才有着重要影响。

四是创新咨询。引导学生成为高素质、有创造性的人才。

3．职业发展心理咨询

从心理咨询的发展历史上来说，职业发展心理咨询是心理咨询的重要起源。在西方，职业发展心理咨询是心理咨询的主要任务之一。但在我国，目前还处于亟待发展的阶段，并且正受到越来越多的关注。

4．恋爱婚姻心理咨询

恋爱婚姻心理咨询主要包括对婚恋中的人们在择偶和恋爱（单恋、失恋、三角恋）、激情和理性、婚前性行为、婚恋情感的投入和爱恨转化、婚姻与爱情、承诺和责任、道德和义务、性开放和传统文化等方面所遭遇到的冲突或困惑而进行的心理咨询。

（二）心理咨询的方式

按照来访者的数量划分，有个体心理咨询、团体心理咨询和家庭心理咨询；按照辅导的形式划分,有面谈咨询、信函咨询、电话咨询、现场咨询等近年来还有了网络心理咨询等。在这里,我们分别对它们进行简要阐述。

1．个体心理咨询

个体心理咨询是心理咨询的主要形式之一,一般意义上的心理咨询就是指个体心理咨询。面谈咨询是它最常见、最主要的方式。因为它是个别进行的,不允许第三者在场旁听,因此,来访者易于消除顾虑,容易谈出自己内心深处的想法;同时,由于咨访双方是面对面的,咨询师可以通过对来访者的观察,接收比较多的信息,有利于咨询的有效进行。

2．团体心理咨询

在实际生活中,由于人类的许多适应或不适应、心理健康或不健康往往起源、发展和转变于人际关系中,所以,团体心理咨询的出现与发展就成为一种必然。它是通过团体人际交互作用的方式,模拟社会生活的情境,来促进个体的自我认知、自我调整、自我发展,是一种有针对性的咨询理论和方法。其作用表现为:①团体为个人提供了一面镜子;②成员可从其他参加者和指导者的反馈中获得裨益;③成员接受其他参加者的协助,也给予别人协助;④团体提供考验实际行为和尝试新行为的机会;⑤团体情境鼓励成员做出承诺并用实际行动来改善生活;⑥团体中的互助行为帮助成员了解他们在工作上、家庭上的功能,并显示出如何追求在社会上的地位;⑦团体的结构方式可以使成员得到归属的满足。

团体心理咨询有很多种类。根据团体的形式可以分为发展性团体咨询、训练性团体咨询、治疗性团体咨询;根据团体咨询所依据的理论和方法,可以分为精神分析团体心理咨询、行为主义团体咨询、认知—行为团体咨询、交朋友小组;根据咨询过程中侧重点的不同,可以分为重点放在个体的团体心理咨询和重点放在团体成员的交互作用上的团体心理咨询等。

3．家庭心理咨询

家庭是一个动力结构,每个成员之间相互作用,形成相对稳定的互动方式,以此维持着家庭的存在。所以,家庭某一成员出现问题,往往不是孤立的,而是与其他家庭成员有关的,是家庭成员相互作用的结果。因此,对个体心理障碍的诊断和治疗,必须放在家庭系统中进行。于是家庭心理咨询应运而生,其依据来源于心理治疗所依据的理论,即系统理论、交往理论和社会角色理论。

家庭心理咨询和治疗包括众多的形式:结构性家庭治疗、策略性家庭治疗、认知家庭治疗、行为家庭治疗、精神分析取向家庭治疗、跨代家庭治疗、婚姻咨询等。

4．网络心理咨询

以网络媒介方式进行的心理咨询称为网络心理咨询。网络心理咨询的服务对象的最大优点是它不受距离或地理位置的限制;缺点是文字或者留言沟通不如当面口头语言方便,需花费咨询师较多时间。此外,求助者对个人问题的描述不一定准确、完整,咨询师又不能对求助者实施直接的观察,因此有时难以做出准确的判断和给予非常恰当的指导。

5．电话咨询

利用电话向求助者提供咨询服务称为电话咨询。这种咨询形式曾被主要用于预防自杀和危机干预。因此，专用电话多设于自杀预防中心或救援中心，其工作人员多为受过训练的志愿者。这类专用电话又称为"热线"，其电话号码广而告之，便于人们需要时使用。电话咨询的优点是快捷方便而又经济，可保证隐私性。同信件咨询一样，不受距离和地理位置的限制，而且电话咨询还可以从求助者的声调、语气停顿中获得额外的信息。电话咨询的缺点是它排除了视觉信息沟通方式，咨询工作人员不能采用非语言手段影响求助者。

6．现场咨询

咨询工作者深入某些特殊需要的地方开展的心理咨询称为现场咨询，主要应用心理救援工作和应对突发事件的心理支持工作。现场咨询的优点是可较集中、及时地处理紧急心理问题，兼有预防和治疗的作用；也可免除求助者的诸多不便，将问题当场解决，有利于巩固咨询效果。不足之处是现场咨询需要花费咨询人员较多的时间，一次性的现场咨询也不可能解决所有人的心理问题。

三、心理咨询的过程及原则

（一）心理咨询的过程

心理咨询作为一种在心理上给人以帮助的过程，其直接目的是帮助来访者克服在成长道路上遇到的障碍或解决生活中遇到的各种心理问题，从而维护和增进其心理健康水平。心理咨询过程作为咨询人员与咨询对象的一种特殊人际交往过程，需要双方相互依赖、相互信任。这个目的往往不能仅凭咨询者几句鼓励、开导的话一蹴而就，而需要一系列精心设计的方法、程序或步骤，方有可能得以实现。心理咨询过程大致分为以下几个阶段。

（1）建立相互依赖的关系。咨询双方建立相互依赖的关系，是咨询过程的第一步，也是贯穿整个咨询过程一个极为重要的内容。

（2）收集信息，搞清问题的大致范围和可能性质。收集信息是整个咨询工作的基础。着重了解以下3方面的情况：①来访者的基本情况。主要包括姓名、性别、年龄、民族、职业、婚姻状况、个人工作情况、文化程度、个人身体状况、家庭状况、特长与爱好等。②来访者的社会文化背景。主要包括家庭背景（如父母的职业、文化程度、宗教信仰、兴趣爱好、健康状况、养育方式、对子女的期望等）、学校背景（如求学时教师对其态度、班风、校风、学校文化环境等）、社区环境等。③来访者的心理问题。这是收集信息的核心内容。这方面的主要内容包括学习、工作和社会适应问题、智能发展与技能掌握问题、个性发展问题、情绪困扰问题、人际交往和冲突问题、性心理卫生和婚恋指导问题、行为问题或品德问题、升学或职业选择问题、心理障碍或疾病治疗问题等。

（3）诊断检查，明确咨询目标。诊断检查是一项细致的工作，在诊断检查中，既要求来访者密切配合，又要求咨询人员熟练运用检测工具对来访者进行精心测查。

（4）选定解决问题的方案。
（5）追踪反馈，巩固和发展咨询成效。

（二）心理咨询的原则

在心理咨询过程中，咨询的伦理道德标准原则非常重要，它能指导约束咨询者和被咨询者，保证咨询工作能够顺利地进行。其原则主要包括以下几项。

1．保密原则

心理咨询师有责任向求助者说明心理咨询工作者的保密原则，以及应用这一原则的限度；心理咨询工作中的有关资料，包括个案记录、测验资料、信件、录音、录像和其他资料，均属专业信息，应在严格保密的情况下进行保存，不得列入其他资料之中；心理咨询师只有在求助者同意的情况下才能对咨询过程进行录音、录像。在因专业需要进行案例讨论，或采用案例进行教学、科研、写作等工作时，应隐去那些可能据以辨认出求助者的有关信息。心理咨询师对于心理咨询服务的记录、开具的诊断或医嘱，应有适当场所及由适当人员进行保管，并负有保密的义务。

在心理咨询工作中，一旦发现求助者有危害自身和他人的情况，必须采取必要的措施，防止意外事件发生（必要时应通知有关部门或家属），或与其他心理咨询师进行磋商，但应将有关保密信息的暴露程度限制在最低范围之内；当心理咨询师在受卫生、司法或公安机关询问时，不得做虚伪的陈述或报告。

心理咨询过程中有些情况下需要打破保密限制，采取保密例外，公开来访者的资料。

（1）已经获得来访者的披露信息授权，咨询师应该严格按照约定范围使用该授权。

（2）法律要求咨询师披露的。职业规范不能对抗法律规定，如来访者有杀人事实、谋杀计划、自杀计划、虐待老人和儿童以及其他重大犯罪行为的，咨询师必须向公安或者检察机关报告，这是每个公民的法定义务，心理咨询师也不能例外。因此，来访者如果有杀人等犯罪事实，应该先向司法机关自首，然后再寻求心理援助，或者在心理咨询中不暴露这样的事实给咨询师，否则将置咨询师于两难境地。如果来访者有自杀或者谋杀的倾向，可以先寻求心理帮助，或可防患于未然，为了挽救来访者，咨询师有权向有关机关报告。

（3）咨询师在将案例用于学术活动时，须隐去来访者姓名、住址、电话等可以辨认出特定个人的个人化信息。

2．时间限定原则

时间限定原则是指心理咨询必须遵守一定的时间限制。一般来讲，一次咨询的时间不能超过2小时，最好控制在1小时左右。咨询过程中控制时间具有非常重要的作用，它可以推动咨询过程的顺利开展，对来访者的成长具有积极意义。首先，限制时间可以使来访者产生一种安定感；其次，限制时间是促进来访者成长的需要；最后，限制时间充分反映了咨询者对咨询过程的监控和调节，是咨询者咨询技能的体现。

3．态度中立原则

态度中立原则是指咨询者在咨询过程中应保持中立的立场，不将自己的私人情感掺杂到咨询中，不过度卷入咨询中，并始终保持冷静、清醒的头脑。中立的态度有助于咨询者客观地分析和判断来访者的问题，对解决来访者的问题具有重要的积极作用。

4．伦理道德规范原则

避免建立双重或多重关系。咨询是一种专业的、特殊的单向人际关系，也是一种契约关系，这种关系决定了咨询者与来访者之间只能保持着一种单向的咨询与被咨询关系，两者间不能建立双重或多重关系。所谓双重或多重关系，是指咨询者与来访者间保持着两种或多种身份角色，这种关系为心理咨询伦理道德标准所禁止。例如，生意关系、过度情感关系等。

（三）厘清对心理咨询的误解

1．心理问题≠精神病（咨询的对象）

每个人在成长的不同阶段及生活工作的不同方面，都有可能会遇到这样或那样的问题，导致消极情绪的产生。对这些问题如能采取适当的方法予以解决，个体就能顺利健康地发展；若不能及时加以正确处理，则会产生持续的不良影响，甚至导致心理障碍。这样看来，心理问题是日常生活中经常会遇到的，就这些问题求助于心理咨询并不意味着有什么不正常或有见不得人的隐私，相反，这表明了个体具有较高的生活目标，希望通过心理咨询更好地自我完善，而不是回避和否认问题，混混沌沌虚度一生。有相当一部分人把心理问题、心理障碍和精神障碍混为一谈，甚至把心理咨询妖魔化，认为心理咨询的工作对象是疯子。其实他们所说的"疯子"严格来讲是重性精神病，如精神分裂症、躁郁症等，它与一般的心理问题和轻度心理障碍有很大区别。绝大部分精神病患者对自己的疾病没有自知力，更不会主动求助。

2．心理学≠窥见内心（咨询的方式）

两个久未谋面的老同学在路上不期而遇，其中一个知道对方是心理咨询师，就让他猜一猜自己现在心中想些什么。许多来访者也有类似的心态，他们不愿或羞于吐露自己的心理活动，认为只要简单说几句，咨询者就应该能猜出他心中的想法，要不就表明咨询者水平不高。其实心理咨询师也是人，他们没有什么特异功能——能窥见他人的内心世界，他们只是应用心理学的理论和方法，对来访者提供的一定信息进行讨论和分析，并进行咨询与治疗。因此，来访者需详尽地提供有关情况，才能帮助双方共同找到问题的症结，有利于咨询师做出正确的诊断并进行恰当的治疗。

3．心理咨询≠无所不能（咨询的范围）

许多来访者将心理咨询神化，似乎咨询者无所不会、无所不能，就像一个"开锁匠"，什么样的心结都能一下子打开，所以常常来诊一两次，没有达到所希求的"豁然开朗"的心境，就大失所望，再也不来了。实际上，心理咨询是一个连续的、艰难的改变过程。心理问题常与来访者的个性及生活经历有关，须知"冰冻三尺非一日之寒"，就像一座冰山，积累已久，没有强烈的求助、改变的动机，没有恒久的决心与之抗衡，是难以冰消雪融的，所以来访者需有打"持久战"的心理准备。

4．心理医生≠救世主（咨询的作用）

多年来，传统的生物医学模式就是，患者看病，医生诊断、开药、治疗，一切由医生说了算,要求患者绝对服从、配合,因此来访者自然而然地把这种旧的生物医学模式带进心理咨询。一些来访者把心理咨询师当作"救世主",将自己的所有心理包袱丢给咨询师,以为咨询师应该有能耐把它们一一解开,而自己无须思考、无须努力、无须承担责任。

然而,心理咨询与心理治疗是新的生物—心理—社会医学模式的产物,咨询师只能起到分析、引导、启发、支持、促进来访者改变和人格成长的作用,他无权把自己的价值观和愿望强加给来访者,更不能替来访者去改变或做决定。来访者需认识到,"救世主"只有一个,那就是自己。只有改变自己、战胜自己,最终才能超越自我,达到理想目标。倘若把自己完全交给医生,消极被动,推卸责任,只会一事无成。因此,心理咨询的最终目标是要学会自救。

5. 心理咨询≠思想工作（咨询的功能）

来访者中还有另一种极端的认知,就是认为心理咨询没多大用处,无非是讲些道理,因而忽视或未意识到心理问题是需要治疗的。比如,某位来访者因强迫观念痛苦异常去做心理咨询,家人反对并干涉:"你就是死钻牛角尖,想开点就会好的。"患者得不到家人的理解支持,内心很绝望,从而影响到治疗的连续性和效果。心理咨询作为一门学科,有着严谨的理论基础和诊疗程序,它与思想工作是有本质区别的。

思想工作的目的是说服对方服从、遵循社会规范、道德标准及集体意志,而心理咨询则是运用专门的理论和技巧寻找心理障碍的症结,予以诊断治疗,咨询者持客观、中立的态度,而不是对来访者进行批评教育。另外,某些心理障碍同时具有神经生化改变的基础,需要结合药物治疗,这更是思想工作所不能取代的。

【案例启示】

心理咨询助燃青春之火

19岁的小强到大专后很不甘心,在入学之后的心理测量筛查中显示人际关系敏感、抑郁、焦虑、敌对。他也感觉自己这段时间常常焦虑不安,总想回去复课。家里并不富裕,爸爸认为复课会白白浪费钱,不如早点儿上班赚钱。

小强出生于北方农村,家里条件一般。父亲常说:"村里有一个考上本科的也得是你!""不是你赢就是别人赢!""多一分你就考上了,少一分你就完了!"到高三小强拼命努力学习,开始担心排名下降,开始怕考试,答卷时手哆嗦,大脑出现空白。班主任让小强想开一些,可他做不到。当时小强感觉自己状态不对,和姐姐说想找心理医生看病,但没有成行。最后小强高考失利,刚过三本线,家里嫌三本学费太贵,选择了到大专就读。

从心理角度分析,来访者的自我形象是一个让人羡慕的成功者,他反复用这个定义来衡量自己,又在暂时失利时用这个定义不断折磨自己、攻击自己,最终导致抑郁。咨询师首先用真诚的态度理解他的处境,共情他的焦虑和抑郁。让来访者感觉到,经历他那样的事情之后出现焦虑、抑郁、敌对的情绪是完全正常的,来访者感到自己被理解,从而建立起信任的、安全的咨访关系。之后咨询师采用认知行为治疗的理论和方法调整他的认知,这个关键观念解决之后,小强的情绪平稳了很多,与同学的敌对情绪也减少了。他逐渐在学生会中崭露头角,成为重要骨干。并且在之后的学习生涯中如愿拿到了学校的最高奖学金——国家励志奖学金。在后期的咨询中,咨询师引导他调整与父母的关系,父亲最后同意他参加专接本的考试。在他的系部教师和专接本辅导教师的共同努力下,他成功地考上了自己心仪的本科大学,开启了自己的崭新人生。临离开学校时,他找到咨询师说:"幸亏我在大一时遇上老师您,否则真不知道自己会怎样。如今的我早不是当初的那个样子了,谢谢您!"

【知识拓展】

传统医学中的心理疗法

中医承载着中国古代人民同疾病做斗争的经验和理论知识,是经过长期医疗实践逐步形成的医学理论体系,在我国的传统医学中有众多的心理疗法,这里简单介绍几种,希望对同学们有所启示。

1. 疏导疗法

疏导疗法是对患者阻塞的病理心理状态进行疏通引导,使之畅通,解除其心中疑惑、郁闷,从而达到防治疾病之目的。疏导疗法的理论基础是祖国医学古籍《黄帝内经·灵枢》师传篇关于"人之情,莫不恶死而乐生,告之以其败,语之以其善,导之以其所便,开之以其所苦,虽有无道人,恶有不听者乎"的观点,根据这一原理,疏导疗法的要点在于:

(1) 指出疾病的危害,引起患者的重视,并使患者有正确的认知、态度。

(2) 指出患者要与医生合作,及时治疗,一定会治愈,增强其战胜疾病的信心。

(3) 指出治疗的具体措施,劝告患者如何调养,保持最佳状态的方法。

(4) 指出患者的消极心理状态有利于治疗,通过开导、劝说,帮助其从痛苦中解脱出来。

疏导疗法主要靠治疗者的耐心解释与积极劝说,充分调动患者的积极性、主动性来防治疾病。现代的疏导疗法又引进了条件反射技术,帮助患者破坏旧的心理动力定型,建立起健康、适应的心理模式,起到更好的效果。

疏导疗法对心理障碍、焦虑症、抑郁症等多种神经症都有较好的疗效。

2. 按摩疗法

按摩是流传至今的一种医疗方法,它通过推、摩、擦、抹等手法对人体不同穴位进行按摩,从而治疗多种疾病,对某些心理疾病也有较好疗效。《黄帝内经·素问》血气形志篇中记载:"形数惊恐,经络不通,病生于不仁,治之以按摩醪药。"合理的按摩会给人以一种全身轻松、愉快、舒服的感觉,有利于放松身心,养生保健。

3. 情志相胜法

祖国医学早就发现,许多因七情过激而产生的疾病,用药物等寻常手段治疗常常效果不佳,而用言语或形象对患者造成与之相反的情绪,反而收效甚佳。《黄帝内经》中指出:"喜胜忧,恐伤肾,思胜恐。"这种利用五行相克相胜,以一种情志有效地纠正另一种过激情志的方法就是"情志相胜法"。清人范进连年落第,直至年迈方中举人。突闻喜报,"大喜伤心"而发生癫狂。其岳父即恶狠狠地说:"该死的畜生,你中了甚么?那报喜的话是哄骗你的!"并一个嘴巴打去,范进昏倒,醒后疯症却除。这就是"以怒胜喜"一生动例证。

4. 暗示疗法

中国古代的暗示疗法是指对因某些特殊原因形成的心理障碍,利用患者迷信药物或名医的心理,假借药物或某权威人物来医治其心病,这和西方的暗示疗法原理大致相同。有这样一个例子,清代名医张亦仙遇到一个患者,因在外饮井水,发现水中有线虫,怀疑自己吞入此虫,不久真的腹痛难忍,一病不起。张亦仙认为这是心病作祟,于是想了一个办法,令其饮酒,并暗示酒能杀死线虫。患者饮酒后,用鹅毛探喉催吐,趁其不备,在吐物中放入和线虫十分相像的玉米须,暗示患者说:"你看,你已将线虫全部吐出来了!"患者处于半醉状态,一看,信以为真,十分高兴,很快便痊愈了。这个传说说明张亦仙抓住了患者在酒醉状态下易受暗示的心理特点治疗了他的心病。

5. 闲情逸致法

祖国医学早就发现,一些高尚、健康的业余爱好,不仅能为生活增添情趣,还可以陶冶情操,愉悦身心,安神养性,防病治病。因而"琴、棋、书、画"四大雅兴,历来为古人所津津乐道。所谓"闲情逸致法"是古人总结出依靠书法、绘画、吟诗、抚琴、弈棋、钓鱼等业余活动调养精神、驱散愁闷的一种心理保健方法。现代医学研究也表明,这些活动能起到调整劳逸关系的作用,有益于改善大脑的功能和调节机体的免疫机制,更好地调节植物神经系统的功能,促进新陈代谢。譬如书法、绘画能集中精神,排除杂念,心平气和,起到"脑力柔和体操"的功效;吟诗能宣泄各种情绪,使人心情振奋,心旷神怡;垂钓、弈棋更能解除心脾燥热,有利于情绪平稳,开发智力。相传,北宋文学家欧阳修曾患忧郁症,退职在家,久治无效。后来,他向友人学琴,"久而乐之",居然"不知其疾之在体也"。他还将此法推荐给情绪消沉的友人杨寘,并做了一篇《送杨寘序》,劝慰他"欲平其心以养其疾,于琴亦将有得焉"。

6. 养神调气法

中国古代这种养神调气法很多,类似现代人们普遍接受的"冥想",下面介绍两种。

(1) 意守丹田

丹田是人体穴位名称,位于脐下小腹处,是人体气海所在部位。意守就是将意念集中在其中某个穴位上。古人认为,意守丹田可使气血贯通,百病消除,益壮长寿。行此法时,要保持身体上虚下重,端坐如钟,尽弛下腹以外之力,张下腹而集全力于丹田,牵手无失,经时越有效果。经常坚持意守丹田,不仅躯体轻松舒畅,气血流通舒畅,还能使精气足,气力壮,感觉愉快。

(2) 入定忘我

端坐,闭目静心入定,全身最大限度地放松,使整个机体处于虚静状态,脑子空虚不思不想;或者吸气时想静,呼气时想松,这样一静一松,逐步诱导放松入静。想到自己身体似棉花松开,慢慢无限放大,似在空中飘荡的浮云,飘飘荡荡,悠悠怡怡,有意无意,绵绵若存。体会自身与大气融为一体,极为舒适,悠然自得,逐渐达到忘我的境界。

以上中医方法不同程度可以舒缓情绪,放松自我,强健体魄,感兴趣的同学可以选择适合自己的方法试一试。

(资料来源:梁宝勇.心理卫生与心理咨询百科全书[M].天津:南开大学出版社,2002.)

【活动与体验】

体验感悟——心理大侦探

活动流程：

(1) 选取几个（2个以上）志愿者上台各讲3分钟话，并与台下成员互动。

(2) 台下的成员写出"心理侦查"报告（要求不能涉及隐私问题，禁止人身攻击等言语）。

(3) 每个人对自己进行一次"心理侦查"。

分享：

(1) 分享报告，并阐明为什么会有如此评价。

(2) 试着对自己进行一次"心理侦查"。

心理测验——看看你是什么颜色

(1) 我的人生观是：（　　）。

　　A．人生的体验越多越好，所以想法很多，有可能就应该多尝试

　　B．深度比宽度更重要，目标要谨慎，一旦确定就坚持到底

　　C．人生必须有所成

　　D．没必要太辛苦，好好活着就行

(2) 如果野外旅行，在下山返回的路线上，我更在乎：（　　）。

　　A．要好玩有趣，不愿重复，所以宁愿走新路线

　　B．要安全稳妥，担心危险，所以宁愿走原路线

　　C．要挑战自我，喜欢冒险，所以宁愿走新路线

　　D．要方便省心，害怕麻烦，所以宁愿走原路线

(3) 在表达一件事情上，别人认为我：（　　）。

　　A．总是给人感受到强烈印象

　　B．总是表述极其准确

　　C．总能围绕最终目的

　　D．总能让大家很舒服

(4) 在生命多数时候，我其实更希望：（　　）。

　　A．刺激　　B．安全　　C．挑战　　D．稳定

(5) 我认为自己在情感上的基本特点是：（　　）。

　　A．情绪多变，情绪波动大

　　B．外表抑制强，但内心起伏大，一旦挫伤难以平复

　　C．感情不拖泥带水，较直接

　　D．天性四平八稳

(6) 我认为自己除了工作以外，在人生的控制欲上，我：（　　）。

　　A．谈不上控制欲，却有强烈地感染带动他人的欲望，但自控能力不强

　　B．用规则来保持我的自控和对他人的要求

　　C．内心有控制欲，希望别人服从我

D. 从不愿去管别人,也不愿别人来管我

(7) 当与恋人交往时,我倾向于:(　　)。
　　A. 在一起时就要尽情地欢乐,爱意常会溢于言表
　　B. 体贴入微关怀细腻,对于对方的需求和变化极其敏感
　　C. 帮助对方成长是我最大的责任
　　D. 迁就顺从的陪伴者和绝佳的聆听者

(8) 在人际交往时,我:(　　)。
　　A. 心态开放,可快速建立起人际关系
　　B. 非常审慎缓慢地深入,一旦认为是朋友便会长久
　　C. 希望在人际关系中占据主导地位
　　D. 顺其自然,不温不火,相对被动

(9) 我认为自己的为人:(　　)。
　　A. 可爱而生机　　B. 深沉而内敛　　C. 果断而自信　　D. 平静而和气

(10) 我完成任务的方式是:(　　)。
　　A. 常赶在最后期限前的一刻完成
　　B. 自己精确地做,不麻烦别人
　　C. 最快速做完,再找下一个任务
　　D. 该怎么做就怎么做,需要时从他人处得到帮忙

评价结果:

A 的总数为 (　　) ——红色

B 的总数为 (　　) ——蓝色

C 的总数为 (　　) —— 黄色

D 的总数为 (　　) ——绿色

　　红色的你积极乐观,情绪波动大起大落,真诚主动,开玩笑不分场合,善于表达,疏于兑现承诺,富有感染力,这山望着那山高……

　　蓝色的你思想深邃,情感脆弱,默默关怀他人,喜好批判和挑剔,敏感而细腻,不主动与人沟通,计划性强,患得患失……

　　黄色的你行动迅速,死不认错,善于忠告,控制欲强,不感情用事,咄咄逼人,坚持不懈,容易发怒……

　　绿色的你温柔祥和,拒绝改变,为他人考虑,胆小被动,心平气和,没有主见,善于协调,缺乏创意……

【思考与讨论】

1. 什么是心理咨询?它有哪些特点?
2. 心理咨询的方式和内容有哪些?
3. 心理咨询的保密性原则和保密例外有哪些?
4. 你在什么情况下会选择求助心理咨询?

课后拓展活动记录表

班级		姓名		学号	
指导教师		活动时间		活动地点	
活动主题					
课后应用	将本模块所学知识应用在学习和生活中并进行简要记录。				
学习感想	结合教与学两方面,写写自己的收获,并提出自己的建议。(200～300字)				
备注					

模块十四　培养积极品质——积极心理

悲观的人虽生犹死,乐观的人永生不老。

——[英]拜伦

大多数人想改造这个世界,但却罕有人想改造自己。

——[俄]列夫·托尔斯泰

【教学目标】

(1) 素质目标

培养积极心理品质,成就丰富多彩人生。

(2) 知识目标

① 熟悉积极品质的内涵及作用。

② 知晓24项积极心理品质。

(3) 能力目标

掌握积极品质的培养策略。

【引言】

现代社会的开放和多元,一方面为人们提供了更多自由选择的余地;另一方面也造成了消极心态的增多和心理冲突的出现。消极心态既是一种个人心理困扰,又是一种"社会病",它不仅关乎个人与家庭的幸福,更关系到社会的和谐稳定。

翻阅成功人士的奋斗史,不难发现,他们之所以能够成功,大多是因为他们能保持积极的心态并能积极地行动起来。积极的心态加上积极的行动,就是取得成功的秘诀。而失败者刚好相反,他们总是喜欢用消极的心态看待和思考问题。积极的心态能够成就人生,消极的心态则会毁灭人生。如果我们要想改变自己的世界,首先就应该改变自己的心态。心态是积极的,我们的世界也会是多彩的。

【案例导入】

积极心理学的第一人——塞利格曼

马丁·塞利格曼(Dr.Martin E.P.Seligman)是美国宾夕法尼亚大学的著名心理学家,也是美国前任心理学会主席,他所倡导的积极心理学,在世界范围内已经引起了轰动。他所著述的《学习乐观》和《真实的幸福》等著作,已经成为畅销书。

塞利格曼在担任美国心理学会主席数月后的一天,与5岁的女儿尼奇在园子里播种。塞利格曼虽然写了大量有关儿童的著作,但实际生活中对于孩子并不算太亲密,他平时很忙,有许多任务要完成,想尽快完成播种回去工作。尼奇却手舞足蹈,跑来跑去,还把种子往天空抛去。

塞利格曼叫她别乱来。女儿却跑过来对他说:"爸爸,我能与你谈谈吗?""当然。"他回答说。"爸爸,你还记得我5岁生日吗?我从3～5岁一直都在抱怨,每天都要说这个不好那个不好,当我长到5岁时,我决定不再抱怨了,这是我从来没做过的最困难的决定。如果我不抱怨了,你可以不再那样经常郁闷吗?"听了这些,塞利格曼产生了一种闪电般的震动,这一天也改变了塞利格曼的生活。他过去的50年都在阴暗的气氛中生活,心灵中有许多不高兴的情绪,而从那天开始,他决定让心灵充满阳光,让积极情绪成为心灵的主导。

塞利格曼自20世纪六七十年代起开始研究"习得性无助",在动物实验中,给狗重复施加无法躲避的电击,则狗就会出现"习得性无助"行为,对于本可以避开的电击也不再躲避。在人类中也会出现由于对于环境事件的"习得性无助"而产生抑郁。在其后的研究中,塞利格曼又发现,不仅无助是可以习得的,乐观也是可以通过学习而获得的。学会维持乐观的态度不但有助于避免抑郁,而且实际上有助于提高健康水平,并且使人生活得更幸福。同时塞利格曼又提出了一个幸福的公式:

总幸福指数=先天的遗传素质+后天的环境+你能主动控制的心理力量

(资料来源:周仁来.心理学研究新进展第2辑[M].北京:北京师范大学出版社,2013.)

想一想:我们自己经常性的心境状态如何?塞利格曼在研究中有什么新的发现?怎样才能使自己每天保持积极乐观的心态?

一、积极品质的内涵

(一)心理品质

心理品质也称心理素质,是一个人在心理(精神)方面的基本性质。心理品质往往通过心理态度即心态来具体体现,它是人的意识、观念、动机、情感、气质、兴趣等素质的体现,是人的心理对各种信息刺激做出反应的趋向,而这种趋向对人的思维、选择、言谈和行动具有导向与支配作用。良好的心理品质是幸福人生的精神条件。

心理品质分为两种:一种是积极品质;另一种是消极品质。积极品质是一种正向、乐观、进取的心态。而消极品质则相反,它是一种悲观、颓废、抱怨、等待的反面心态。心态对于一个人事业的成功与失败产生着深刻影响,这正如美国成功学学者拿破仑·希尔所说:"不要让您的心态使您成为一个失败者。人与人之间只有很小的差异,但这种很小的差异却可造成巨大的差异!很小的差异就是人所具备的心态是积极的还是消极的,巨大的差异就是成功和失败。"成功是由那些具有积极心理品质的人所取得的,并由那些以积极心态努力不懈的人所保持。实践也充分证明,具有积极品质的人乐观、自信、主动、热情、乐于助人、有成就、少焦虑、无破坏性、感到充实和有力量；而消极品质的人自卑、失望、抑郁、无助、孤立、难以行动、少成功。因此，我们的高等教育不仅要对学生进行知识与技能的传授，同时还应重视学生积极心理品质的培养。

（二）积极心理品质

积极心理学主要研究人们正面的、积极的心理品质，并从多方面探讨能促进个体能产生积极心理状态的各种积极品质。在上百种积极心理品质中，美德和力量是个体积极品质的核心，具有缓冲器的作用，能成为战胜心理疾病的有力武器。

积极心态的内涵

人类的积极心理品质由六大美德组成，即：①智慧与知识；②勇气；③仁慈与爱；④正义；⑤修养与节制；⑥灵性与超越。这六大美德的实现要通过与之相对应的 24 种力量来获得。比如，节制能通过自律、谦虚、谨慎等来达到。六大美德和对应的 24 项积极心理品质如表 14-1 所示。

表 14-1 积极心理品质的内容

六大美德	智慧与知识	勇气	仁慈与爱	正义	修养与节制	灵性与超越
24 项积极心理品质（力量）	创造力、好奇心、开放思想、热爱学习、有洞察力	真诚、勇敢、坚持、热情	友善、爱、社会智能（社交智力）	公平、领导力、团队精神	宽容、谦虚、谨慎、自律	审美、感恩、希望、幽默、信仰

二、积极品质的作用

积极品质对于每个人来讲至关重要，它不仅影响自身的身心健康，体现一个人的品德修养，还影响家庭和睦、事业成败和人生幸福，折射出一个人的价值取向和人生境界。

（一）体现个体素质和品德修养

心理品质的不同必然导致人格和作为的不同，因而也会谱写不同的人生。生活中，我们常常会议论一个人素质、修养问题，常常会就某一件事议论这个人的素质好或者那个人的素质不好。在现实生活中，有的人为同事的进步或取得的成就而高兴，对比自己能力强的人从内心敬佩，并暗自以他为榜样，向他学习，取他人之长，补自己之短，这是一种积极心理品质的具体体现，展现一个人高尚的品德修养和极高的个人素质。

（二）影响身心健康和良好心境

消极的思想与不满情绪会引发疾病。著名医学保健专家洪昭光说过："人的健康长寿四要件之一，就是心态平衡。"诺贝尔医学奖获得者亚历西斯·卡瑞尔认为："无法处理忧虑的人，往往英年早逝。"说明积极心理品质与健康的关系是紧密相连、息息相通的。

积极品质的人会时时处于好心境，消极品质的人会事事感觉不顺心。一个成熟的人应该理智面对外在环境的变化，不管外部环境如何，都要保持自己情绪的平和愉快。就像向日葵花一样,永远面向阳光绽放灿烂的笑容。即使阴天下雨也不气恼抱怨,更不灰心气馁,总是对未来抱有坚定的信念,相信总有雨过天晴、阳光普照、明媚灿烂的时候。积极品质的人,即使遇到挫折坎坷,也不灰心绝望。不斤斤计较一时的荣辱得失,大度宽厚,豁达从容,虚心学习别人的长处,弥补自己经验的不足,提升自己的思想境界。

(三)决定人生命运和事业成败

人类是十足的幻想者,总是希望生活一帆风顺,心情艳阳高照。但在现实生活中往往事与愿违,生活的道路充满荆棘,人的心情也阴雨绵绵。每当细细地回忆生活中的一切,人们都会发现当取得一定成功的时候,即使是下雨,也总会觉得生活处处是希望;反之亦然。人的心情或许会受天气阴晴的影响,但天气的阴晴却不能决定心情的阴晴和人的心态,人生的道路需要乐观的心态去面对,相信山重水复疑无路,柳暗花明又一村。人生命运的好坏就在于是否具备一种积极心理品质。

一切的悲观情绪和忧虑都是成功的杀手。生命中,有许多事是无法控制的,但人们可以控制面对这些事情的心态。人生中不可能没有失败和挫折,但问题是有的人一旦遇到失败和挫折,就会失去意志和勇气;而具备积极品质的人则能从中吸取教训,获得经验,并化为一种前进的动力。人生事业的成功就在于是否具备积极品质,是否有再坚持一下的勇气和决心。

(四)折射价值取向和人生境界

人生境界的高低是由其世界观、人生观、价值观决定的。它支配着我们每个人的人生追求和人生道路,影响着我们每个人的思想境界、道德情操和行为准则。一个具有积极品质的人,对人生、对社会、对世界上的万事万物会持有正确的认知,对待事物能采取积极的态度和行为反应,做到冷静而稳妥地处理各种问题和矛盾。

三、积极品质的培养

人的心理品质并非与生俱来的,而是受后天社会、学校、家庭环境乃至个人因素影响逐步形成的,并成为稳定的人格状态。对于人的积极品质培养,我们从六大美德24项积极心理品质的内涵及培养策略方面逐项进行介绍。

(一)六大美德之一:智慧与知识

智慧与知识是通过创造力、好奇心、开放思想、热爱学习、有洞察力来获得。

1. 创造力

常有新的主意和想法。喜欢创造新异的东西,总是有很多创意。认为自己很有创造力。常常能想出做事的不同方法,常常用不同的方法做事,喜欢学做不同的事。

培养策略:

(1)用非传统的方式考虑问题和做事。

(2)机灵、灵敏、足智多谋,善于举一反三,触类旁通。

（3）对事物有自己的独特见解，一旦有了目标，就会使用创新并适当的行动来达到该目标。

（4）做事不受陈规束缚，能灵活运用知识和经验，能够想出新思路、新方法。

（5）喜欢从事发明、创造、创新活动。

2．好奇心

爱提问，对各种事情都很感兴趣，对事情的来龙去脉感到好奇。总想知道更多，对许多事情，总是有许多的疑问，对不熟悉的人、地方或事物总感到好奇。

培养策略：

（1）总希望知道、了解更多的事物。

（2）对任何事物都无偏见、开放的好奇和感兴趣。

（3）爱提问、爱探究。

（4）寻求新奇，对事物敏感也非常愿意接受新事物，不容易觉得无聊。

3．开放思想

喜欢用不同的方法解决问题。做出一个决定时，会考虑每个选择的好处和坏处。愿意听取别人的意见，做决定前喜欢征求别人的意见，做最后决定前会考虑所有的可能性，经常能想到令所有人都满意的解决问题的方法。

培养策略：

（1）多角度、多层次考虑问题，彻底地考虑事物并从各个角度来检验问题，不草率下结论。

（2）善于依靠证据做决定，面对证据能够改变观点。

（3）学会慎重考虑每件事的所有因素，不轻易否定自己。

（4）善用逻辑思维。

4．热爱学习

学到了一些新东西时会很开心，没人要求学习的时候也会学，每当有机会学习新东西时都会积极参加，阅读或学习新东西时总是废寝忘食。当想学习新东西时尝试找出有关它的资料，喜欢学习新东西，是个勤奋的人。

培养策略：

（1）喜爱学校，喜欢上学。

（2）喜爱图书，喜欢阅读。

（3）善于从报刊、电视、网络等媒体上获取信息，喜欢参观博物馆类的地方和任何有学习机会的地方。

（4）善于从日常生活中学习知识、掌握技能、增长见识、积累经验。

（5）对新事物感兴趣，积极主动接近、接受新事物。

（6）学习是自愿的，不是因为某种外界压力或诱惑而导致的。

5．有洞察力

即使在困难的情况下，都可以做出正确的判断，知道什么事情是重要的。常能提出较好的建议,善于找到解决冲突的方法,很少做出错误的选择。

培养策略:

(1) 善于透过现象看本质,能够清楚看清事实、讲通道理、找到意义。

(2) 能够对事物的走向给出准确判断,善于了解和解决生活中重要与复杂的事情。

(3) 看人准,且善解人意。

(4) 善于处理重要、复杂的事情。

(5) 善于帮助别人分析、解决难题,能够为他人提供有智慧的忠告。

(二) 六大美德之二:勇气

勇气是通过真诚、勇敢、坚持、热情来获得。

1. 真诚

总是信守诺言,不会为了摆脱麻烦而说谎。即使会惹上麻烦,也要说实话、会实事求是。不会经常找借口,被别人信任。自己做错了事,就算再尴尬也会承认错误。

培养策略:

(1) 真心实意,不虚情假意,不虚伪。

(2) 真实坦荡,不掩饰想法。

(3) 真挚诚实,不说谎骗人。

(4) 诚恳正直,对自己的感觉和言行负责。

(5) 努力使真实的需要和情感不被误解。

2. 勇敢

当看到不公平对待时,会维护弱者的利益。只要是正确的事,即使不受欢迎,也有勇气去做。当有人欺负别人时,会告诉这个人这样做是不对的。当看到有人被欺负时,会伸出援手,即使感到害怕,也会维护正确的事,只要做的事正确,就算有人取笑,仍会继续做。敢于对付那些欺负别人的人。

培养策略:

(1) 遇到挑战、威胁、挫折、痛苦不退缩,意志坚定。

(2) 在生命危险时,在面对困难时,尽管感到害怕和恐惧但依然勇敢面对。

(3) 遇到重大事件或面对顽固病魔时,能坚忍、镇定地应对,乐观、阳光地面对。

(4) 即使存在反对意见也为正确的事情辩护。

(5) 即使不被大多数人支持也依正确的信念行动。

3. 坚持

会坚持做功课,直到做完为止。如果任务太困难,也不会放弃。即使不想完成,该完成的工作还是会完成。做事会尽力,即使失败了也不放弃,说话算数。十分有耐心,一旦制订了锻炼或学习计划就会坚决执行。

培养策略:

(1) 说到做到,总会完成已经开始的事。

(2) 无论怎样的工作(或学习任务),都会尽力准时完成。

（3）接纳有挑战性的工作或事项，有信心并成功完成它。
（4）勤奋、用功，有耐心，做事锲而不舍。
（5）训练做事时不分心，有恒心，能够在完成工作（学习任务）的过程中获得愉悦和满足感。

4．热情

非常热心，不觉得累，无论做什么都会很有兴趣。善于与各种类型的人相处，总是感到精力充沛，总是很活跃，很容易与别人亲近，认为生命是令人激动的。

培养策略：
（1）乐观面对一切事物，做每件事情都带着激情和灵感，这种热情状态很富有感染力。
（2）做任何事情都积极、主动、兴奋。
（3）努力做到精力充沛，无论做什么都会全心全意、竭尽全力，不三心二意或半途而废。

（三）六大美德之三：仁慈与爱

仁慈与爱是通过友善、爱、社会智能（社交智力）来获得。

1．友善

朋友不开心的时候，会聆听和安慰朋友。当知道有人生病或遭遇困境时，会为他们担心。当别人有困难时，会很关心别人，经常帮助别人，即使很忙也不会停止帮助那些需要帮助的人，一向对人友善、仁慈。有人遇到困难时，会尽最大的努力去帮助，即使别人不向自己求助也会常常帮助别人。

培养策略：
（1）有善心，与人为善，常常为别人着想。
（2）有同情心，理解别人，关心别人，经常主动帮助别人，从中得到快乐。
（3）对别人仁慈和宽宏大量。

2．爱

常常有被爱的感觉，无论家人做了些什么，都爱他们。当需要跟人聊天时，总能找到能够聊天的人，即使和家人发生争执，也仍然爱他们。对那些伤害过自己的人，也不愿意看到他们过得不好，会与朋友或家人分享自己的感受，经常对朋友和家人说爱他们。当遇到困难时，身边会有人帮。

培养策略：
（1）珍惜与别人的亲密关系，特别是那些互相分享和关怀的关系。
（2）指导学生拥有去爱和被爱的能力，告诉他们那些给你最亲密感觉的人，他们同样感到跟你最亲密。
（3）内心要拥有爱，同时，自己也被别人接纳、喜欢、亲近、需要。

3．社会智能（社交智力）

在大多数社交场合中，谈吐和举止十分得体；知道应该说些什么话让别人感觉舒服，知道应该怎么做才能避免与别人发生矛盾；善于结交新朋友，一般不会在无意中惹恼别人；不用问也知道别人需要什么；当朋友们发生争吵后，善于帮他们重归于好。

培养策略：

（1）能够了解和理解自我，准确地找到自己的位置，知道如何做能适应不同的社会情境，能充分地把自己的优势和兴趣利用起来。

（2）能够了解和理解他人的动机与感受，接受别人的思想和情感，很容易识别他人心情的变化。

（3）能够主动与人交往，朋友多。

（4）能够与他人建立信任，别人不会因为自己的权威而害怕自己，自己也不会因为别人的反对而觉得自己被挑战。

（5）善于欣赏、赞美、激励他人，有很好的社交技巧，能够很好地协调人与人之间的关系。

（四）六大美德之四：正义

正义是通过公平、领导力、团队精神来获得。

1. 公平

当在团队里工作时，会让每个人都有平等的机会，即使不喜欢某些人，也会公平地对待他们，即使某件事情做得很好，也会让别人有机会去尝试，认为每个人的意见都同样重要，即使是朋友，仍会要求他与其他人一样遵守规则。

培养策略：

（1）对人一视同仁，对事公正合理，不会使自己的偏见影响任何决定。

（2）给予每个人同样的话语权和发展机会。

（3）对人对己一律平等，分配公平，交易公平。

2. 领导力

在小组成员意见不一致的时候，能够令他们继续合作，擅长当班干部，善于组织集体活动并且确保它们成功。在做集体项目的时候，是个让大家信赖和尊敬的领导，会听取其他成员的意见，当和同伴一起玩耍时善于让小组的成员按照自己说的去做，善于鼓励成员完成团队的工作。

培养策略：

（1）有宏观决策能力和筹划能力，善于从大局出发，制定长远发展规划和终极目标。

（2）能够坚持信念，有雄心、有信心、有精力、有毅力。

（3）善于鼓励团队成员参与决策、管理，从不批评和打击团队队员的积极性与工作热情，是用思想来指导团队发展，而不是用唠叨插手具体工作细节，值得信赖和尊敬。

（4）学会用人技巧，善于协调关系、化解矛盾，善于营造良好的氛围和组内关系。

（5）相信团队队员个个都是最棒的。

3. 团队精神

如果团队没有采纳自己的想法，仍能和团队继续合作，即使团队要失败了，仍会以公平的态度坚持比赛。与团队工作时非常合作,如果有益处总是愿意为自己的团队多做点事儿。在活动中,可以等着轮到自己,不会因此感到烦躁,如果不同意团队的决定还是会去执行,就算是不同意,也会尊重团队中其他成员的意见,任何时候都会忠诚于团队。

培养策略:

(1) 融入团队,有凝聚力,有归属感,为团队建设尽心竭力。

(2) 忠于团队,自觉维护团队利益,并积极、主动、认真、负责做好本职工作。

(3) 尊敬领导,但不会愚昧而自动地顺从他人,这种人也有自己的想法和思维,但会考虑大局。

(4) 尊重团队目标,虽然有时团队目标会与自己的目标不同,但仍然尊重并重视团队的目标。

(五) 六大美德之五: 修养与节制

修养与节制是通过宽容、谦虚、谨慎、自律来获得。

1. 宽容

只要欺负过自己的人道歉了,还能与他们继续做朋友,伤害过自己的人如果道歉了,会原谅他们,会轻易地饶恕他人,会再给他们一次做朋友的机会。会公平地对待对自己不好的人,当有人对自己做了不好的事,不会跟他们算账,一般不与别人争论。

培养策略:

(1) 宽容那些犯错误的人,原谅别人的过失,给他人第二次机会。

(2) 宽恕那些得罪过自己或欺负过自己的人,报复心不重。

(3) 在原谅了欺负自己的人后,心理会从负面转向积极的,如报复或回避转移至积极的,如友善、宽宏大量或乐善好施,心中不存怨恨。

2. 谦虚

即使很擅长某件事情,也不会炫耀,做了件好事,自己一般不会说,即使做得很好也不会表现出比别人好的样子,如果只是表扬自己会感到很不舒服的,不会显摆自己的成就,不大喜欢只谈论自己,而是比较喜欢让其他人有机会讲他们自己的故事,即使做了好事,也不会去张扬。

培训策略:

(1) 为人低调,不招摇,不寻求成为他人关注的焦点。

(2) 做事低调,不张扬,不炫耀,比较喜欢让自己的成就说话。

(3) 不认为自己很特别,常常虚心向别人请教。

3. 谨慎

无论做什么都很细心,凡做事都是经过大脑思考的。只有掌握了充分的事实才会做决定。做事前会考虑后果。不会连续两次犯同样的错误,不会做自己稍后可能后悔的事。

培养策略:

(1) 做事之前考虑周到,深思熟虑,仔细评判利弊得失,小心地做出选择。

(2) 做事过程注重细节,认真细致,确保准确无误。

（3）小心慎重，不随意冒险，不做自己认为以后会后悔的事，也不说将来会令自己后悔的话。

4．自律

如果有钱，通常会有计划地花销。当想要某件东西时，可以等待。在愤怒时可以控制自己。今天能做的事，不会留到明天。即使现在不能做一些事还是可以等待在某些场合去做，即使想说某些话但可以控制自己不说。

培养策略：

（1）自觉控制自己的欲望和冲动直到恰当的时机。

（2）自觉控制、调节自己的情绪。

（3）有纪律，自觉规范自己的感觉与行为，自觉遵守法律法规，自觉遵循道德规范，注重礼仪。

（六）六大美德之六：灵性与超越

灵性与超越是通过审美、感恩、希望、幽默、信仰来获得。

1．审美

喜爱美术、音乐、舞蹈和戏剧，当看到美丽风景时会停下来欣赏一下。观看艺术作品或话剧时会感到津津有味，经常会注意一些美丽的事物。在观看美丽的图画和聆听悦耳的音乐时总是忘记了时间。

培养策略：

（1）发现美，善于发现周围环境及日常生活中美好的事物、人物。

（2）欣赏美，懂得欣赏大自然、艺术、科学等各领域的美。

2．感恩

生活中很少抱怨，常常感恩他人或周围的环境。生活中可以找到许多值得感恩的事，经常觉得要感谢别人。有好事发生时，会想起帮助过自己的人，经常在心里感激父母和家人，经常为生命中所拥有的感到幸运。

培养策略：

（1）花时间表达自己的感谢，如感谢父母养育之恩，感谢教师辅导教育之恩，感谢别人支持帮助之恩；由于常常表达谢意，所以，朋友和家人都知道你是个懂得感恩的人。

（2）意识到美好的事物并心怀感激，这种感激可能是对非个人或非人类的，如感谢自然界赐予阳光、空气、水以及花草树木、鸟兽鱼虫之恩，感谢团体、组织、祖国的接纳护佑之恩。

（3）心怀感激的人会欣赏他人优点和品德。

（4）留意到发生在自己身上的好事，但不会视为理所当然，所以，常常表达谢意。

3．希望

无论做什么事情，总感觉到能成功，觉得将会有好事发生。当事情发展得不顺利时不会放弃希望，相信无论看起来多么困难的事，总会得到解决，对将来感到乐观，为实现目标无论事情有多糟糕都会怀着希望努力克服困难。

培养策略：

(1) 有远大理想和切合实际的目标。

(2) 有追求，知道自己要什么并做好充分准备。

(3) 乐观积极，以积极心态看待现实生活，高高兴兴地生活在现实中。

(4) 认为好事总会发生，对未来充满信心，相信幸福掌握在自己手中。

4．幽默

善于引人发笑，逗别人开心。常常通过说笑话让别人摆脱坏心情，喜欢说笑话或讲有趣的故事，总是很愉快，善于打破沉闷，使气氛变得很有趣。

培养策略：

(1) 看到生活光明、轻松的一面，认为生活充满乐趣和有趣的事。

(2) 善于用自嘲、滑稽、俏皮、笑话等方式逗大家笑，善于营造轻松、愉悦、欢快、开心的氛围。

(3) 善于有分寸地开玩笑，但绝不嘲笑、侮辱、戏弄他人，不是攻击性幽默。

5．信仰

相信所有的事情都有原因，有信仰、觉得生命是有目的的，人应该有信念。

培养策略：

(1) 有信仰，无论是对某种宗教，还是对某种主义，抑或对某种事物，至少有一种信仰，使自己有所追求、有所寄托。

(2) 有信念，有人生理想和人生目标，相信每个人、每件事都有更高、更深奥的目的和意义，这种信念能够塑造一个人的行为，让一生过得精彩而有意义。

【案例启示】

罗森塔尔效应

罗森塔尔效应（Robert Rosenthal effect）也称皮格马利翁效应（Pygmalion effect）或"期待效应"。哈佛大学心理学教授罗森塔尔曾经做过一个教育效应的实验。他把一群小老鼠分成两个小组——A组交给一个实验员并告诉他，这是一群特别聪明的老鼠，好好训练；B组交给另一个实验员并告诉他这是智力极普通的一群。经过这两个实验员训练一段时间后，对两组老鼠进行测试——让老鼠走迷宫，就是从各种障碍中走出去摄取食物。结果发现A组老鼠比B组老鼠先走出去了。针对这个结果，罗森塔尔教授指出，他对两组老鼠的分组是随机的。而这两个实验员已经确认A组是聪明的老鼠，B组是极普通的老鼠，所以采取不同的训练方法，得到了上面的结论。随后，罗森塔尔教授又把这个实验用于学校。他将花名册上的学生随机挑出一些，然后告诉教师这几个学生是特别聪明的，教师对这几个学生有了印象。经过一段时间的学习，发现这几个学生的成绩的确比其他学生更优异，表现更突出。对此，歌德也早有明训："以一个人的现有表现期许之，他就会有所长进，以潜能与应有的成就期许之，他就会不负所望。"

【知识拓展】

避免盲目的乐观

世界上没有纯粹的乐观，乐观往往与悲观并行存在。盲目乐观可能瞬间转变为悲观论，脱离实际的乐观会成为一种泡沫，而过度乐观有可能是悲剧的开始。倡导乐观主义精神并不是要一种"集万千宠爱于乐观一身"的盲目乐观，而是建立在个体对危机源刺激客观评估基础之上的有限度的、现实的乐观。因为只有有限度的现实乐观才能在乐观与现实之间寻求到心理和谐和平衡的支点，也只有现实的乐观才能赋予个体独特的生命意义和价值，从而保证个体既能乐观地面对生活又不自欺欺人。

理性的乐观主义者在事情不顺或倒霉的时候，不会空谈世界多么美好。如何分辨盲目乐观和理性乐观？且看以下两种说法。

盲目乐观："不用想太多，一切都会好的。"

理性乐观："我们遇上棘手的麻烦了，事情似乎不顺，但如果我们一步步着手解决，还是能做点事情的。"

心理学家克里夫特·拉泽鲁斯认为，理性乐观和盲目乐观存在巨大差异，后者有严重危害。盲目乐观的人要求自己"笑对灾祸"，对自己反复说"一切都会好起来的"，常常会使问题变得更严重——小问题如果被忽略、掩饰甚至否认，便会扩散和蔓延，渐渐变成大问题。拉泽鲁斯认为，人们需要意识到在很多情况下事情已经无法改变。这很重要，因为接受现实才能有助于防止沮丧和抑郁，而盲目乐观和一厢情愿的积极想法有害无益。

【活动与体验】

体验感悟——我真的很不错

活动目标：

通过言语、肢体动作体验自身价值，增强自我价值感。

活动流程：

（1）从24项积极心理品质中标注自己的性格优势。

（2）写下自己的性格优势列表。

（3）大声念出"很高兴我有这样的优势……"，朗读3遍。

（4）手语："我真的很不错！我真的很不错！我真的真的真的真的真的很不错！"

心理测验——快乐量表

你有多快乐，其实可以测量得出来。"快乐研究之父"美国伊利诺伊州大学心理学家丁纳在1980年设计的快乐量表一直广为全世界研究人员利用。

以下有5项叙述，请根据完全符合到完全不符合的程度，从1～7分中选择你的认同度并填到括号中。
(1) 我的人生各方面都接近我的理想。　　　　　　　　　　(　　)
(2) 我的人生状况都非常好。　　　　　　　　　　　　　　(　　)
(3) 我对我的人生感到满意。　　　　　　　　　　　　　　(　　)
(4) 到目前为止,我已经得到希望在人生中拥有的重要事物。 (　　)
(5) 如果让我重新活一次,我几乎不会想改变什么。　　　　(　　)
总分为_____。

结果分析：

31～35 分表示你对人生极为满意。

26～30 分表示很满意。

21～25 分表示还算满意。

20 分表示中间点,不好不坏。

15～19 分表示略为满意。

10～14 分表示不满意。

5～9 分表示极不满意。

【思考与讨论】

1. 积极品质的内涵及作用有哪些?

2. 对照 24 项积极心理品质及培养策略,看看自己具备哪些积极品质,哪些方面还应加强。

课后拓展活动记录表

班级		姓名		学号	
指导教师		活动时间		活动地点	
活动主题					
课后应用	将本模块所学知识应用在学习和生活中并进行简要记录。				
学习感想	结合教与学两方面,写写自己的收获,并提出自己的建议。(200～300字)				
备注					

模块十五 绽放生命之美——生命教育

尊重生命、尊重他人,也尊重自己的生命,是生命进程中的伴随物,也是心理健康的一个条件。

——[美]弗洛姆

尊重别人,才能让人尊敬。

——[法]笛卡儿

【教学目标】

(1) 素质目标

树立正确的生命观和感恩观,让感恩成为一种习惯,用责任和奉献书写人生。

(2) 知识目标

① 了解人的生命属性与特征。

② 明确生命意义内涵及作用。

(3) 能力目标

提高大学生绽放生命之美的方法能力。

【引言】

生命只有一次。生命可贵,生命无价,虽然我们无法决定生命的长度,但是我们可以掌握生命的宽度,即实现生命的意义,活出人生的精彩,展现自我的价值。缺乏对生命意义的认知就有可能被生存的空虚感所笼罩,产生内在的挫折感,这也是大学生厌世的主要原因。长期以来,我国由于生命观教育的缺失,学生对生死缺乏最基本的了解和思考。一桩桩血的教训告诉我们,引导学生走出生命的误区,教育他们珍惜生命、理解生命的意义,建立积极向上的人生观已成为我国在校园中开展生命教育的当务之急。生命总会面临无尽的挑战,唯有探索生命的意义,培养尊重生命的态度,关怀、珍爱每一个生命的价值,热爱生活,积极乐观,才能拥有一个多彩的、无悔的人生。

【案例导入】

小芳从小就是一个比较内向的孩子,典型的乖乖女,不注重与人交往,只是一个劲地学习,别人都觉得她挺好,但是她自己并不是很开心。

她在上大学以前,几乎所有的时间都用在学习上。别的同学都有小圈子,而她总是不和别人玩,久而久之,就没了朋友,慢慢有了一种自卑感。跟家长和教师之间也有一些冲突与摩擦,但为了保持好成绩,一直压抑着。这些不良因素的积累,到了大学就显现出来了。大学里,很多同学都是各个学校的尖子生,再想让成绩名列前茅就不是很容易了,而她从前总是以成绩的好坏来衡量自己的价值,成绩不好就很自卑。另外,同学们刚来,彼此之间都比较客气，原来的缺陷没有完全暴露出来，但是相处一个学期后，人际交往等各种问题就出现了，大家的摩擦也多了起来。由于不善于交往，小芳开始被同学取笑。到大二时，小芳的成绩变得更差了，心情跌入低谷，比较自卑、害怕、胆小，感觉自己一无是处，学习也不好、性格也不好、外表也不好、谈吐气质也不好、家庭也不好、经济条件也不好……

小芳整天很压抑，觉得世界很灰暗，看不到光彩，待在一个地方不想出去活动，也不想说话。脑子里盘旋着各种各样的想法，甚至想到了死……小芳对生命的困惑代表了部分大学生对生命的困惑，大学中可能会有一部分同学出现类似的感受，体验到生活无意义感。

（资料来源：熊建圩，潘华. 大学生心理健康教育 [M]. 北京：北京理工大学出版社，2015.）

想一想：人的生命意义何在？价值何在？怎样做才能使生命更有意义和价值？

一、人的生命属性与特征

"生命"是一个很直观而又很神圣的字眼，也是人们常常挂在嘴边的词，好像谁都知道。但是到底什么是生命？生命从何而来？生命是由什么组成的？生命的意义何在？对这些问题的思考一直是人类社会苦苦探寻和孜孜以求的。

生命的属性与特征

（一）人的生命属性

碧蓝的天空、自由的飞鸟、摇曳的青草、奔跑的羊儿……我们所居住的星球之所以美丽，是因为到处都散发着生命的气息。生命构成了世界存在的基础，世界正是因为有了生命才变得生动、精彩。而所有生命存在中，人是超越一切其他生命现象之上的存在物。"任何人类历史的第一个前提无疑是有生命的个人存在。"人的生命有3种属性，即生物性、精神性和社会性。

1. 生物性

生物性是人的生命最基本的特性，是人的生命的社会性、精神性存在的前提和基础。人的生命作为一个自然生理性的肉体而存在，人的生长和发展就必然要服从生物界的法则和规律，所以，衣食住行、生老病死是每一个人都无法逃避的。

2. 精神性

精神性即心理性。人之所以为人就在于人不仅是为了满足自己的自然生命而活着，还要追求超越生物性存在的精神生活。人要规划自己的人生，创造自己的价值。正是有了生命的精神属性，才使人与动物区别开来，使人的生命有了人文意义和价值。

3. 社会性

每个人要想生存下去，就必须参与和融入社会活动中，在与人的沟通、交往和互动中保存自己的生命，追求自己生命的意义，实现自己生命的价值。正是这种社会性使人面对千变万化的社会生活,能够有一种生命的智慧和坚定的信念;使人面对生死、爱恨、聚散、得失时,有一种豁达的胸怀和安然的态度。

生命的3种属性不是独立存在的,而是紧密地联系在一起,共存于一个生命体中,作用于人的整个生命活动过程中,交织于每个个体生命的全部时空,并且缺一不可。

(二) 人的生命特征

1. 生命的不可逆性

从胚胎起,生命便一直生长、发育,以至衰亡。它绝不会"倒行逆施",返老还童。

2. 生命的有限性

人生命的有限性表现在3个方面:第一,生命存在时间的有限,人的自然寿命一般七八十岁,最多一百多岁。第二,生命的无常性,表现在生老病死、旦夕祸福等不可预测,任何人都逃脱不了。第三,个体生命的存在不能离群索居,不食人间烟火,每个人都需要别人的帮助、支持和关怀,同时,每个人都需要为别人提供帮助、支持和关怀。正是生命的有限性才促使人去努力思考、发奋创造,积极生活,去实现自己生命的意义。

3. 生命的多重性

人的生命有多重性:一是人作为肉体的存在物是自然界的一部分,受自然规律的支配和制约,具有自然性;二是人作为精神和社会的存在物,要受到道德法则的制约和支配。每个时代、每个人都必须面对这种矛盾,这也正是人的生命存在的最根本的动力。人就是在生命的精神性和社会中寻求生命的意义,去实现生命的价值。

4. 生命的创造性

生命是一种高级形式的运动,而且是在不间断地运动着。一切静止意味着死亡。但生命比单纯的持续运动更为丰富。生命就是在此基础上不断产生新内容的创造性运动,人类生命的基本特点就是创造性。人通过创造去把握生活的变化,通过创造去发现生命的意义,通过创造去实现对自己生命的认知、把握和超越。每个人的生命过程都是不同的、独特的。

人的生命虽然有自我年龄、自我实现、成熟、生命可能性等不同形式,但是人的生命的完整性是一个毋庸置疑的事实。将人的生命分为3种属性,是为了更深入地认知、了解、领悟和研究生命。

二、生命意义的内涵与作用

(一) 生命意义的内涵

生命意义是关于生命的积极思考,是个人正在努力实现的自己给予高度评价的生命目标。简单来说,生命意义包括个人存在的意义,寻求和确定获得有价值的目标,并去接近这些目标。具体来说包含3个方面的含义。

第一,生命意义是对个人所理解的"生命"执着;第二,生命意义是对所理解的"生命"价值的内部标准,并用此标准去度量对"生命"意义的实现程度;第三,生命意义是按照"标准"评价自己"生命"的作用。因此,生命意义也可以说主要包括两个方面,即对生命意义的执着和对生命意义的理解。一个人对自己生命意义的认知一般是比较稳定的,它会逐渐转化为生命发展不同时期的信念和价值体系。

(二)生命意义的作用

生命意义对人生发展的作用大致体现在以下 3 个方面。

(1)体会生活的意义。一个人如果能够理解并承担生活中的责任,才会感到满足和充实,真正体会到生活的乐趣和意义。

(2)确立生活的目标。对生命意义的探求使人在不同的人生阶段确立自己的生活目标,并在实现目标的过程中感受到活得充实、丰富而精彩。

(3)加强自我顽强性,即加强对压力的承受能力和对挫折的耐受力。加强自我顽强性的关键在于当个人追求生活目标遇到障碍时,应该坚定沉着,不轻言放弃,要不断尝试着去解决问题,只有这样才不会在压力和挫折面前产生无力感。

研究发现,人们对意义的追寻也受到社会生活环境的影响,贫困、困难的生活能够提高人们追寻意义的动力。大学生缺乏对生命意义的理解主要有 3 个原因:追求金钱、追求享乐生活和缺乏感恩。其中,感恩很重要,因为它可以让人们体会生命的意义。总之,了解生命的意义与价值,了解个人的所作所为与他人、团体及社会的关联,学会感恩,懂得感恩,有助于认知自我、珍惜生命、尊重他人。

(4)促进心理更加健康。心理学研究表明,缺乏生命意义的理解与心理问题呈正相关,对生命意义的探索和情绪健康呈正相关,对生命意义的认知能减缓消极生活事件对心理的影响。但当人们无法确立明确的生命意义时,价值观混乱和矛盾冲突就可能出现各种情绪失调与行为问题,甚至导致心理障碍的发生。大学生自杀的个案中丧失生命意义和希望是他们采取极端行为的主要原因。

三、让生命更有意义和价值

如何绽放生命之美,让有限的生命更加有意义,体现的是一个人对待生命所持的一种态度。懂得思考和践行这样人生问题的人,不但懂得珍爱一切生命,关心一切生命,尊重一切生命,而且一定勇于承担人生使命和责任,懂得感恩与奉献,这才是真正找到了生命的意义和价值所在。

(一)珍爱生命

1. 敬畏生命

当一个小小的受精卵发育成一个新的生命,其本身来讲是一个不可思议的、伟大的奇迹!当一个小小的生命呱呱坠地,到成长壮大一直到终老,人的生命力何其强大?当你观看《动物世界》里的动物在残酷自然条件下顽强生存的时候,你想到了什么……你会不会对生命突然感到肃然起敬,感到生命其实是需要被敬畏的?一切生命都有意义,不但对人的生命,而且对一切生物和动物的生命,都必须保持敬畏的态度。保持生命、促进生命,是善的做法,使可发展的生命实现其最高的价值;反之,毁灭生命、伤害生命,是恶的行径,会压制生命的发展。这是道德的根本法则。以上这些理论是由思想家阿尔贝特·史怀泽提出的,他同时指出,爱并且尊敬一切生命、保持生命、促进生命,使生命达到最符合其伦理的发展———这也是史怀泽敬畏生命伦理思想的核心内容,同样也为我们阐述了生命的真谛和价值。

2.尊重生命

尊重别人的生命既是一个人的道德品质,又是一种互感情绪,只有懂得尊重他人生命,才会赢得别人对自己生命的尊重。我们要尊重世界上的所有生命,不仅包括对自己和他人的生命给予尊重,也包括对大自然的其他生命物体给予尊重。大到飞禽走兽、高山河流,小到花花草草、微生物种。《送别》这首旋律优美的歌曲的歌词出自弘一法师,他高尚的情操为人们所敬仰,在弘一法师的传记中曾经记载道,弘一法师在圆寂前,再三叮嘱弟子把他的遗体装龛时,在龛的4个脚下各垫上一个碗,碗中装水,以免蚂蚁、虫子爬上遗体后在火化时被无辜烧死。世界是由丰富多彩的生命构成的,世界因生命的存在而充满了生机和活力。地球上的各种生命都是息息相关的,我们必须尊重和关爱地球上的其他生命,与其他各种生命和谐共处。请看下面这则案例。

【案例启示】

樱桃与麻雀

在历史上,因消灭某一物种酿成后患的事例屡见不鲜。据史载,普鲁士国王腓特烈喜欢吃樱桃,1774年他看到成群的麻雀在果园里啄食樱桃,十分恼怒,立即下令消灭麻雀。一时举国上下,围剿麻雀,不久麻雀被捕杀殆尽,国王欣喜不已。不过,时隔不久很多果园里害虫却泛滥成灾了。害虫吃光果子和果树叶子,果园面临毁灭。于是国王又宣布麻雀不要再打了,并决定从外地引进麻雀,加以保护,才使害虫逐步得到遏制。

3.爱惜生命

(1)要学会对自己的生命负责

如果你站在川流不息的道路边观察,总会发现某些现象:机动车超速行驶、违章掉头;学生模样的少年边骑单车边听歌;行人在红灯时穿越斑马线、翻越护栏等。人们似乎已经对这些现象司空见惯,可是,悲剧往往就发生在这些行为之中,有关车毁人亡的事故报道已屡见不鲜,这就是对生命不负责的行为! 也许你急着赶车是要去签一个重要的合同;要去医院看望重要的患者;要去参加重要的考试;要去参加一次重要的约会……但是请在对这些事情负责之前,先对自己的生命负责! 因为生命只有一次,一旦失去将不再追回! 所以,当你每天乘坐交通工具出行之前,与朋友相约去登山探险之前,外出参加午夜聚会之前,独自去荒无人烟的陌生地方旅行之前……请三思而后行,本着对自己生命负责的态度认真思考,准备充分之后再采取行动。

对生命不负责任还有另一种方式,就是浪费生命。时间是生命构成的重要因子,浪费时间就是浪费生命。时间如白驹过隙,因而生命的长度是有限的。大学毕业的时候,总有学生会感叹后悔在学校的时候没有多读点书,多学点专业技能,可惜时间不能倒流,一切理想化为泡影,而追悔莫及。大学时代是积累知识为以后工作打好基础的黄金时期,学习必然是第一要务。如果把时间更多地浪费在逛街、上网、玩游戏、睡觉、无所事事、做白日梦等无意义的事情上,将会为走出校门后的工作、生活埋下巨大隐患。书到用时方恨少,曾经浪费了的时间和生命是永远找不回来的。时间会在不经意间从你身边溜走,请抓住时间,把每一天都当作人生的最后一天来度过,只有这样才是对生命负责的表现。

(2) 要学会与自然和谐相处

人类的繁衍与人类社会的发展必须以大自然为基础,既要利用自然,又要顺应自然,在改造大自然的过程中获得自身发展。随着环保意识的逐年增强,作为享受到大自然不断恩惠的青年人,我们可以做些什么来保护和维护好我们的自然环境呢?经济飞速发展的今天,当代大学生应该以环境保护为己任,积极参与其中,为促进社会和自然的和谐发展、造福于人类社会而贡献自己的力量。环保事业看起来离我们很远,其实它离我们很近,从自己做起,从现在做起,积极参与到环境保护的 N 件小事之中。

节约用水,一水多用;随手关灯,节约用电;拒绝使用一次性用品,比如,一次性筷子、一次性口袋、一次性纸杯等;拒食野生动物,不购买野生动物制品,反对买卖动物皮毛;不虐待也不残害小动物;实行垃圾分类回收;多乘坐公共交通工具,少开车出行;避免旅游污染,挥一挥衣袖,不留下一片垃圾;外出购物时随身携带环保购物袋;少开空调,避免过冷或者过热;出外用餐的剩余食物打包回家;打印纸张时尽量双面打印;不追求电子产品的快速更新换代;做个环保志愿者。

(二) 享受生命过程

生命的日常呈现方式就是生活,生活就像是一盘磁带,同时拥有 A 面和 B 面,A 面是欢声笑语,快乐自由,B 面是挫折困苦,苦辣酸甜,没有只拥有单面的生活。有人希望追逐金钱人生,有人希望追逐成就人生,有人希望成就艺术人生,有人愿意追求平淡人生,这些都是人们内心中的渴望,最终希望获得幸福感。所以,每个人都很努力地用实际行动实践着自己的理想,脚步越来越快,只是希望能够离目标越来越近。但是,激烈的竞争、社会的压力,使人们在奋斗的过程中更多的体会是幸福总是短暂的,不幸福总是长久的。所以,有时候我们会很迷茫,为什么最终即使获得了自己想要的东西,怎么没有奋斗之后品尝果实的喜悦呢?有一种可能是,我们只专注于奋斗结果带来的喜悦,而没有享受奋斗过程中的心情体会。

生活是一种过程,不要像精密仪器一样去计算什么时候该乐,什么时候该悲,要学会享受生活的一点一滴,享受当下正在发生的乐趣,学会发现生命中的闪光点,享受生命的恩惠。对于我们来说,获得别人的一句赞美;超市购物一次小小的中奖;唱一首欢快的歌曲;看到小草刚冒出的新芽;大病之后对生命有了感悟;经历求职过程中的层层面试……这些都是宝贵的人生经历。法国艺术大师罗丹曾说:"生活里并不缺少美,缺少的是发现美的眼睛。"也可以换句话说,生命中并不缺少体会,缺少的是一颗用心体会的心,只有会用心体会的人才是会享受生命的人。

（三）完成人生使命

一粒种子落入泥土，便开始努力成长，因为它懂得，那是它的使命；一滴雨水从高空落下，便用生命滋润万物，因为它懂得，那是它的使命；一朵花蕾努力绽放，是为了让世界多点美丽，因为它懂得，那是它的使命。一个人的使命就是堂堂正正地生活，并且对他人有所影响，对社会有所贡献，最大限度实现自己人生价值。

（1）为完成人生使命，每个人将会承担以下角色。

儿子/女儿：这是每个人一生中要扮演的首要角色，父母含辛茹苦，我一定倾情相报。

兄弟/姐妹：一奶同胞，手足亲情，我要随时对他们施以援手，相伴一生。

丈夫/妻子：这是我这一生中最重要的人，我们同甘共苦，携手并肩，相扶到老，不离不弃。

父亲/母亲：我要帮助子女培养良好的品德和特长，体验乐趣无穷的人生。

同学/朋友：我们交流生活，增进友谊，提供帮助，激励彼此共同进步。

教师/学者：践行终身学习，每年掌握一种技能，定期学习新知识，培养多种兴趣爱好。

技术员/员工：积极提升自己的职业水平和能力，虚心向他人请教，加强合作与交流。

领导者/管理者：洞察行业发展趋势，积极引导团队发展方向，激发团队成员潜能，不断取得优异成绩。

（2）为完成人生使命，我们要求自己至少做到以下几点。

① 信守诺言。向自己和他人做出承诺，并信守诺言，一往无前。

② 积极进取。主动抓住机遇，敢作敢为，知错改错，提升自己。

③ 完善自我。保持好奇心，尝试新事物，掌握新技术，练就新本领。

④ 坚持原则。忠诚正直，成长改变，追求卓越，永不退缩。

⑤ 甘愿牺牲。为完成使命，不惜奉献自己的时间、才智和金钱。

⑥ 激励他人。以身作则，努力去证明世上没有克服不了的困难。

（四）懂得感恩

所谓感恩，就是对他人、社会和自然给予自己带来的恩惠与方便，在内心产生认可并意欲回馈的一种认知、情怀和行为的总和。因此可以说，感恩是一种心态，也是一种情感，更是一种行为。

科学研究表明，感恩是最强的幸福"促进剂"，懂得感恩的人经常能够感到幸福，而不懂得感恩的人是不可能真正体会幸福的。对别人所给的帮助表示感激，是一种处世哲学，也是生活中的大智慧。一个智慧的人，不应该为没有得到的事物斤斤计较，更不应该私欲膨胀，一味索取。学会感恩，为自己已有的感恩，感谢生活给予你的一切。

1. 感恩过去

在过去的生活中，每个人都曾经遭遇过挫折、失败、不公正的待遇，每每想起总感到伤感。特别是不良的成长环境或者父母的错误行为会对我们今后的生活产生很大的影响。

很多人因此喜欢把自己摆在"受害者"的角色上，难以自拔。但是当我们反过来，把自己看作过去种种不幸经历的"幸存者"时，我们就能更多地用感激的心态看待过去所经历的种种，不妨问问自己在过去的这些经历中学到了什么？有哪些成长？你的哪些优势帮助你渡过难关？感激过去帮助我们获得对现在生活的主动权。

2. 感恩他人

在我们挑剔对方的不足和缺点的时候，是否也同时关注到了对方的优点，以及对方为我们的付出呢？请认真清点他人为你带来的快乐和幸福，让他/她感受到你的感激，这是亲密关系的润滑剂更是黏合剂。而且表达对对方的感激，有时还会引发对方更加关注你的感受，甚至主动地调整自身的行为。

3. 感恩生活

在精英文化盛行的今天，我们越来越把个人财富的增加、成就的获得、权力的增长归咎于纯粹的个人奋斗。由此我们更加深信，这些回报是付出的必然，但我们总觉得回报远不及我们辛苦的付出。当我们在抱怨、不满和指责中痛快地发泄的时候，和我们的唾沫一起飞散的还有我们的幸福。因为，幸福的人不可能没有一颗感恩的心，而一个不懂得感恩的人也很难获得真正的幸福。

※延伸阅读

养成感恩习惯的几个方法

（1）记住。生活的每一天都是一份贵重的礼物，我们有潜力将每一天变成一项杰作。

（2）抓住。及时捕捉到你抱怨的情绪和行为，想想当下或生活中仍然值得感激之处。

（3）写下。每天写下所有令你感激的事，即使是最轻微的感激的想法和经历。

（4）表达。向你的家人、朋友、同事表达你的感激，确切地告诉他们：他们为你做了什么，你的感受如何。

羊有跪乳之恩，鸦有反哺之义，人有感恩之情。大学生应该懂得感恩，学会感恩！感恩祖辈和父母，感恩兄弟姐妹，感恩教师同学，感恩领导同事，感恩国家社会，感恩世间万物……

感恩生育你的人，因为他们使你体验生命。

感恩抚养你的人，因为他们使你不断成长。

感恩帮助你的人，因为他们使你渡过难关。

感恩关怀你的人，因为他们给你温暖。

感恩鼓励你的人，因为他们给你力量。

感恩教育你的人，因为他们开化你的蒙昧。

感恩钟爱你的人，因为他们让你体会爱情的宝贵……

凡事感恩,学会感恩,让生命之花无穷绽放!

【案例启示】

高贵的施舍

一个乞丐来到我家门口,向母亲乞讨。这个乞丐很可怜,他的右手连同整条手臂断掉了,空空的袖子晃荡着,让人看了很难受。我以为母亲一定会慷慨施舍的,可是母亲却指着门前一堆砖对乞丐说:"你帮我把这堆砖搬到屋后去吧。"乞丐生气地说:"我只有一只手,你还忍心叫我搬砖。不愿给就不给,何必刁难我?"母亲并不生气,俯身搬起砖来。她故意用一只手搬,搬了一趟才说:"你看,一只手也能干活。我能干,你为什么不能干呢?"乞丐怔住了,他用异样的目光看着母亲,尖突的喉结像一枚橄榄上下动了两下,终于俯下身子,用他的左手搬起砖来,一次只能搬两块。他整整搬了两个小时,才把砖搬完,累得直喘气,脸上有很多灰尘,乱发被汗水弄湿了,斜贴在额头上。母亲递给乞丐一条雪白的毛巾。乞丐接过去,很仔细地把脸和脖子擦一遍,白毛巾变成了黑毛巾。母亲又递给乞丐20元钱。乞丐接过钱,很感激地说:"谢谢你。"母亲说:"你不用谢我,这是你自己凭力气挣的工钱。"乞丐说:"我不会忘记你的。"他对母亲深深地鞠了一躬,就上路了。

几年后,有个很体面的人来到我家。他西装革履,气度非凡,跟电视上的大老板一模一样。美中不足的是,这个大老板只有一只左手,右边是一条空空的衣袖,一荡一荡的。不用说,你肯定知道了,他就是当年那个乞丐,他是来感谢我母亲的。生命需要彼此尊重。

故事告诉我们:生活中只有学会尊重生命、珍爱生命,懂得感恩、学会感恩,这样才能彼此成就,真正提升生命价值,绽放生命之美。

(资料来源:王有鹏.精彩课堂 教学策略[M].北京:国家行政学院出版社,2013.)

【知识拓展】

敬畏生命理论提出

1915年,著名思想家阿尔贝特·史怀泽提出了"敬畏生命"的理念,1919年,他第一次公开阐述这一理念,1923年,他又在《文明的哲学:文化与伦理学》一书中详细论述了"敬畏生命"的伦理思想,1952年因其"敬畏生命"理论,史怀泽获得诺贝尔和平奖。1965年史怀泽逝世后,其好友贝尔收集了他的主要论著和基本见解,出版《敬畏生命:50年来的基本论述》一书。这本书是当今世界生态思潮的重要里程碑,对世界文明发展的走向产生了重大而深远的影响。《敬畏生命:50年来的基本论述》这本书的理论贡献不仅仅是伦理学内涵和范围的扩大,更为重要的是它前瞻性地解构了几千年来占主导地位的人类中心主义,富于远见地强调了整个生命支持系统——生态整体的终极价值。这对于人类文明的生态转向,对于人类共同努力建设以确保生态系统完整、平衡、可持续存在以及人类与整个自然和谐友好相处的生态文明,具有划时代的重大意义。

(资料来源:刘红明.心灵导航 大学生心理健康教育[M].南京:南京大学出版社,2012.)

【活动与体验】

体验感悟——感恩父母

活动目标：

(1) 让学生加深对自己父母的了解。

(2) 让学生把感恩意识融入自己的日常生活中。

活动时间：

大约需要 25 分钟。

活动道具：

歌曲《感恩的心》《我所了解的父母》问卷。

活动场地：

以室内为宜。

活动程序：

(1) 给学生 5 分钟的时间，让学生填写问卷。

(2) 学生填写完成后，让一部分同学起来分享他对父母的了解。

注意事项：

(1) 如果有条件，最好找几个学生家长亲临现场，和自己的子女互动，效果可能会更好一些。

(2) 在游戏分享的时候，一定要向学生说明要本着真诚、认真的态度。不过会有这样的几种情况：有的同学不知道自己父母的生日，又害怕同桌或周围的同学看不起自己；有的同学觉得是自己家的隐私问题，不愿意回答，此时主持人就不要强求学生回答。

心理测验——感恩水平测试

以下测试被学术界认为是测量感恩最靠谱的方式。回答问题计分依据：1 分表示强烈不同意；2 分表示不同意；3 分表示有点不同意；4 分表示中立；5 分表示有点同意；6 分表示同意；7 分表示强烈同意。

问题如下：

(1) 我生命中有特别多让我觉得感激的东西或者人。

(2) 如果我要列出所有我所感激的东西，那这个单子将会很长。

(3) 当我看这个世界时，看不到很多值得感激的东西或者人。

(4) 我对很多不同的人有着感激之情。

(5) 随着岁月的增长，我发现自己越来越能够欣赏那些在我个人历史中出现的人、事件或者情境。

(6) 在我感觉到对什么事情或者人感激之前，可能已经过了很长时间。

(7) 我的人生被深深地祝福了。

(8) 老实说，要让像我这样的人感恩，那需要是一件非常重大的事情。

(9) 我对生命本身有种非常美好的感恩的感觉。

(10) 我经常回想我的生命是如何因为别人的努力而变得更轻松、自在的。

计算分数的方法：

（1）把（1）（2）（4）（5）（7）（9）和（10）项的分数加起来。

（2）把（3）（6）（8）3项的得分反过来相加。也就是说，如果你得分是7分，那么把它变成1，如果你得分是6分，那么把它变成2，以此类推。

（3）把你刚刚在（3）（6）（8）3项的反向得分相加之后，再加上第一步总分数，就是你最后的感恩水平的分数。这个分数应该为10～70分。

解读分数如下：

（1）65～70分表示极高的感恩水平。

在这个分数值的人有能力把生命看成一份礼物。对你来说，感恩是一种生活方式。

（2）59～64分表示很高的感恩水平。

你在生活里经常表达自己的感恩，你很容易地认识到别人的帮助。未来的21天练习将帮助你认识到并且提高你在各个领域的感恩水平。

（3）53～58分表示较高的感恩水平。

你的感恩水平在平均值以上，而且你发现花时间去想值得你感激的事情是比较容易的。你会在未来的21天非常享受我们的感恩挑战旅程。

（4）46～52分表示平均的感恩水平。

你可能发现当事情进展顺利时，很容易感恩。但是也许在困难时期就比较难保持这种感恩的心态。你也许会发现接下来的21天感恩日记和所有其他感恩练习对你非常有帮助。

（5）40～45分表示平均值以下的感恩水平。

在生命中去寻找感恩的理由对你来说还是一件有些困难的事情。生命与其说是礼物，不如说是一种负担。也许你在经历一个低谷期。但是即使你没有经历低谷，未来21天的感恩练习也很可能深刻地改变你看世界的眼光和你的生活。

【思考与讨论】

1. 生命意义的内涵及作用是什么？怎样才能绽放生命之美？
2. 以你现在的人生经历为依据，想一想你最该感谢的10个人都是谁。

课后拓展活动记录表

班级		姓名		学号	
指导教师		活动时间		活动地点	
活动主题					
课后应用	将本模块所学知识应用在学习和生活中并进行简要记录。				
学习感想	结合教与学两方面,写写自己的收获,并提出自己的建议。(200～300字)				
备注					

参 考 文 献

[1] 季丹丹,曹迪.青春导航——大学生心理健康 [M].沈阳：辽宁大学出版社，2006.

[2] 丁永强,李明江.心理学教程 [M].开封：河南大学出版社，2007.

[3] 刘战均.心理学 [M].白金版.北京：北京燕山出版社，2010.

[4] 王志.心理学百科知识 [M].北京：军事谊文出版社，2007.

[5] 张力威,王慧秋.心理健康教育 [M].北京：高等教育出版社，2004.

[6] 陈红英.新编大学生心理健康教程 [M].武汉：武汉大学出版社，2010.

[7] 戚昕.大学生心理健康 [M].北京：人民邮电出版社，2010.

[8] 彭晓玲,柏伟.大学生全程全面心理辅导 [M].北京：清华大学出版社，2008.

[9] 曹志友.大学生健康教育学 [M].上海：第二军医大学出版社，2007.

[10] 秦彧.大学生心理教育 [M].开封：河南大学出版社，2003.

[11] 吴玉斌,白洪海.医护心理学基础 [M].2版.北京：科学出版社，2007.

[12] 张金彦,王建军.大学生心理素质教育 [M].东营：石油大学出版社，2002.

[13] 卫保娣.当代大学生心理探析 [M].西安：西安地图出版社，2007.

[14] 段鑫星,赵玲.大学生心理健康教育 [M].北京：科学出版社，2003.

[15] 胡正明.新编大学生心理健康训练教程 [M].北京：北京师范大学出版社，2011.

[16] 张洁,冯伟强,李云峰.心理学 [M].北京：北京师范大学出版社，2010.

[17] 唐汶.学会选择　学会放弃 [M].北京：中国商业出版社，2002.

[18] 林崇德,申继亮.大学生心理健康自助读本 [M].北京：教育科学出版社，2005.

[19] 黄希庭.心理学导论 [M].2版.北京：人民教育出版社，2007.

[20] 李福涛,刘梅,国云玲.大学生心理健康教育 [M].北京：清华大学出版社，2013.

[21] 陈红英,舒刚.大学生心理健康教程 [M].武汉：武汉大学出版社，2012.

[22] 吴均林.医学心理学 [M].北京：高等教育出版社，2006.

[23] 张加彬.心理援助——青少年心理危机应对方略 [M].北京：中国商业出版社，2009.

[24] 徐继玲.大学生活与生涯规划 [M].上海：上海辞书出版社，2011.

[25] 郑日昌.大学生心理健康——自主与自助手册 [M].北京：高等教育出版社，2007.

[26] 张纪梅.大学生心理健康教育 [M].北京：人民卫生出版社，2010.

[27] 郑晖,郑乐平.大学生心理健康教育 [M].长沙：湖南师范大学出版社，2011.

[28] 崔玉环.高职学生心理素质教育与指导教程 [M].杭州：浙江大学出版社，2016.

[29] 林葳.淡定,不浮躁的活法 [M].武汉：华中科技大学出版社，2014.

[30] 黄占华.大学生心理健康教育实用教程 [M].银川：宁夏人民教育出版社，2011.

[31] 张大均,邓卓明.大学生心理健康教育——诊断·训练·适应·发展（一年级）[M].重庆：西南大学出版社，2004.

[32] 宛蓉.大学生心理健康 [M].北京：北京师范大学出版社，2014.

[33] 李培俊.学习学概论 [M].北京：国防工业出版社，2006.

[34] 贾晓明. 大学生心理健康——走向和谐与适应 [M]. 北京：北京理工大学出版社，2010.

[35] 张厚粲. 大学心理学 [M]. 北京：北京师范大学出版社，2001.

[36] 鲁忠义，安莉娟. 大学生心理健康教育 [M]. 石家庄：河北人民出版社，2012.

[37] 蔡旺庆. 探究式教学的理论、实践与案例 [M]. 南京：南京大学出版社，2015.

[38] 潘海红. 大学生心理健康自助 [M]. 合肥：合肥工业大学出版社，2006.

[39] 季丹丹，陈晓东. 现代大学生心理健康教育 [M]. 北京：清华大学出版社，2009.

[40] 樊富珉，费俊峰. 青年心理健康十五讲 [M]. 北京：北京大学出版社，2006.

[41] 吴汉德. 大学生心理健康 [M]. 南京：东南大学出版社，2003.

[42] 谢正斌. 让孩子懂得感恩的50件事 [M]. 北京：九州出版社，2007.

[43] 郭培良. 成长 成才 成功 大学生学习生活指南 [M]. 济南：山东大学出版社，2004.

[44] 周蓓，周红玲. 大学生心理健康案例教程 [M]. 北京：人民邮电出版社，2009.

[45] 黄军建. 健康知识读本 [M]. 北京：中国传媒大学出版社，2008.

[46] 吴建国. 成功人职业形象设计 [M]. 北京：海潮出版社，2001.

[47] 毕淑敏. 毕淑敏自选集 散文随笔卷 [M]. 北京：天地出版社，2018.

[48] 庞丽娟. 做情绪的主人 [M]. 北京：中国华侨出版社，2012.

[49] 黄群瑛. 大学生心理素质训练 [M]. 大连：大连理工大学出版社，2008.

[50] 叶华松. 大学生生命教育 [M]. 杭州：浙江大学出版社，2011.

[51] 董兴文. 战胜挑战 心理保健和调节艺术 [M]. 北京：北京出版社，1994.

[52] 李洪华. 高职生挫折状况及应对方式的研究 [D]. 成都：西南大学，2009.

[53] 胡凯. 大学生心理健康概论 [M]. 长沙：中南大学出版社，2004.

[54] 李华伦. 职教拾贝 [M]. 昆明：云南大学出版社，2009.

[55] 曲洪志. 求学 做人 成才 择业 [M]. 济南：山东大学出版社，2008.

[56] 张红旗. 论大学生健康人格及其培养 [J]. 廊坊师范学院学报，2005.

[57] 徐学俊. 人格心理学——理论·方法·案例 [M]. 武汉：华中科技大学出版社，2015.

[58] 陈淑萍，张宏. 大学生心理素质教育 [M]. 东营：中国石油大学出版社，2007.

[59] 孔炳耀. 中西医临床心理学指南 [M]. 北京：人民卫生出版社，2007.

[60] 何全旭. 大学生心理健康教育 [M]. 北京：人民邮电出版社，2016.

[61] 通识教育规划教材编委会. 大学生心理健康教育 [M]. 北京：人民邮电出版社，2013.

[62] 王祥君，吴辉，饶婷婷. 大学生心理健康教育 [M]. 北京：人民邮电出版社，2017.

[63] 叶星，毛淑芳. 大学生心理健康指导 [M]. 北京：对外经济贸易大学出版社，2014.

[64] 吴静. 大学生心理健康教育 [M]. 郑州：河南科学技术出版社，2012.

[65] 刘庆明. 大学生心理健康 [M]. 北京：中国水利水电出版社，2009.

[66] 奚晓. 大学生心理健康教育 [M]. 长沙：湖南大学出版社，2007.

[67] 王春辉，刘海华. 走出失恋误区的女大学生的个案研究 [J]. 长春金融高等专科学校学报，2009 (3).

[68] 史锋. 人际沟通与礼仪 [M]. 北京：北京师范大学出版社，2011.

[69] 武继素，曾庆福. 大学生心理健康教育指导教程 [M]. 北京：中国人民大学出版社，2013.

[70] 林崇德. 咨询心理学 [M]. 北京：高等教育出版社，2002.

[71] 李浪. 咨询心理学 [M]. 长春：吉林文史出版社，2006.

[72] 梁宝勇. 心理卫生与心理咨询百科全书 [M]. 天津：南开大学出版社，2002.

[73] 李文霞. 大学生心理健康教育 [M]. 北京：北京师范大学出版社，2013.

[74] 刘卫锋. 大学生心理健康教育理论与实践 [M]. 南京：南京大学出版社，2018.

[75] 韦志中,周治琼,卢燕博. 社区心理学 [M]. 武汉：武汉大学出版社，2016.

[76] 陈虹. 教师积极语言在课堂中的运用 [M]. 天津：天津教育出版社，2018.

[77] 周仁来. 心理学研究新进展 [M]. 2辑. 北京：北京师范大学出版社，2013.

[78] 朱翠英,胡义秋. 大学生积极心理素质教育研究 [M]. 北京：人民出版社，2015.

[79] 熊建圩,潘华. 大学生心理健康教育 [M]. 北京：北京理工大学出版社，2015.

[80] 刘红明. 心灵导航——大学生心理健康教育 [M]. 南京：南京大学出版社，2012.

[81] 樊富珉,王建中. 当代大学生心理健康教程 [M]. 2版. 武汉：武汉大学出版社，2014.

[82] 任燕. 大学生心理健康教育概论 [M]. 2版. 哈尔滨：东北林业大学出版社，2009.

[83] 王有鹏. 精彩课堂　教学策略 [M]. 北京：国家行政学院出版社，2013.